**Dieses Buch ist denen gewidmet,
die in Kanada arbeiten wollen,
um für sich und ihre Familie
eine neue Zukunft zu bauen.**

Titel: Zeit für ein Danke schön an Maxim Pouska...

Hallo,
nachdem ich mich seit einigen Wochen frage, was aus dem „guten alten Forum von Kanada News" geworden ist (weiß jemand mehr?), habe ich gerade zufällig dieses hier gefunden - und bin dabei auch auf ein altbekanntes Mitglied gestoßen. Ist jetzt irgendwie ein blöder erster Beitrag, aber ich will schon seit einigen Wochen mal ein großes Danke schön an Maxim Pouska loswerden, und wo ich nun gerade Deinen Namen entdeckt habe...

In unseren Pässe kleben seit letztem Monat nämlich die ersehnten PR-Visa!!! Und wir sind uns ziemlich sicher, ohne all die Infos von Maxim wäre unsere application nicht so problemlos durchgegangen. Irgendetwas hätten wir bestimmt übersehen oder einfach falsch verstanden bzw. ausgelegt. Also Maxim: ganz herzlichen Dank - für Dein sehr informatives, gut recherchiertes Buch „Auf nach Kanada", daß uns die Angst vor dem ganzen Papierkram genommen und ganz klare Hilfestellungen geliefert hat. Und ganz herzlichen Dank auch für die vielen Ratschläge in den verschiedenen Foren, an mich persönlich, aber auch an all die anderen, die wir uns dann „ausgeliehen" haben. Mach weiter so!

Wir werden Anfang nächsten Jahres mit Kind und Kegel Richtung Vancouver aufbrechen, vielleicht kannst Du bis dahin noch schnell ein neues Buch „How to start a new life in BC" oder so ähnlich raus bringen, dann hätten wir vielleicht ein paar Sorgen weniger...

Schönen Gruß Silke - Verfasst am: So Jul 23, 2006 22:42

Hallo Silke,
ich hoffe, ich darf mich Dir anschließen. Auch ich habe bzw. werde (hoffentlich noch - zwinker - :-) von Maxim profitieren. Sein fundiertes Wissen hat mir in so vielen Situationen geholfen, dass ein Dank wirklich angebracht ist. Und Dir : Herzlichen Glückwunsch :-))

LG Marion - Mo Jul 24, 2006 19:37

Ich möchte mich auch anschliessen!
Maxim schmeisst jedes Forum.
Ganz herzlichen Dank für soviel Mühe und Einsatz! Leute wie Maxim (und alle andren natürlich, die sich so stark mit Fachkenntnissen einbringen) sind einfach priceless.

Liebe Grüsse, katie - Mo Jul 24, 2006 22:27

Ich auch - damit hier nicht nur Frauen lobhudeln:
Danke - deine fachlich fundierten Beiträge und insbesondere deine extrem grosse Geduld (auch beim 501sten mal die gleiche Frage), machen solche Foren wie dieses wirklich lesenswert.

Kos - Di Jul 25, 2006 03:49

http://kanada.siteboard.de/kanada-about274.html

Arbeiten im Traumland Kanada

By Maxim Pouska

Copyright © Maxim Pouska, 2006
http://kanadamaximpouska.blogspot.com/
1. Auflage 2006
Korrektur: Christian Karge, Amber J.S. Marks
Satz: TAV
Titelfoto: Stan Milosevic, Winnipeg, Manitoba, Kanada
Printed in Germany
Herstellung und Verlag: Books on Demand GmbH, Norderstedt

ISBN-10: 3-8334-6235-3 / ISBN-13: 978-3-8334-6235-1

INHALT

Teil drei: WORK PERMIT / PERMANENT RESIDENCE VISA

Teil vier: KARRIERE IN KANADA

Teil fünf: SONSTIGES

Vorwort

„Sicher ist es unmöglich, ein treffendes Buch zu schreiben, das den gesamten Vorgang der Planung der Auswanderung bis zum endgültigen Vollzug beschreibt und dass das Ende des „Kulturschocks" nach dem Einleben schildert. Wäre aber dennoch toll, wenn es so was gäbe."

Der Wunsch eines Mitglieds in einem deutschsprachigen Forum ist realisierbar aber wer will dann schon ein Buch mit weit über 1.500 Seiten lesen?

Mein erstes Buch zum Thema Auswandern nach Kanada hatte 300 Seiten und war mit Informationen voll gepackt. Das Resultat war, dass mir öfters per Email geschrieben wurde, dass man „den Wald vor lauter Bäume nicht sähe". Das schrieben Investoren, Arbeitnehmer und ebenfalls Selbständige, denen ich dann antwortete und schrieb auf welcher Seite des Buches die gesuchte Information stand. Das ist der entscheidende Grund, warum ich diesmal einige Informationen mehrfach wiederhole. Es ist mir wichtig, dass Leser die betreffende Information beim x-ten Mal tatsächlich begreifen, wenn sie diese beim ersten Mal überlesen sollten.

Eine Anfrage von Silke:
„ ... ich muss jetzt unbedingt mal etwas loswerden: Seitdem wir uns mit der Idee rumschlagen nach Kanada auszuwandern (und das geht jetzt immerhin auch schon ca. 3 Jahre), verfolge ich (wenn auch meist passiv) aufmerksam die meisten Beiträge in verschiedenen Kanadaforen, habe uns die auftreibbaren Bücher zum Thema besorgt, die „Kanada aktuell" abonniert...und und und. Nur das, was uns am meisten interessiert und vor allem beunruhigt, findet man irgendwie nirgends.

Haben eigentlich alle, die nach Kanada gehen, Unmengen von Geld im background??? Wandern denn alle ein, auch die ursprünglichen „Skilled Worker", um sich letztlich mit mehr oder weniger gewinnbringenden Modellen selbständig zu machen - und anscheinend in erster Linie die „Blockhausromantik" zu genießen??? Geld spielt irgendwie keine Rolle? Das glaube ich einfach nicht! Es muss doch auch Auswanderer geben, die sich einen akzeptablen „normalen" Job gesucht haben, der irgendeine Ähnlichkeit mit dem hat, den sie einst in Deutschland ausgeübt haben... Oder von mir aus halt auch Leute, die an diesem Vorhaben gescheitert sind! Wo sind die alle bitte? Solche Erfahrungsberichte findet man leider nirgends...
Ist dieser Plan denn dermaßen abwegig, dass nur wir daran glauben???"

Dieser Text von Silke, als Frage in einem Forum gefunden, zeigt ein Dilemma bei der Berichterstattung über Kanada auf. In der Presse werden diese Klischees gepflegt. Das Magazin Geo sucht natürlich den am weitesten in der Wildnis lebenden Bergbauern und auch der Stern wählt einen Farmer aus, wenn es um Kanada geht. Die Fernsehsender folgten auf dem Fuß mit Berichten über Unternehmer oder sonstigen sonderbaren emotionalen Stories in Minutenlänge. Der Normfall eines Angestellten ist den Redaktionen einfach zu „normal", als das sie darüber berichten. Ebenso haben anscheinend nur die von Silke aufgezählten Einwanderer Zeit und Lust über ihre Erfahrungen im Internet zu berichten.

Der eingereiste Arbeitnehmer hat sich womöglich so gut etabliert, dass er keinen Grund sieht viele Gedanken an Deutschland zu verschwenden und darum lieber das neue Leben genießt. Ein anderer

Grund des Schweigens könnte sei: Er ist so frustriert, dass er über seine negativen Erfahrungen nicht sprechen will - vor allem nicht in der Öffentlichkeit.

„Wir wollen nur sehr ungern darüber sprechen, da sie alte Wunden aufreissen und es in der Seele schmerzt, wenn wir darüber sprechen sollen", schrieb mir jemand, der sich in einigen Foren über diese negative Seite der Einwanderung äußerte.

Im Zeitalter des Internets, der leichten Verbreitung von Nachrichten, Reise- oder Erfahrungsberichten sind Einwanderer und auch Zeitarbeiter / Temporary Worker sehr gerne bereit die ersten Schritte ihrer Reise mitzuteilen. Allerdings verstummen sie oft, wenn die Schwierigkeiten einsetzen. Das hat einmal den Grund, dass sie dann so hart zu arbeiten und zu kämpfen haben, und darum keine Zeit für das Schreiben über ihre aktuellen Erfahrungen haben. Ein anderes Motiv mag sein, dass ihr Traum nicht so Realität wurde, wie sie es zu Hause träumten. Denen zu Hause will man vorerst nichts über die tatsächlichen Probleme mitteilen. Ebenso erzählt man nicht gerne den Gästen, die nach Kanada kommen, die volle Wahrheit. Die erzählen auch Kanadier nicht den Besuchern, denn sie sind ja so „nett und freundlich", dass sie diese Seite der Münze lieber verschweigen, wie von falsch informierten Immigranten berichtet wurde.

Es geht mir nicht um die romantische Verklärung Kanadas, seiner Landschaft, seiner Farmen, Pferdezüchter, B & B Besitzer und erfolgreichen Unternehmen, sondern um die Realität, mit der 98 Prozent der Einwanderer aus Deutschland, Österreich und der Schweiz konfrontiert werden. Diese 98 Prozent sind Arbeitnehmer im weitesten Sinne, die sich ihren Lebensunterhalt im neuem Land verdienen müssen.

Es ist mir klar, dass ich nicht für alle Fragen von Immigranten eine Antwort habe, aber ich versuche die wichtigsten Fragen, die am beständigsten gestellt werden, zu beantworten. Unerlässlich wird aber immer die eigene Recherche des Einwanderers und Zeitarbeiters sein, da jeder von ihnen eine eigene Geschichte hat, was seine Motivation zur Auswanderung betrifft. Darum sind entsprechende Hinweise für weitere Recherchen ein relevanter Bestandteil des Buches.

Meine Kommentare zu den verschiedenen Punkten sind subjektive Meinungen, die keinen Anspruch darauf erheben, richtig zu sein. Ich kann mich in der Beurteilung von Umständen und Situationen irren. Das ist umso leichter möglich als mir nie alle Hintergründe der Erfahrung des betreffenden Einwanderers oder Zeitarbeiters bekannt sind. Sie sollten deshalb nur als eine Meinung unter vielen anderen angesehen werden.

BEMERKUNG

Was heutige Auswanderer aus Europa von früheren Emigranten unterscheidet ist die tatsächliche existenzielle Not und Bedrohung der damaligen Auswanderer. Ob es sich um Verfolgung, Vertreibung oder Hungersnöte handelte, es ging für die meisten dieser Menschen ums Ganze und die Zukunft ihrer Familien und Kinder.

Heutigen Auswanderern aus Europa geht es oft nur um eine schöne Landschaft, wenn sie als Ziel Vancouver, die Rocky Montains oder die Atlantikküste von Nova Scotia anstreben. Oder es geht einfach nur um einen Jobwechsel. Diese Gründe sind aber selten kraftvoll genug und ausreichend, um die sich vor jedem Auswanderer oder Zeitarbeiter auftürmenden Probleme zu bewältigen.

Nicht zu unterschätzen ist auch die Belastung für den mitziehenden Partner. Wer wild entschlossen ist um jeden Preis nach Kanada auszuwandern, der braucht an seiner Seite einen ebenso starken Partner. Dazu ein Text von John Steinbeck aus dem Buch „Früchte des Zorns" (THE GRAPES OF WRATH), eine Geschichte von Auswanderern und ihre erzwungene Weiterwanderung:

... Und die Frauen kamen aus den Häusern und stellten sich neben ihre Männer und versuchten herauszuspüren, ob diesmal die Männer zusammenbrechen würden. Die Frauen forschten heimlich in den Gesichtern der Männer, denn das Korn mochte verderben, solange noch etwas anderes blieb. Die Kinder standen daneben und zeichneten mit ihren nackten Zehen Figuren in den Staub und versuchten mit tastenden Sinnen zu ergründen, ob die Männer und Frauen zusammenbrechen würden. Die Kinder blinzelten auf zu den Gesichtern der Männer und Frauen und zeichneten mit ihren Zehen bedächtig Linien in den Staub. Die Pferde kamen zu den Wassertrögen und schnaubten, um den Staub vom Wasser zu vertreiben. Nach einer Weile wich der Ausdruck trunkener Bestürzung aus den Gesichtern der Männer, und sie wurden hart und zornig und entschlossen. Da wußten die Frauen, daß sie gerettet waren und daß kein Zusammenbruch kommen würde. Dann fragten sie: Was tun wir nun? Und die Männer antworteten: Ich weiß nicht. Aber es war alles gut. Die Frauen wußten, daß alles gut war, und die Kinder wußten, daß alles gut war. In ihrem tiefsten Innern wußten die Frauen und Kinder, daß ein Unglück nicht zu schwer zu ertragen war, wenn ihre Männer unversehrt blieben. Die Frauen gingen in die Häuser an ihre Arbeit, und die Kinder begannen zu spielen ...

Ein Zitat von A. E. Johann

Von ihm stammen die besten und ehrlichsten Berichte über Einwanderer in Kanada aus den Zwanzigern und Dreißigern des letzten Jahrhunderts. Er lebte und arbeitete dort 1927 - 1928 für ein Jahr, als Landarbeiter, Holzfäller, Unternehmer, Journalist und in vielen weiteren Berufen. Danach kam er nach Berlin zurück und schrieb das Buch „Mit 20 Dollar in den Wilden Westen", 1928, im Verlag Ullstein. Seine Beschreibung hat auch heute noch für viele Gültigkeit. Er spricht zwar von Landarbeitern und Holzfällern, seine Erfahrung gilt aber heute für jeden, der mit einem „Contract" beschäftigt ist - es ist immer nur eine Zeitarbeit! Aus dem Kapitel 30:

30. Hungern, betteln, frieren!

„ Vancouver, diese unvergeßliche, unvergleichliche, brodelnde Stadt, zog mich bald in einen bunten Strudel mannigfacher Schicksale, Gestalten, Erlebnisse. ...

Bevor ich jedoch dem Reigen lustiger und trauriger Figuren freien Lauf lasse, sei mir gestattet, in diesem durchaus ernstgemeinten Kapitel von dem Winterelend unter den Emigranten zu sprechen, damit nicht etwa jemand auf den Gedanken kommt, das Auswandern sei eine vergnügliche, abenteuerreiche Sache, die weiter nichts als Spaß im Gefolge habe. Dieser Unsinn hat schon Unheil genug angerichtet, und es wäre nur zu gut, wenn diese Zeilen von allzu schnellen Entschlüssen abschrecken, statt sie zu begünstigen.

... Wenn die Ernte vorüber ist, sei es, daß plötzlicher Schneefall sie unterbricht, sei es, daß die letzte Garbe eingefahren ist, beginnt eine böse Zeit, in der die Arbeit knapp wird, die eisigen Winterstürme ein warmes Haus und warme Kleidung unentbehrlich machen und die Not bei all denen ihren Einzug hält, die keine feste Stellung ihr eigen nennen. Der Farmer, der im Sommer drei Knechte brauchte, gewährt jetzt nur noch einem Beschäftigung oder verrichtet die geringe Winterarbeit in Stall und Hof allein. Die Sägemühlen im Gebirge stellen den Betrieb ein, sobald sie die Blöcke, die ihnen die Flüsse noch vor dem Frost zuführten, aufgeschnitten haben. Zu Tausenden drängen sich die arbeitslosen Männer vom Lande in die Städte. Die wenigen, die zuerst eintreffen, schnappen die freien Stellen fort, und die weitaus überwiegende Mehrheit aller späteren liegt auf der Straße.
...

Eines der Zentren, in denen im Winter zu Tausenden die arbeitslosen Männer zusammenlaufen, ist Vancouver; in der Gesamtzahl der rund 10.000 Arbeitslosen mochten etwa 500 Deutsche enthalten sein, eine an kanadischen Verhältnissen gemessen riesengroße Zahl. Die Deutschen setzten sich fast ausnahmslos aus Leuten zusammen, die erst im Laufe des Jahres hereingekommen waren, noch wenig oder gar kein Englisch zu sprechen verstanden und sich nun völlig hilflos in der großen, amerikanisch-fieberhaft hastenden Stadt treiben ließen. Vielen von ihnen schien die wochen-, ja monatelange Untätigkeit, das Herumsitzen in den schmierigen, chinesischen Hotels das Mark aus den Knochen gesogen zu haben. Unfähig zu jedem Entschluß, allen Einflüssen wehrlos ausgeliefert, verzehrten sie mit einer Art von verzweifeltem Stumpfsinn jeden Tag ihre 1,50 Dollar und konnten sich an den Fingern ausrechnen, wie lange sie dieses Leben fortzusetzen imstande sein würden und wann der Hunger und die Obdachlosigkeit an ihre Tür klopfen würde."

Maxim Pouska

Sommer 2006

ARBEITEN IM LAND DER TRÄUME

Der Traum von Kanada hört dann auf, wenn man in Kanada morgens aufsteht und zur Arbeit geht - zur Arbeit gehen will.

Es gibt ja Menschen, die nicht mehr zu arbeiten brauchen, warum auch immer, aber zu diesen gehören nicht rund 98 Prozent der Einwanderer nach Kanada. Ebenso gehören die Zeitarbeiter (Temporary Worker) nicht dazu, die mit einer Arbeitserlaubnis (Work Permit) nach Kanada kommen. Die von Unternehmen nach Kanada entsandten Mitarbeiter (Expats) haben ebenfalls hart zu arbeiten, um ihren Lohn auf dem Kontoauszug ihrer Bank zu sehen.

Diese Überlegung führte zu der Prioritäten-Liste dieses Buches. Denn Arbeit zu haben, sie zu behalten oder sie erneut zu finden ist die entscheidende Voraussetzung, um in Kanada zu erreichen, was man sich persönlich vorgenommen hat.

Arbeiten in Kanada ist genauso hart, wie überall in der Welt, wenn sie zum wirtschaftlichen Erfolg des Einzelnen führen soll. Aber, die Bedingungen, die Form, die Umstände und die Eigenheiten der Arbeitswelt in Kanada unterscheiden sich in vielen kleinen und großen Details von denen in Deutschland oder Europa. Für den Zeitarbeiter / Gastarbeiter (Temporary Worker) ist dabei die Situation praktisch genauso neuartig und kompliziert, wie sie es für den Immigrant ist, der mit einem Permanent Residence Visa einwanderte.

„The Art of the Deal", wie es Donald Trump nennt, hat man in Kanada erneut zu lernen. Einigen fällt das leicht, andere begreifen es nur schwer und manch einer lernt es nie. Das letztere führt zur Frustration und möglicherweise zum Versagen, was nicht unbedingt eine Rückkehr nach Deutschland bedeutet, es steht aber dem Erfolg und der persönlichen Zufriedenheit im Weg.

Ich definiere persönlichen Erfolg nicht ausschließlich mit viel Geld oder materiellen Werten. Ich messe Erfolg eher an einem ganzheitlichen Leben, das in Bescheidenheit oder Reichtum, den eigenem Anspruch gerecht wird. Das sage ich bereits jetzt, da der Begriff „Erfolg" und „Karriere" sehr oft vorkommen wird. Jeder hat darum diese Worte mit seinen eigenen Werten abzuwägen.

Dieses Buch ist ebenfalls keine PR- oder Werbebroschüre, wie sie von der kanadischen Regierung, den Regierungen der Provinzen und Organisationen so gern und in Massen auf Veranstaltungen aller Art in Deutschland und rund um die Welt verteilt werden. Die Probleme und Fallen der verschiedensten Art werden ebenso beschrieben, wie auch die rosarote Brille vieler Deutschkanadier abgesetzt.

Die im Buch besprochenen Fragen stammen durchweg aus den Foren des Internets. Als langjähriger Teilnehmer verschiedener und mehrsprachiger Foren werde ich immer wieder mit den gleichen Fragen konfrontiert oder es kommen vollkommen überraschend neue Fragen hinzu. Für mich sind die Foren darum eine wichtige Quelle, um die Problematik der nach Kanada Ziehenden zu erkennen. Sie sind aber auch eine äusserst wichtige Quelle, um aus den Fragen und Antworten der Foren-Teilnehmer selbst zu lernen. Hinzu kommt meine langjährige Erfahrung in Kanada, die Grundlage vieler Antworten ist.

Kanada ist so groß, dass kaum jemand über alle Details 100-prozentig informiert sein kann. Ich gebe darum immer wieder den Hinweis, in den Internet-Foren Fragen zu stellen, wenn man sich über einzelne Punkte im unklaren ist und weder hier noch an anderer Stelle eine Antwort findet. Allerdings sind die Antworten der Teilnehmer auch mit Vorsicht zu bewerten - sie können richtig, aber ebenso falsch sein.

Die Fallen, in die Deutsche besonders gerne hinein stolpern, sind in Deutschland oft Tugenden. Sesshaft sein, direkt ein Haus kaufen, dem Arbeitgeber treu bis zur Rente bleiben und einige mehr. Diese Tugenden sind ja nicht schlecht und man braucht sie nicht über Bord zu werfen, aber ob man sie bereits alle in den ersten Tagen und Jahren rigoros einsetzen soll ist eine andere Frage.

Gerade der Hauskauf ist hier ein Beispiel. Wer mit einem Work Permit für ein oder zwei Jahre nach Kanada zieht und sich direkt in den ersten zwei Monaten ein Haus kauft - weil er ja einen Arbeitsvertrag hat - geht ein sehr hohes Risiko ein. Die Wahrscheinlichkeit, dass er dadurch Geld verliert, ist sehr hoch. Er kann trotz Vertrag den Job in den ersten Monaten verlieren, wie mir von Betroffenen berichtet wurde, oder andere Gründe erfordern einen Umzug in eine andere Stadt oder Provinz. Das berührt auch Einwanderer, die bereits ein Permanent Residence Visa habe. Solange sie Arbeitnehmer sind ist es immer möglich, sogar sehr wahrscheinlich, dass sie in den ersten Jahren mehrfach umziehen werden.

Zu diesem Themenkreis gehört ebenso der Kulturschock. Einer der größten Schocks wird für viele die Tatsache sein, dass es in Kanada Bürokratie bis in den letzten Winkel für alles und jedes gibt. Die Idee, dass in Kanada so etwas wie preußische Bürokratie nicht existiert, ist weit verbreitet und eines der hartnäckigen Vorurteile über Kanada.

Wie man sein Visum (Visa) als PR oder Temporary Worker für Kanada erhält, wird zwar behandelt, das Ausfüllen der Formulare und ebenso die Landung in Kanada aber nur kurz gestreift. Diese Themen werden in weiteren Büchern, die bereits vorbereitet werden, ausführlich behandelt. Wie man als Temporary Worker zu einen Permanent Residence Visa innerhalb von Kanada kommt, wird dagegen ausführlich unter „Falle Work Permit" beschrieben.

Da Antworten und Informationen zum Einwanderungsgesetz vom „Ministerium Citizenship and Immigration Canada" (CIC) nicht nur in den Gesetzesveröffentlichungen dokumentiert sind, sondern auf Tausenden von Seiten in den Handbüchern (manuals, operational bulletins) für die Beamten (Officers) stehen, können sie in diesem Buch nur kurz beantwortet werden. Soweit wie möglich sind den Antworten entsprechende Links beigefügt, über die man selbst ausführliche Informationen recherchieren kann. Allerdings sind diese dann nur in Englisch oder Französisch zu erhalten.

Für jemanden, der diese Sprachen nicht gut oder sehr gut beherrscht, kann der Einsatz von Übersetzungsprogrammen eine erste Alternative sein. Ansonsten muss er prüfen ob er die Hilfe von Beratern für seine Anträge in Anspruch nimmt. Beide Themen werden ausführlich besprochen.

Die Gesetze und bürokratischen Verordnungen zur Einwanderung und zum Arbeiten in Kanada ändern sich nicht so schnell, wie die Software-Programme von Computern und deren Handbücher. Das heutige Gesetz gilt seit Dezember 2001 und wurde im Sommer 2002 in Kraft gesetzt. Es wird in dieser Form auch weiterhin in Kraft bleiben. Das davor eingeführte Gesetz hatte eine Gültigkeitsdauer von 25 Jahren und das Neue kann in seinen Grundzügen ebenfalls über eine solche Zeitspanne bestehen.

Allerdings werden durch Verordnungen immer wieder neue Änderungen im Detail stattfinden. Diese „Verbesserungen" werden praktisch ohne Vorwarnung über Nacht eingeführt und sind dann sogleich von den Officers anzuwenden. Bisher waren es nur Korrekturen, die den Immigranten nutzten, wie beispielsweise die Senkung der benötigten Punktezahl für die Skilled Worker Class oder die vorgezogene medizinische Untersuchung bei Ehe- und Lebenspartnern im Rahmen des Family Sponsorings.

Am meisten sind derzeit die Vereinbarungen zu den Provincial Nominee Programs und die Erleichterungen für Studenten im Gespräch. Die derzeit eingeleiteten Massnahmen ändern aber das Gesetz nicht in seinem Kern und enthalten sogar da und dort Fallen, die man kennen sollte, um nicht enttäuscht in ihnen gefangen zu sein.

Englisch im Buch

Die Nutzung englischer Bezeichnungen in diesem Buch, wie sie vom Ministerium Citizenship and Immigration Canada (CIC) und anderen Behörden verwendet werden, beschreibt präzise Sachverhalte, wie beispielsweise „Study Permit".

So ist die Genehmigung zum Studium, der Study Permit, eine Erlaubnis, sich in Kanada weiterzubilden, und bezieht sich sowohl auf das „Studium" eines Erstklässlers an einer Primary School, wie auf das von Fachkräften aller Berufe, an Instituten, Universitäten oder Fachschulen, das für wenige Monate oder länger absolviert wird. Das langfristige Studium von Studenten an Universitäten, Instituten und Colleges wird ebenso durch den Study Permit geregelt.

Es wird dadurch klarer, wer und was gemeint ist, als wenn versucht würde, eine deutsche Übersetzung zu erzwingen. Beispielsweise umfasst der Begriff „Skilled Worker" nicht nur den Facharbeiter oder Techniker in Industrie, Handel oder Gewerbe, sondern auch jeden Professor, Doktor, Top-Manager oder Wissenschaftler, der mit oder ohne Arbeitsvertrag nach Kanada einwandern will oder dort mit einem Arbeitsvertrag als Zeitarbeiter /"Temporary Worker", für Wochen oder Jahre arbeiten wird.

Die Bezeichnung „Life-in Caregiver" umfasst alle Arbeitnehmer, vom Au Pair bis zum hoch spezialisierten Pfleger von Behinderten, die im privaten Haushalt Kinder, Behinderte oder alte Menschen betreuen und gleichzeitig in diesem Haushalt wohnen.

Die Daueraufenthaltsgenehmigung, ein typisch deutsches Wort, wird mit der Ausstellung des „Permanent Residence Visa" erteilt, und damit kann man in Kanada die nächsten fünfzig Jahre arbeiten und leben, da man den „Status" eines „Permanent Resident" hat. Dazu gibt es die „Permanent Resident Card" - praktisch ein Personalausweis für Immigranten. Diese Karte muss alle fünf Jahre verlängert werden, da sie für Reisen außerhalb Kanadas notwendig ist, um bei der Wiedereinreise nach Kanada den Status zu beweisen.

Damit der Status als Permanent Resident erhalten bleibt, muss man immer im Zeitraum von fünf Jahren mindestens zwei Jahre in Kanada leben. Die Bezeichnungen Daueraufenthalts-Genehmigung, -bewohner oder Daueraufenthalt sind so nicht mehr sehr präzise. Den Status des Permanent Resident kann man wieder verlieren.

Die Amtssprachen in Kanada sind Englisch und Französisch und alle Dokumente, Berichte, Formulare und Informationen, die Immigranten und Skilled Worker betreffen sind in diesen beiden Sprachen bei den Behörden zu erhalten - über das Internet oder als gedruckte Broschüren. Im Internet ist auf jeder Webseite der kanadischen Regierung und der Provinz-Regierungen ein Link, über den man innerhalb der geöffneten Seite von einer Sprache in die andere wechseln kann. Diese Zweisprachigkeit ist auch bei den Jobbörsen und auf jeder Webseite national operierender Unternehmen in Kanada zu finden. Ich benutze darum nur die englischen Bezeichnungen im Buch. Wer Französisch gut kann, der hat die Möglichkeit mit den englischen Worten im Internet seine Recherche zu starten und dann über den Link auf der jeweiligen Webseite zu Französisch zu wechseln.

Die englischen Begriffe können sehr gut im Internet als Suchworte eingesetzt werden, wenn man weitere Informationen recherchiert. Das ist ein weiteres Argument dafür, warum im Buch so viele englische Worte präsent sind. Das Beispiel dazu ist „Immigrant". Mit „Immigration to Canada" als Suchworte findet man sehr viele und ausführliche Informationen in Englisch aus allen Quellen in Deutschland und Kanada. Das Wort Immigration ist auch sehr gut für die Suche in kanadischen Zeitungen oder auf den Webseiten der Provinzen geeignet, um zu diesem Thema Berichte oder Informationen zu finden. Auf den Webseiten einiger Provinzen hilft es, die oft versteckten Informationen aufzuspüren. Mit den Worten: Daueraufenthaltsgenehmigung, Einwanderer oder Auswanderer findet man nur sehr begrenzte Informationen in deutscher Sprache. Allerdings findet man darüber einige deutschsprachige Berater.

Zu beachten ist, dass in Kanada das „britische" Englisch oft nicht weiterhilft. Viele Bezeichnungen in der Berufswelt und im allgemeinen Sprachgebrauch werden anders geschrieben oder definiert. Hier ist vor allem die NOC Liste und die Suche nach der richtigen Berufsbezeichnung zu erwähnen. Das gilt aber auch für die englische Schreibweise in Kanada selbst. Es ist üblich, dass die Schreibweise eines Vorganges oder einer Sache von Provinz zu Provinz verschieden sein kann.

Englische Worte und Abkürzungen

Immigrant - Einwanderer
Would-be Immigrant - Jemand der einwandern möchte.
Emigrant - Auswanderer
Migrant - Jemand der zurück wandert.
IRPA - Immigration and Refugee Protection Act -
Der Name des neuen Einwanderungsgesetz vom Juni 2002.
PRV- Permanent Residence Visa - Permanent Resident Visa (Ich benutze Residence)
Erlaubnis, als Immigrant nach Kanada einzureisen und dort für immer zu arbeiten und zu leben.
PR - Permanent Resident / Landed immigrant - Einwanderer in Kanada, der nach drei Jahren Aufenthalt die kanadische Staatsbürgerschaft beantragen kann.
Permanent Residence - Ständige Residenz / Wohnsitz
PRC - Permanent Resident Card, Maple Leaf Card, PR Card, PRC - Praktisch ein Personalausweis, den ein Permanent Resident (einerlei wie lange er bereits in Kanada lebt) derzeit bei Auslandreisen benötigen und den man bei der Wiedereinreise nach Kanada braucht, um seinen Status als Permanent Resident zu beweisen.
Immigration Classes - Einwanderungs-Klassen
Family Class - Familien-Klasse
Sponsor - Person, die in der Familien-Klasse berechtigt ist einen Antrag auf Sponsorship zu stellen.
Economic Classes- Independent Classes - Business Classes Immigrants
Investor - Anleger
Entrepreneur - Unternehmer
Self-employed Person - Selbständiger
Skilled Worker - Arbeitnehmer

Temporary Resident Visa (TRV) - wird von Bürgern vieler Staaten und Touristen, die ihren Aufenthalt verlängern, benötigt.

Temporary Resident Permit (TRP) - Sondererlaubnis des Ministers (Minister Permit) auf Grund von humanitären Gründen.
Study Permit - Zeitbegrenzte Studienerlaubnis
Work Permit / Employment authorization - Zeitbegrenzte Arbeitserlaubnis
WHP - Working Holiday Program
YWEP - Young Worker Exchange Program

Abkürzungen für Behörden

CIC - Ministerium Citizenship and Immigration Canada / Citoyenneté et Immigration Canada
HRSD - Human Resources and Skills Development Canada /
RHDS - Ressources humaines et Développement Social - Das kanadische Ministerium für Arbeit und Soziales wird zur Vereinfachung von vielen Seiten oft als Arbeitsamt bezeichnet.
NOC - National Occupation Classification - Eine Liste von HRSD, in der alle Berufe Kanadas - über 25.000 - definiert und klassifiziert sind.

SIN - Social Insurance Number - Diese Karte ist eine Voraussetzung, um in Kanada arbeiten zu können und wird von Behörden, Arbeitgebern und vielen Unternehmen als Ausweis verlangt.

Weitere Begriffe

Employers and Entrepreneurs / Arbeitgeber und Unternehmer
Employees / Angestellte
Employment - Arbeit
Employment authorizations - Work permits
Employment validations: HRDC confirmations, Job offer validations - die Genehmigung (das OK) von HRSD in Kanada arbeiten zu dürfen.
Employment insurance / Unemployment benefits - ... insurance - EI
Arbeitslosenversicherung

Consultants, Expert-conseil, Immigration Agents, Intermédiaire - Berater, Einwanderungsberater müssen Mitglieder ihrer Berufsgruppe sein, um Anträge bei CIC einreichen zu dürfen. Ich schreibe bevorzugt „Berater" statt Einwanderungsberater.
Deportation orders / Removal order / Departure order
Aufforderung Kanada zu verlassen.

Foreign students: International students, Overseas students, Visa students
Foreign visitors / Visitors - Touristen
Guest workers - Gastarbeiter wird in Kanada selten gebraucht, kann aber auf Saison-Arbeiter angewendet werden, da diese nach kurzer Zeit das Land wieder verlassen müssen. Das betrifft auch derzeit Worker mit Skill Level C + D, da diese nach einem Jahr zurück in die Heimat müssen.
Dual nationality, Dual citizenship - Zweistaatigkeit, Mehrstaatigkeit
Migration - Wanderung, wird in Kanada in der Regel benutzt, um die Wanderung der Kanadier innerhalb Kanada von Provinz zu Provinz und wieder zurück in die Heimatprovinz zu beschreiben. Rückwanderer nach Europa sind ebenfalls Migranten.

LICO- Low-income cut-off - Statistische Bezeichnung für geringes Einkommen. Diese Statistik ist für Immigranten von Bedeutung.

Not-for-profit-Organization - Non-profit Organization (voluntary sector) sind vergleichbar mit den eingetragenen Vereinen in Deutschland. Beispielsweise arbeiten für das Technische Hilfswerk, das Rote Kreuz und Sportvereine bezahlte Angestellte und freiwillige Mitarbeiter unterstützen diese Organisationen genauso aktiv, aber ohne Bezahlung. Diese Mitarbeiter sind in Kanada die Volunteers / Freiwilligen.

Officer - der Visa Officer oder Immigration Officer ist kein Beamter des Staates, wie in Deutschland. Aber als Angestellter des Staates hat dieser Staatsdiener genauso viel „Macht" wie ein Beamter.

PNP - Provincial Nominee Program - Sonderprogramm, welches die Provinzen berechtigt, eine bestimmte Anzahl von Einwanderern, und zu bevorzugten Konditionen für diese, auszuwählen.
PN - Provincial Nominee - Der Einwanderer, der als Kandidat von einer Provinz akzeptiert wurde.
Points system, Selection grid - Das Punktesystem für alle Business-Immigranten.

Sponsorship - Der Lebenspartner - Spouse, common-law partner, conjugal partners - in der Family Class kann über diesen Weg als Immigrant nach Kanada kommen.
Common-law partners / Common-law relationships
Lebenspartner mit dem man mindestens ein Jahr „Tisch und Bett" teilte.
Conjugal partners / Conjugal relationships
Ein Lebenspartner mit dem man mindestens ein Jahr eine Beziehung hat. Den man aber weder heiraten, noch mit ihm zusammenleben kann. Die Gründe dazu ergeben sich in der Regel durch soziale oder religiöse Forderungen der Gesellschaft, aus der die Partner stammen. Für Westeuropäer kommt darum diese Klasse normalerweise nicht in Frage, da sie beispielsweise jederzeit heiraten können.

Settlement centres, Settlement programs, Settlement services - diese Zentren und Programme gibt es überall in Kanada und dort erhält man kostenlose Hilfe, um sich in Kanada zu etablieren. Siehe beispielsweise www.settlement.org aus Ontario.

Statcan - Statistics Canada

Der Duden schreibt: „Visa" ist in Deutsch der Plural von „Visum".
Im PONS steht: „Visa" ist Einzahl und „Visas" ist Plural in Englisch.

Xenophobia - Xénophobie - Xenophobie - Angst vor Fremden,
Fremdenfeindlichkeit, Ausländerfeindlichkeit, irrationaler Fremdenhass

Einige englische Texte im Buch sind nicht übersetzt, da sie im Original stärker den Sachverhalt ausdrücken oder beschreiben. So auch der ein oder andere Bericht von Einwanderern. Wer wirklich ernsthaft plant nach Kanada auszuwandern oder vorhat, dort zu arbeiten, sollte sie übersetzen können - entweder mit der Hilfe von Übersetzungsprogrammen als Rohtexte (www.linguatec.de übersetzt im Internet sehr gut) oder auf Grund seiner bereits vorhandenen Sprachkenntnis, alternativ mit Hilfe von Familienmitgliedern, Freunden und Bekannten.

Teil eins: Vorbereitung

Kosten - Umfrage - Sparen - Verträge

Auswandern war immer schon teuer. Wenn heute in den Foren ab und an gepostet wird, dass man praktisch kein Geld hat und diesen doch entscheidenden Schritt plant, dann sollte der oder die Fragesteller/in mit dem Sparen anfangen.

Die Kosten einer Auswanderung sind im Vergleich zu einem Umzug auf Grund eines mehrjährigen Work Permit erheblich höher. Wer allerdings plant nach Ablauf des Work Permits einzuwandern hat letzten Endes höhere Kosten.

Die Kostenstellen sind: Antrag und Visumgebühren bei der Botschaft, Erkundungsreisen, Umzug und Neustart in Kanada. Bei einigen dieser Kosten kann man nicht sparen und bei anderen ergeben sich unvorhergesehene Steigerungen. Die hier besprochenen Kosten und die Möglichkeiten zu sparen sind nur als ungefähre Angaben zu betrachten. Jeder wird nach seinen finanziellen Möglichkeiten und Wünschen planen und darum zu anderen Zahlen kommen. Fixkosten sind ausschließlich die Gebühren der Kanadier für die Einwanderung und die Erteilung eines Visums.

Ein Beispiel, wie Wunschvorstellungen Kosten zum falschen Zeitpunkt verursachen können, ist die Anfrage eines jungen Mannes in den Foren: *„ ... habe noch eine Frage in diesem Jahr... darf man einen Container nach Kanada schicken, auch wenn man nur ein Working Holiday Visa hat??? Hab gestern mit meinem Schwager telefoniert und der meinte ich sollte mich zuerst informieren bevor ich alle meine Klamotten packe!"*

So ein Containertransport kostet rund 4.000 Euro, und plus weitere Nebenkosten kann man mit bis zu 5.000 Euro oder mehr rechnen. Ein Working Holiday Visa gilt aber nur für ein Jahr und kann nicht verlängert werden. Danach muss der Inhaber dieses Visums normalerweise Kanada wieder verlassen. Es gibt keine Garantien, dass man in dieser Zeitspanne ein weiteres Visum in einer anderen Klasse erhält. Möglich ist das zwar, aber es ist pures Glücksspiel darauf zu spekulieren. Die Spekulation auf ein neues Visum ist wie Lotto spielen, der Eine gewinnt und alle anderen verlieren.

Das Ziel des jungen Mannes war aber die Einwanderung und er dachte sich, da bring ich doch direkt alles rüber, was ich habe. Alle logischen Argumente aus dem Forum gegen einen Containertransport zu diesem Zeitpunkt lehnte er ab. Erst als ich ihm vorrechnete, dass er bei Verzicht auf den Container rund 4.000 Euro mehr als Reserve für seinen Start in Kanada habe wurde er nachdenklich und schrieb dann, dass er nun doch auf den Containertransport verzichten würde.

Warum sagte ich ihm, dass er keinen Container nach Kanada schicken sollte? Er zieht in die Region, wo seine Schwester und sein Schwager leben. Er wird dort arbeiten und sich eine Wohnung suchen. Aber als Junggeselle findet er Appartements in denen die Küche komplett eingerichtet ist. Eine

Waschmaschine gibt es sicher auch in dem Gebäude oder er nutzt die seiner Schwester. Das was er für die erste Zeit an Kleinzeug für die Küche und die Wohnung braucht, kann er sicherlich für weniger als 500 CAD einkaufen. Hinzu kommt, dass er bereits ein Network in Kanada hat, das ihn mit diesem Kleinzeug vermutlich kostenfrei und gerne aushelfen wird.

Umfrage

Ich habe einige Einwanderer gefragt mit welchen Kosten sie für ihre Einwanderung rechnen. Frage: Grob geschätzt, wie teuer wird es bis ihr in Kanada gelandet seid?

Antwort 1 - Skilled Worker
Antrag und Landing ca. 3.500 EUR, Containertransport ca. 4.000 EUR, dazu kommen noch ca. 6.000 EUR für unsere Erkundungsreise im Mai/Juni 2005, wo wir uns ausgiebig in B.C. und Alberta umgesehen und unseren zukünftigen Wohnort ausgesucht haben.

Antwort 2 - Skilled Worker - plant ein Unternehmen zu gründen
Bisher belaufen sich die Kosten für Immigrations-Berater, Übersetzungen, Sprachtests, Gebühren, etc. auf rund 7500,- Euro. Dazu kann man noch einmal rund 10.000 Euro für Urlaub, Look-and-See-Trip etc. rechnen. Unter dem Strich werden wohl rund 25 - 30 t Euro für die Auswanderung (Antrag, Umzug, Verschiffung des Umzugsgutes, etc.) rauskommen.

Und dann ist man erst mal im Land und die ganzen ‚saftigen‘ Ausgaben gehen los - Miete, Auto, Versicherungen, Firmengründung, Über- brückungszeit, später evtl. Hauskauf. Ich rechne noch einmal mit Kapital von rund 150 - 200 t Euro bis man richtig ‚settled‘ ist. Da sollte man schon ein gut gefülltes Sparschwein und einen halbwegs realistischen Finanzplan mit Ausstiegs- oder Rückkehroption haben.

Antwort 3 - Investor
Einwanderungsberater rund 8-10.000 Dollar, Papiere übersetzen rund 1-2000 Dollar, Finanzierung der geforderten Investmentsumme 130.000 Dollar. 2 x 40 Fuss Container verschiffen rund 6000 Euro.

Der Unterschied der Kosten von Antwort 1 im Vergleich zu den Antworten 2 und 3 beruht auf die Einschaltung von Einwanderungsberatern. Beide hatten dazu gute Gründe aber man kann diese Kosten auch sparen, wenn man die Anträge selbst einreicht. Das ist mit Risiko verbunden, jedoch prinzipiell möglich. Dazu mehr im Kapitel Berater - Consultants.

Deutsche Auswanderer werden in der Regel alles mitnehmen, was sie im Laufe der Zeit erworben haben. Da kann man kaum vermeiden einen Container zu nutzen. Das gilt besonders für Familien mit oder ohne Kinder. Anders sieht es bei Singles aus. Die könnten auch mit einem Seesack oder Koffer nach Kanada ziehen. Denn für runde 5.000 CAD, die ein Containertransport ungefähr kostet, kann man sich locker in Kanada alles neu kaufen, was man so für einen ersten Hausstand braucht. (Siehe: Vom Banker zum Pizzabäcker)

Gerade bei Elektrogeräten kommt aber ein Faktor hinzu der fast immer übersehen wird. Es ist der Faktor Versicherungsschutz! Deutsche Elektrogeräte entsprechen nicht den Sicherheitsstandards in

Kanada - sie fachgerecht umzurüsten oder genehmigen zu lassen kostet mehr als in Kanada neue zu kaufen. Das heißt, wer diese Umrüstung nicht fachgerecht von einem lizenzierten Handwerker machen läst, der wird im Schadensfall von der Versicherung kein Geld erhalten. Diese lehnen dann automatisch die Auszahlung ab. Eine Garantieleistung wird es ebenfalls nicht mehr geben - Ausnahmen gibt es beispielsweise bei Laptops / Notebooks, die mit einer weltweiten Garantie verkauft werden.

Kosten

Die folgende Aufstellung bezieht sich auf Angaben von Teilnehmer der Internet-Foren und kann nach oben oder unten schwanken. Nur die Kosten der Gebühren von Seiten der Kanadier sind feste Kosten. Diese können sich auch jederzeit ändern. Die aktuellen Gebühren sind auf der Webseite www.cic.gc.ca zu finden.

Als Beispiel die Kosten für ein Paar ohne Kinder, die nach Kanada einwandert.

An den kanadischen Staat zu zahlen:	
Processing Fee 2 x 550	1.100
Right of Permanent Residence Fee 2 x 490	980
Summe	CAD 2.080
	Euro 1.495
Kosten, in Deutschland in Euro:	
Medizinische Untersuchung 2 x 150	300
Nur für den Hauptantragssteller:	
Beglaubigte Übersetzungen	800
Sprachtests IELTS	170
Sonstiges	500
Total	Euro 3.850

Zu Sonstiges zählen beispielsweise die Reisekosten für ein Interview in Berlin, Vorbereitungskurse für den Sprachtest, Führungszeugnis, Kosten für die Recherche, PRC und etc.

Money to support your family   12.659 CAD / 8.953,83 Euro.

Das sind keine Kosten aber das ist der Betrag, der mindestens als verfügbares Vermögen für zwei Personen bereit stehen muss, wie es von CIC gefordert wird. Diese Summe muss man bei Einreichung des Antrages nachweisen und der Betrag muss als Bargeld zu Verfügung stehen. Aktien und andere Spekulationswerte werden in diesem Fall nicht anerkannt. Dieser Betrag kann sich immer wieder ändern, das heißt, er wird sich erhöhen. Man hat darum vor der Antragstellung auf der Webseite von CIC den aktuellen Betrag zu recherchieren.

Damit stehen mindestens 12.800 Euro zur Diskussion, um zu Zweit nach Kanada einzuwandern. Hinzu kommen nun die Kosten für Flug, Umzug und die erste Zeit in Kanada. Für den letzten Punkt reichen die 12.659 CAD sicher nicht aus, wenn man nicht bereits einen festen Arbeitsplatz hat.

Das sind Minimums-Kosten und es setzt voraus, dass man in der Lage ist seine Anträge ohne die Hilfe von Immigrations-Beratern einzureichen. Rechnet man einen Containertransport dazu - 5.000 Euro, zwei Flüge one-way und eine Reserve, so ist man leicht bei Kosten von runden 20.000 Euro angelangt - ohne Berater. Braucht man die Hilfe dieser Berater, dann kann man zwischen 3.000 bis 6.000 CAD oder mehr hinzu addieren.

ACHTUNG: Wer als Immigrant einen garantierten Arbeitsplatz hat (genehmigt von HRSD) braucht diese 12.659 CAD nicht auf seinem Konto zu haben. Dieser Betrag wird von Immigranten gefordert, die bei der Landung noch keine Arbeitsstelle haben. Es ist aber von Vorteil einen Betrag in dieser Höhe oder größer als Mindestreserve mit nach Kanada zu bringen. Das gilt auch für Temporary Worker mit einem Work Permit.

Nicht nur Global Player wollen sparen

- sie entlassen dann vorzugsweise ihre Mitarbeiter - sondern auch der Immigrant und Temporary Worker auf dem Weg nach Kanada.

Beim Antrag selbst sind nur die Übersetzungskosten eine unbekannte Größe. Diese können nach Aussage einer Übersetzerin zwischen 400 bis 1800 Euro betragen. Hier kann man sparen, wenn man so viele Dokumente wie möglich bereits von Behörden, Schulen, Universitäten und Arbeitgebern in Englisch oder Französisch erhält. Dank der EU wird ja heute von den Behörden vom Geburtsschein über die Heiratsurkunde und den Führerschein alles mehrsprachig ausgestellt.

Unter allen Umständen hat man besonders auf die Übersetzungen zu achten, wenn man sie für die Berufsanerkennung in Kanada bei den zuständigen Berufsorganisationen braucht. Hier geht es nicht nur um die Übersetzung des Zeugnisses, des Diploms oder des Titels, sondern fast immer auch um eine genaue Beschreibung der besuchten Kurse. Um dies alles für den Beruf des Bauingenieurs übersetzen zu lassen waren rund 2.500 Euro erforderlich, wie im Forum berichtet wurde. Wäre dies bereits von der Uni übersetzt worden hätte der Antragsteller sparen können.

Ob man sich den Einwanderungsberater sparen kann ist eine heikle Frage. Jemand versuchte es und erhielt dann von CIC einen Punkt zu wenig angerechnet. Dadurch erreichte er nicht die geforderte Punktzahl von derzeit 67 Punkten - Antrag abgelehnt, schrieb ihm darauf CIC. Andere haben keine Probleme die Einwanderung ohne Berater zu organisieren. Aber selbst bei einem Work Permit für einen Temporary Worker kann es manchmal von Vorteil sein einen Berater einzuschalten.

Wo man wirklich sparen kann ist beim Umzug selbst und der Integration in Kanada im ersten Jahr. Wer seine Kisten und Koffer selbst packt, um sie dann von einer Spedition nach Kanada bringen zu lassen kann sparen. Er verzichtet dadurch aber auf den Versicherungsschutz, den eine Spedition gewährt, wenn deren Mitarbeiter alles verpacken und einräumen. OK, hier ist die Abwägung der Werte bei Beschädigung im Verhältnis zu der Einsparung zu sehen. Jeder wird hier nach seinen Interessen anders entscheiden.

Wo am meisten Geld verschwendet wird - so die Aussage von sachkundigen Deutschkanadiern ist bei der Beschaffung eines ersten Hauses. Deutsche haben ja oft sehr viel Geld - oder besser gesagt relativ viel Geld, wenn sie nach Kanada auswandern. Das gilt ebenso für Temporary Worker, die mit einem Work Permit kommen. Der typische Fehler ist nun sich sofort ein Haus zu kaufen, dafür in Kanada Schulden zu machen und es dann auch noch teuer zu renovieren. „Hier bin ich und hier bleibe ich!" ist dabei ihr Motto.

Wenn ihr neuer Chef sie drei Monaten später, nach dem Prinzip „hire and fire", auf die Straße setzt fallen sie aus allen Wolken. Sie klagen augenblicklich über die Ungerechtigkeit der Welt. Nur wenn sie die Energie und das Geschick aufbringen schnellstens eine neue Arbeitstelle zu finden haben sie eine Chance mit geringem Verlust weiter zu machen. Der Verlust ist automatisch vorprogrammiert, da sie für die neue Arbeitstelle vermutlich in eine andere Region oder sogar Provinz ziehen müssen. Das Haus also wieder verkauft werden muss, was in der Regel zu einem Verlust führt. Häuser zu mieten ist am Anfang die sinnvollere Lösung.

Sich entsprechend frühzeitig sachkundig zu machen, über die Realität der kanadischen Arbeitswelt, ist ein Key-Point für große Einsparungen.

Kalkulierbare und nicht kalkulierbare Kosten

Der Container hat Probleme beim Zoll
Versicherungen für das Auto
Erneuter Umzug in Kanada
Weiterbildung kostet Geld
Kosten für Werkzeug und Prüfungen bei Temporary Worker
Lebenshaltungskosten in der Stadt oder auf dem Land
Bruttolohn und Geld in der Hand
Kosten für Familien mit Kinder

Der Container hat Probleme beim Zoll.

Nur sehr selten wird davon berichtet, dass beim Zoll unerwartet weitere hohe Kosten anfallen. Aber das ist möglich und der Immigrant sollte da sehr achtsam sein. In einem Forum wurde berichtet, dass die Umzugskisten des Immigranten mit in einen Container kamen, in dem auch ein fremdes Auto verschifft wurde. Wegen des Autos, das ja besonders genau vom Zoll untersucht wird, wurde der Container beim Zoll angehalten und erst Wochen später geöffnet. Für diese Wartezeit wurde der Standplatz des Containers mit einer Miete belegt, die vom Immigranten mitbezahlt werden musste.

Das kann auch passieren, wenn die Umzugsgüter in einem Container verschickt werden, in dem sich nur die eigenen Sachen befinden. Man hat sich hier genau an die Vorschriften zu halten und mit seiner Spedition entsprechende Verträge abschließen, damit diese sich ebenfalls daran hält.

Versicherungen für das Auto

Wer in die Provinzen zieht, die eine staatliche Autoversicherung haben ist in der Regel gut bedient, denn die Preise sind dort moderat. Wer allerdings in Provinzen zieht, wo es nur private Autoversicherungen gibt, der zahlt sehr hohe Versicherungsprämien. Wenn man da nicht genau aufpasst, dann können die Prämien von 1.000 CAD auf über 5.000 CAD pro Jahr steigen. Dieser Kostenfaktor wird oft übersehen und man sollte sein kanadisches Network oder die Settlement Organisationen um Rat fragen, damit man nicht aus Unachtsamkeit zu viel bezahlt.

Erneuter Umzug in Kanada

Wie bereits oben erwähnt gibt es negative Gründe für einen Umzug. Positive Gründe können auch dazu führen, dass man in den ersten Monaten bereits in eine andere Mietwohnung oder ein anderes Haus zieht. Beispielsweise erkennt man, dass der erste Vermieter viel zu viel an Miete verlangt und man findet für weniger Geld ein gleich gutes oder sogar besseres Heim. Ein anderer Grund kann sein, man verdient gut und will sich etwas Besseres gönnen. Ein weiteres Argument für einen Umzug kann sein, dass man lieber mehr Geld sparen will (für ein eigenes Haus) und darum in eine preisgünstigere Wohnung zieht. Das kann selbstverständlich alles in der gleichen Stadt und während man beim selben Arbeitgeber beschäftigt ist geschehen.

Was ich hiermit sagen will ist: Jeder Skilled Worker der nach Kanada kommt, als Immigrant oder Temporary Worker, wird in den ersten Jahren mehrfach umziehen. Es gibt sicherlich Ausnahmen, aber dadurch ändert sich nichts an der Faustregel: Umziehen in Kanada ist normal und passiert öfter als in Deutschland. Dadurch entstehen Kosten und diese sollten einkalkuliert sein.

Weiterbildung kostet Geld

Bei meiner Umfrage an Immigranten stellte ich auch die Frage: Planen sie Gelder für ihre Weiterbildung oder die ihres Partners ein?

Der eine plant es ein, ein anderer hatte noch nicht darüber nachgedacht und ein dritter sagt: Ich habe in Kanada zuviel zu arbeiten und darum werde ich keine Weiterbildung machen. Diese Antwort kam von einem Ingenieur und zeigt auf, dass er nicht langfristig voraus plant. Die größten Probleme mit der Weiterbildung haben alle hoch qualifizierten Berufe.

Um das zu verstehen sollte man die Texte der Ernüchterten lesen. Beispielsweise tauchte in einem Forum ein Deutschkanadier auf, der in den 30 Jahren die er nun in Kanada lebt praktisch in allen Provinzen gearbeitet hatte. Er hatte von Universitäten in Deutschland zwei Diplome erhalten, die aber in Kanada nicht anerkannt wurden. Diese Praxis der Nichtanerkennung von ausländischen Diplomen geht nicht nur in Kanada weit zurück. Es ist also nichts Neues und er wusste es. Statt nun auf ein kanadisches Diplom hin zu arbeiten, um danach als Ingenieur sein P. Eng. zu haben - wie es auch andere taten - arbeitete er fleißig, verdiente Geld, baute eine Firma auf und ärgert sich heute schrecklich und schimpfte auf die Regierung. Er ärgert sich darüber, dass er einem kanadischen Ingenieur (P.Eng.) Geld dafür zahlen muss, dass der die Arbeit seiner Firma absegnet.Es ist auch in Deutschland nichts ungewöhnliches, das ein Firmeninhaber eine Handwerksmeister oder Ingenieur als Galionsfigur bezahlt, da er selbst diese Qualifikation für die Ausübung des entsprechenden Fachberufes nicht hat.

Was zeigt dieses Beispiel? Wer in hoch qualifizierten und lizenzierten Berufen in Kanada arbeiten will, damit gutes Geld verdienen und sich möglicherweise selbständig mache möchte, der muss in den sauren Apfel beißen und eine entsprechende Weiterbildung in Kanada absolvieren. Das kostet neben der Zeit auch echt viel Geld und dies sollte man rechtzeitig einplanen.

Von den Politikern wird zwar zurzeit sehr viel darüber geredet, dass alles viel, viel besser wird, aber wann? Neben den langwierigen Verhandlungen in der Politik bis zur Verabschiedung der Gesetze haben die Berufsverbände in den Provinzen Entscheidungen zu treffen und neue Regeln einzuführen. Man sollte nicht davon ausgehen, dass sich die Situation in den nächsten zwei oder drei Jahren fundamental verbessert. Wenn bis 2010 Verbesserungen eingeführt werden, dann ist das schnell. Das ist meine Meinung heute in 2006. Sollte ich mich irren und es schneller gehen, freue ich mich für alle, die dann davon profitieren. (Siehe: Berufsanerkennung 1 und 2)

Kosten für Werkzeuge und Prüfungen bei Temporary Workers

Handwerker und Facharbeiter in der Industrie haben in lizenzierten Berufen Prüfungen in Kanada zu absolvieren. Diese Prüfungen sind selten ohne Schulung zu bestehen. Beides kostet Geld. Ebenso wird vom Arbeitgeber oft erwartet, dass sein neuer Mitarbeiter sein eigenes Werkzeug mitbringt. Dies kostet auch Geld, da Werkzeug in Deutschland in der Regel vom Arbeitgeber gestellt wird.

Lebenshaltungskosten in der Stadt oder auf dem Land

Kurz gesagt: Auf dem Land ist es quer durch Kanada ungefähr gleich teuer oder im Vergleich zu den Großstädten und deren Einzugsgebieten billiger - denkt man! Es macht schon einen Unterschied ob man in B. C. auf dem Land lebt oder in New Brunswick. In den drei großen Ballungszentren, Montreal, Toronto und Vancouver sind die Kosten höher als auf dem Land. In der „schönsten Stadt" Kanadas werden die Preise in den nächsten Jahren stark steigen. Von 60.000 bis 80.000 CAD pro Jahr sprach man bereits in den Foren, die ein Single beziehungsweise eine Familie mit Kindern in der Stadt verdienen sollte. Außerhalb der Ballungsräume wird von rund 25.000 bis 30.000 CAD pro Jahr als ausreichend gesprochen.

Aber Vorsicht! Derzeit explodieren besonders in Alberta in den Städten Calgary und Edmonton die Preise - ganz zu schweigen vom Zentrum des Ölbooms rund um die Sandöllager im Norden. Die statistischen Angaben von 2004 und vorher haben darum in diesen Regionen keine Gültigkeit mehr. Die Preisexplosion findet nicht nur im Zentrum des Ölbooms, sondern in der gesamten Provinz von Alberta statt. Waren vor kurzem Stundenlöhne um die 20 bis 25 CAD ausreichend, so sind bereits heute Stundenlöhne um 30 oder 40 CAD notwendig, damit der Arbeitnehmer in den betroffenen Gebieten gut leben kann. Der Boom wird noch einige Jahre anhalten, aber nicht ewig weitergehen.

Bruttolohn und Geld in der Hand

Vom Bruttolohn werden derzeit je nach Provinz 25 Prozent bis 31 Prozent abgezogen. Das schließt alle Beträge ein. Von der Steuer über Arbeitslosen- und Krankenversicherung und was sonst noch

je nach Provinz an Abzügen hinzukommt ist alles eingerechnet. Diese Angabe beruht auf der Studie «Preise und Löhne» 2006 der schweizer Bank UBS.
www.ubs.com/1/g/career_candidates/experienced_professionals/news.html?newsId=103136

Kosten für Familien mit Kinder

Ich kann hier nicht alle Kosten aufzählen, die für den einen oder anderen zu Buche schlagen. Die obigen Beispiele beruhen auf den relevanten Fragen in den Foren. Jeder hat für sich einen Businessplan und einen Liquiditätsplan zu erstellen als würde er eine neue Firma gründen. Denn die Übersiedlung nach Kanada ist, die romantische Seite mal außer Acht gelassen, ein Business. Zwei Kostenfaktoren für Familien mit Kindern habe ich aber noch zu erwähnen.

Die Betreuung von Kindern unter 6 Jahren kann für Familien eine schwere Bürde werden. Je nach Provinz können derzeit die Kosten für die Betreuung der Kinder pro Monat und Kind im schlimmsten Fall 500 CAD bis 1.000 CAD betragen. Es sind zwar gerade neue Programme der Regierungen angekündigt, aber Eltern werden dadurch nur zum Teil entlastet. Diesen Punkt hat jede Familie genau zu recherchieren, um nicht finanzielle Probleme zu erleben.

Es gibt in Kanada hochwertige Ausbildungen ebenfalls in den Berufen der Handwerker und Industrie-Facharbeiter. Auch wenn immer davon gesprochen wird, dass es dies nicht geben würde. Das System der Ausbildung ist anders als in Deutschland aber für qualifizierte Berufe gibt es auch qualifizierte Ausbildungen. Diese Ausbildungen an Colleges und Instituten kosten immer Geld, welches der Auszubildende aufzubringen hat - beziehungsweise seine Eltern. Das wird von Provinz zu Provinz unterschiedlich gehandhabt und darum sollten sich Eltern rechtzeitig erkundigen, was eine Ausbildung kostet, wenn sie mit Teens nach Kanada ziehen. Universitäten kosten in Kanada immer sehr viel Geld. Ausbildungskredite erhält aber nur wer Permanent Resident ist. Einer der Gründe, warum man als Temporary Worker schnellstens seinen PR Antrag stellen sollte.

Mit Jobangebot oder als Entsandter / Expat nach Kanada

Es gibt Jobangebote, wo der kanadische Arbeitgeber bereit ist beim Umzug zu helfen. Bei kurzfristigen Arbeitsverträgen von einem Jahr oder kürzer ist er sogar vom HRSD dazu verpflichte worden. Aber er wird selten alle anfallenden Ausgaben erstatten. Im Falle der entsandten Mitarbeiter werde die Unternehmen normalerweise die gesamten Kosten übernehmen. Besonders Temporary Worker, die nach Ablauf eines Jahres normalerweise das Land wieder zu verlassen haben - so die Forderung von CIC und so steht es auf dem Work Permit - sollten sich auf der Webseite von HRSD erkundigen, welche Kosten ihr Arbeitgeber zu ihren Gunsten zu bezahlen hat. Das reicht von der Bereitstellung einer kostengünstigen Wohnung bis hin zur Bezahlung des Rückfluges. Das ist in jedem Einzelfall anders und darum sollte dies jeder für sich genau recherchieren.

Wer mit einem Work Permit nach Kanada zieht hat den Vorteil, dass er in ein existierendes Network hineinkommt. Der Arbeitgeber und besonders seine Kollegen können ihm mit Rat und Tat zur Seite stehen, wenn es darum geht Geld zu sparen und nicht abgezockt zu werden. Diese Hilfe hat man freilich zu erfragen und sie wird oft sehr gern gewährt. Ausnahmen in denen die Hilfe versagt wird gibt es auch. In diesem Fall sollte der Rat- und Hilfesuchende prüfen ob es nicht an seinem Verhalten liegt, dass er sie nicht erhält. Die typisch deutschen Fehlverhalten, wie beispielsweise „ich kann alles besser" sind dann meistens die Ursache für die Weigerung zu helfen.

Ohne Jobangebot für immer nach Kanada

Diesen Weg können normalerweise nur Immigranten mit einem Permanent Residence Visa gehen. Alles Geld, ob 10.000 Euro oder 100.000 Euro und auch noch mehr, wird früher oder später ausgegeben und investiert sein. Für sie ist darum die entscheidende Frage: Wie lange komme ich mit meinem Geld aus und wie schnell finde ich ein neues Einkommen?

Antwort Nummer Eins ist: Networking! Das kann man am leichtesten über die in jeder Region aktiven Settlement Organisationen (settlement service) starten. Diese helfen jedem sich möglich schnell und gut in seiner neuen Heimat zu etablieren. Ob es um die besten und gleichzeitig kostengünstigsten Lösungen für Wohnen, Autoversicherung, Arbeit, Weiterbildung, Hausarzt oder Kinderbetreuung geht, ist für diese Helfer kein Problem, denn sie kennen die notwendigen Antworten auf diese Fragen. Sich auf den Standpunkt zu stellen: Ich kann alles alleine organisieren, ist praktisch Geldverschwendung.

Verträge

Für viele Verträge gibt es in Kanada ebenfalls Mustervorlagen, wie in Deutschland. Der Arbeitsvertrag für Fachleute, die über die Arbeitsagentur vermittelt werden, gehört dazu und enthält nur die notwendigsten Vereinbarungen. Da dieser Vertrag vorher vom HRSD geprüft wurde, kann der Arbeitnehmer davon ausgehen, dass der Arbeitsvertrag den Standards in Kanada entspricht. Man kann ihn also unterschreiben. Zu beachten ist, die Kündigungsfrist beträgt in den ersten beiden Monaten 1 Tag und in den ersten Jahren der Laufzeit des Vertrages immer nur 14 Tage!

Für Mietverträge gibt es ebenso Vordrucke, die in der Regel genutzt werden. Diese entsprechen dem Mietrecht der jeweiligen Provinz. Solange der Vermieter nicht alle möglichen zusätzlichen Vereinbarungen hinein schreiben will, kann man sie beruhigt unterschreiben.

Beim Kauf eines Hauses ist die Sachlage aber komplizierter. Von kanadischen Fachleuten aus den Foren wird betont, dass man unbedingt einen eigenen Makler einschalten sollte. Unter keinen Umständen sollte man den Makler des Käufers akzeptieren. Es genüge auch nicht, nur einen Rechtsanwalt oder Notar einzuschalten, da diese nicht den strengen Berufsregeln der Makler unterliegen. Wird vom Verkäufer abgeraten einen eigenen Makler zu nehmen, dann ist äußerste Vorsicht geboten. Der Makler des Käufers wird übrigens vom Verkäufer bezahlt! Man spart kein Geld, beauftragt man einen Makler - man erspart sich aber eventuell viel Ärger.

Suchworte für das Internet sind beispielsweise: Employment Contract, Hiring Agreement, Job Contract, Employment Forms, Employment Agreement und dazu Canada oder den Namen der Provinz.

Eine gute for-profit Webseite für Musterverträge ist: www.lawdepot.com/index.php?&a=t

Bürokratie in Kanada

„In Kanada gibt's keine Bürokratie!" hört man immer wieder. Wenn eines Tages jedoch die Begegnung mit der kanadischen Bürokratie stattfindet, dann bricht meistens eines der schönsten Vorurteile über Kanada zusammen.

So erging es erst vor kurzem einem deutschen Architekten, der sich in B.C. ein Haus baute und dabei die deutschen Standards beachtete. Die sind ja modern und besser als alles andere dachte er sich, wie er später in den Foren erzählte. Aber der Bauinspektor aus B. C. machte ihm knallhart klar, dass er die kanadischen Vorschriften einzuhalten hat und er sich als Kanadier einen Teufel, um deutsche Standards kümmere. Auf seine Hilferufe in den Foren konnten ihm Mitglieder mit ähnlichen Erfahrungen nur raten, dass er den Anordnungen des Bauinspektors folgen sollte - mit diesem einen Streit anzufangen würde ihn nur viel Geld kosten und er könne dabei nur verlieren.

Dabei sind kanadische Officers (Beamte, Städtische Angestellte, ...) fast ausnahmslos sehr freundlich und hilfsbereit, wenn man ihnen zum ersten Mal begegnet. Ob sie es auch noch beim zweiten Treffen sind, dass hängt ausschließlich vom Gegenüber ab. Sie sind auch öfter bereit kleine Unregelmäßigkeiten beim ersten Mal nicht über zu bewerten - sehen sie aber, dass der Betreffende uneinsichtig ist und weiter gegen Verordnungen und Gesetze verstößt, dann kennen sie kein Pardon.

Eine Geschichte aus Nova Scotia verdeutlicht dies am beste. Ein Ferienhausbesitzer hatte immer wieder an seinem Haus Arbeiten ausgeführt, die er als Tourist nicht hätte verrichten dürfen. Er fiel auf, wurde mehrfach verwarnt und machte weiter. Als er eines Tages wieder auf dem Dach seines Hauses arbeitete kam ein Hubschrauber vorbei, flog um das Haus herum und landete. Der Officer der zuständigen Behörde stieg aus und erklärte ihm: Da sie unerlaubt als Tourist und trotz mehrfacher Warnungen wieder Arbeiten ausführen werden sie nun des Landes verwiesen. Der Ausreisebefehl ließ dem Häuslebauer nur kurze Zeit, um das Land zu verlassen. Hinzu kam ein Einreiseverbot für einige Jahre.

Selbst in den alten Reisebüchern von Hans-Otto Meisner aus den Fünfzigern wird davon berichtet, dass im höchsten Norden Gesetz und Ordnung einzuhalten sind. Dafür sorgen dort ebenfalls die Bürokraten mit der Hilfe der Royal Mounted Police so präzise wie überall im Land. Und selbst A. E. Johann berichtet über bürokratische Verhältnisse in den Zwanzigern des letzten Jahrhunderts.

Ich erwähne dies, da immer wieder Deutschkanadier, die schon lange im Land sind, Neulingen und Touristen häufig den Rat geben sich doch nicht so genau um die Gesetze zu kümmern. Das ist für mich eine erstaunliche Beobachtung aus den Foren. Für kanadische Staatsbürger ist dies selbstverständlich ein geringes Problem, wenn sie dabei erwischt werden. Für einen Temporary Worker oder einen Permanent Resident kann das Ertappt werden aber zu einer privaten Katastrophe führen, wenn dies zusätzlich durch die Ausweisung aus Kanada bestraft wird.

Bürokratie und Balkan-Mentalität

Und nun zum Balkan in Kanada, denn die Gesetze und Verordnungen sind von Provinz zu Provinz manchmal sehr unterschiedlich. Das betrifft vor allem das Recht der Berufsausübung, die Unterschiede bei den Autoversicherungen und viele andere Kleinigkeiten. Man kann nicht einfach ein Auto von einer Provinz in die Nächste ummelden, wenn man umzieht. Zwischen Alberta und B.C. herrschen beispielsweise extrem strenge Regeln, was möglich ist oder nicht. *„ Die sind dabei schlimmer als der deutsche TÜV. "*, berichtete ein Forumsmitglied auf entsprechende Fragen zur Prüfpraxis dieser beiden Provinzen.

Das bezieht sich auch auf den Führerschein. Wer von Alberta oder aus einer anderen Provinz nach B.C. umzieht, der muss seinen Führerschein auf einen Führerschein der Provinz umschreiben lassen! (New residents who hold a Canadian,… licence can usually complete their licence exchange the same day,…)

Nur in Ausnahmefällen, wie beispielsweise bei Studenten aus anderen Provinzen oder Staaten, die an einer staatlich anerkannten Ausbildungsstätte ihre Weiterbildung machen, wird das nicht verlangt. (If you normally reside out-of-province but are attending a recognized B.C. educational institution, you can continue using your valid non-B.C. driver's licence.)

Ebenso ist es mit der Arbeitserlaubnis in den Provinzen. Eine Krankenschwester oder ein Handwerker kann nicht einfach sagen: Ich ziehe von Ontario nach B.C. und fange da sofort an zu arbeiten. Nein, dies geht in einigen lizenzierten Berufen erst dann, wenn in B.C. eine entsprechende Nachprüfung gemacht wurde. Das gilt für akademische Berufe, wie beispielsweise Lehrer genauso wie für Facharbeiter.

Die Ausnahme für Handwerker ist: Wenn man ein Red Seal Prüfung in seiner alten Provinz bestanden hat, dann kann man damit auch in anderen Provinzen arbeiten. Das betrifft alle lizenzierten Berufe (regulated occupations), da sich Arbeitgeber daran halten müssen. Aber was nun ein lizenzierter Beruf ist und welcher nicht darunter fällt, das ist ebenfalls Entscheidung der einzelnen Provinzen - und jede hat dazu immer eine kleine Variante im Programm. Das betrifft nicht alle Berufe und auch nicht alle Arbeitgeber kümmern sich darum.

http://workdestinations.org - About Regulated Occupations in Canada

Im Januar 2006 ist ein besonderer Fall von Provinz zu Provinz Differenz bekannt geworden. Wer als Bewohner der Provinz B.C. zum Einkaufen nach Alberta fuhr und dort beispielsweise einen Toaster für 30 CAD in einem Costco Store kaufte, der sollte in B.C. dafür Tax (the seven-per-cent provincial sales tax) als Einfuhrsteuer nachzahlen! Die Steuerbehörden von B.C. verlangen von Costco die Herausgabe der Kundenkartei rückwirkend bis 1998. Das Unternehmen Costco weigert sich natürlich seine Kundenkartei auszuliefern. Nach langen Debatten hat die Behörde dann die Sache fallen gelassen, aber nicht ohne zu erwähnen, dass sie im Recht sind.

Die Beispiele aus Alberta und B.C. sind nur eine kleine Auswahl der bürokratischen Grenzen zwischen allen kanadischen Provinzen. Aber auch in den Städten und Gemeinden gibt es durch lokale Verordnungen oft große Unterschiede. Besonders zu beachten sind diese beim Haus- und Immobilienkauf, da in diesen Fällen übersehene Beschränkungen der Nutzung oder anderer Auflagen der Gemeinde- oder Provinzverwaltung zu erheblichen finanziellen Nachteilen führen. Siehe die Geschichte des Architekten und seines Hausbaus. Derzeit werden zum Schrecken der Hausbesitzer die Parkflächen auf dem eigenen Grundstück in Toronto neu geregelt - die dortigen neuen Bauvorschriften sind um nichts einfacher, als die deutschen Bauvorschriften. Man sollte sich nicht auf die Aussagen seiner Bekannten und Freunde verlassen, da nur eigene Recherchen bei den Behörden und Berufsverbänden die aktuell gültigen Bedingungen aufdecken.

Diese Unterschiede sind besonders bei der Krankenversicherung zu beachten, wenn man in Kanada wohnt und in andere Provinzen reist. Die Information eines Deutschkanadiers zu diesem Problem im Forum besagt:

„Der BC-Ombudsman hat eine deutliche Warnung veröffentlicht, dass Besucher in BC (*)eine gesonderte Reisekrankenversicherung benötigen.

Eine Frau aus Ontario verletzte sich bei einem Besuch auf Vancouver Island. Sie musste zum Krankenhaus in Victoria geflogen werden und erhielt dafür später eine Rechnung über mehr als $7,300. Der 100 km Flug würde einem Bewohner von BC nur $274 gekostet haben. Die Frau hatte sich deshalb bei ihm beschwert. Da ein Flugambulance-Services aber nicht unter dem Canada Health Act aufgeführt ist, bestand die Rechnung zu Recht.

Die Notwendigkeit einer Zusatzversicherung besteht aber grundsätzlich für alle Besuche außerhalb der Heimatprovinz und in den USA. Die provinzliche Krankenversicherung bezahlt immer nur die Leistung zu den Sätzen, wie sie auch in der eigenen Provinz gelten. ... "

* Dieses Problem betrifft nicht internationale Touristen, sondern Immigranten und Temporary Worker, die in Kanada leben! Also, einfach einmal von Alberta nach Vancouver zu fahren oder nach Toronto zu fliegen, kann ohne Zusatzversicherung teuer werden.

Einwanderungsberater - Immigration Consultant

Der Beruf der Einwanderungsberater, die ihre Beratung gegen Bezahlung leisten, ist in Kanada nun genau so geregelt wie die Berufe von Rechtsanwälten, Immobilienmaklern oder Notaren. Sie unterliegen den Regeln ihrer neuen Berufsorganisation, der Canadian Society of Immigration Consultants (CSIC), und die „Consultants" (Berater) haben durch Prüfungen ihre Qualifikation zu beweisen.

Sie müssen ebenfalls den Nachweis erbringen, dass sie bis zu 1 Millionen CAD, zum Schutze ihrer Kunden, versichert sind. Dadurch können sie nun für Fehler haftbar gemacht werden, die auf Grund ihrer falschen Beratung dem Kunden wirtschaftlichen Schaden zufügte. Hinzu kommt, dass dieser Beruf nur noch von kanadischen Staatsbürgern oder Permanent Residents ausgeübt werden darf.

Es stellt sich nun die Frage, ob dies nur für einen Antrag auf Permanent Residence oder aber auch für jedes andere Visum gültig ist. Bei einem Work Visa, Study Visa oder Temporary Resident Visa gibt es Aussagen, dass es in diesen Fällen nicht notwendig ist, dass der Berater lizenziert ist. Da es sich aber immer um die gleiche Behörde handelt, bei der der Antrag eingereicht werden muss, dem Citizenship and Immigration Canada (CIC), muss man davon ausgehen, dass die Lizenzierung des Beraters in allen Fällen erforderlich ist. Wer mit Beratern zusammenarbeitet, die behaupten, dass dies nicht der Fall sei, der sollte diesen Punkt sehr genau klären, da CIC Anträge über Berater, die nicht lizenziert sind, automatisch ablehnen wird - ohne Ausnahme.

Rechtsanwälte und in Québec auch Notare, die als Consultants beraten und Anträge bei CIC einreichen, müssen nicht Mitglieder der neuen Organisation sein, da ihr Beruf bereits durch ihre Berufsorganisationen geregelt ist. Sie müssen allerdings anerkannte Mitglieder ihrer Berufsorganisation sein. Ausführliche Informationen und auch die gesamte aktuelle Mitgliederliste der Canadian Society of Immigration Consultants stehen auf der Website www.csic-scci.ca/index.html.

Kann man die Anträge auch alleine stellen?
Muss man einen Consultant haben, um den Antrag auf ein Visa stellen zu können?
Werden Anträge von Consultants schneller bearbeitet?
Welchen Vorteil haben Consultants?
Was kosten Consultants?
Welchen Service leisten sie?
Muss der Consultant sein Büro in der Provinz haben,
in die man einwandern oder in der man arbeiten will?
Vermitteln sie auch Arbeitstellen?
Kann ein Freund oder Familienmitglied mein Consultant sein?
Was ist, wenn man Probleme mit einem Consultanten hat?
Auswanderungsberater in Deutschland
Deutschsprachige Auswanderungsberater suchen
Immigration Consultant oder Rechtsanwalt nehmen?
Kann ich diese Anträge auch alleine stellen?
Werden Anträge von Consultants auch abgelehnt?

Kann man die Anträge auch alleine stellen?

Das Ministerium CIC und auch die Ministerien der Provinzen gehen davon aus, dass sie den Antragstellern auf ein Visum alle Informationen so einfach wie möglich und so umfassend wie erforderlich auf ihren Webseiten bereitstellen. Darum behaupten sie, dass die Antragsteller keine Consultants oder Rechtsanwälte brauchen, um die Prozedur selbst erfolgreich durchführen zu können.

Das heißt, niemand braucht einen Berater / Consultant zu beauftragen, wenn er tatsächlich in der Lage ist, alle geforderten Informationen, Unterlagen und Formulare 100-prozentig korrekt für seinen Antrag einzureichen. Allerdings sollte man sich keine Illusionen darüber machen, dass CIC bei Fehlern großzügig ist. Ein fehlerhafter Antrag, und wenn auch nur 1 % falsch ist und 99 % richtig sind, wird abgelehnt. Ebenso ist ein / 1 fehlender Punkt Grund für die Ablehnung eines Antrages.

Es gibt heute in der Skilled Worker Class praktisch keine Interviews mehr - zwischen Officer und Antragsteller - sie wurden eine Ausnahme. In der Family Class, die Gruppe der Lebenspartner (common-law partner - conjugal partner), die gesponsert werden, sowie bei Unternehmer und Investoren sind Interviews in Berlin eher möglich. Aber auch hier können die Officers bei perfekten Anträgen auf ein Interview verzichten. Die andere Ausnahme ist die Provinz Québec, die in der Regel noch Interviews im Rahmen ihres „Provinzial Nominee Program" durchführt. Darum können mögliche Fehler und Irrtümer in den Anträgen nicht mehr in einem Gespräch geklärt werden, wie es früher bei den Interviews möglich war.

Muss man einen Consultant haben, um den Antrag auf ein Visa stellen zu können?

Ein Beispiel für diese Situation ist die Story eines Kanadiers (gepostet bei misc.immigration.canada), der seine Partnerin aus Osteuropa als common-law partner sponsern wollte. Bei seinen ersten Fragen in misc.immigration.canada wurde ihm von Consultants gesagt, dass der gesamte Prozess über 12 Monate dauern könnte. Das erschien ihm zu lang und er versuchte es selbst. Da er gerade arbeitslos war, setzte er sich vor den Computer und recherchierte einen Monat lang intensiv über das Internet, um seinen Antrag mehr als 100 % perfekt zu machen, schrieb er in der Newsgroup. Das gelang ihm auch mit der weiteren Unterstützung dieses Forums. Er und seine Partnerin hatten sehr viel Glück, denn bereits nach vier Monaten erhielt sie die Zusage für das PR Visa. Die gesamte Bearbeitungszeit betrug aber insgesamt acht Monate. Das ist die heute allgemein übliche Wartezeit für diese Einwanderungsgruppe.

Der eigentliche Grund dafür war, dass sie in ihrem Heimatland eines Tages unangemeldet zur Botschaft ging, um weitere Auskünfte zu erhalten. Der Officer nutze seine Entscheidungsbefugnis und machte aus der einfachen Frage der Frau um Auskunft ein Interview. Am Ende des Interviews teilte er ihr mit, dass sie ihren Passport einreichen sollte, da er gerade entschieden hat, sie erhält das PR Visa. Ein solcher unangemeldeter Besuch ist aber heute wegen der Überlastung der Immigration Officers, so gut wie nicht mehr möglich. Man kommt ohne Termin nicht weiter, als bis zur Rezeption, wurde berichtet - egal wie nachdrücklich man seinen Fall darstellt.

Von solch einem freundlichen Officer hatte man bis dahin noch nicht in dem Forum gehört, sondern eher vom Gegenteil. Es hätte also auch negativ ausgehen können, was dann eine Absage bedeutet hätte. Man kann nicht von diesem Einzelfall darauf schließen, dass in Berlin, Wien oder in seinem persönlichen Fall die Officers genau so hilfsbereit sind.

Man muss also keinen Consultant haben, um erfolgreich seinen Antrag stellen zu können. Das bezieht sich auf alle Einwanderungs-Klassen und ebenso auf alle anderen Anträge für ein Work Permit oder Study Permit.

Werden Anträge von Consultants schneller bearbeitet?

Die Schnelligkeit der Bearbeitung von Anträgen hängt von der Arbeitsbelastung der jeweiligen Abteilung in den Botschaften ab. Die Anträge, die Consultants einreichen, werden nicht schneller bearbeitet als Anträge, die der Immigrant, Temporary Worker oder Student selbst einreicht. Die Bearbeitungszeiten haben sich ab 2006 bei verschiedenen Botschaften deutlich verlängert. Aktuelle Informationen gibt es immer auf der Webseite von CIC.

Welchen Vorteil haben Consultants?

Der Vorteil von Consultants ist, dass die Anträge fehlerfrei eingereicht werden. Dadurch können diese Anträge ohne Verzögerung von den Officers bearbeitet werden. Diese müssen nicht fehlende Unterlagen nachfordern, was den gesamten Prozess um viele Monate verzögern kann.

Man kann die Arbeit der Consultants mit einer sehr guten Autowerkstatt vergleichen, die den Wagen perfekt für den TÜV vorbereiten und ihn auf Anhieb durchbringt. Wer sein Auto selbst repariert oder es bei einer dubiosen Garage machen läst, hat immer das Risiko einzukalkulieren, dass der TÜV in wieder zurückschickt, da noch Fehler vorhanden sind.

Dies ist auch einer der Gründe, warum die kanadische Regierung die Consultants seit April 2004 genauso reguliert, wie es bei Rechtsanwälten, Notaren oder Maklern bereits der Fall war. Den „Geiern" und „dubiosen Garagen" unter den Consultants soll damit die Möglichkeit genommen werden, Hilfe suchende Kunden auszubeuten, ohne ihnen eine tatsächliche Leistung zu bieten. Heute kann jeder über das Internet prüfen, ob sein zukünftiger Consultant berechtigt ist, Anträge beim Ministerium CIC und seinen Außenstellen in den Botschaften einzureichen.

Was kosten Consultants?

Die Preise von Consultants werden frei vereinbart. Es gibt dazu keine Gebührenordnung, wie bei-spielsweise für deutsche Rechtsanwälte. Sie schwanken zwischen 3.000 CAD und 6.000 CAD für normale Anträge in der Skilled Worker Class. Alles, was darüber oder darunter liegt, ist suspekt oder zu teuer. Beachten sollte man, dass einige Consultants die Preise in Euro für Europäer und in kana-dischen Dollar für andere Länder angeben. Das ist ein beträchtlicher Preisunterschied und dieser Trick wird meistens von Landsleuten der betreffenden Heimatländer eingesetzt. Rechtsanwälte, die als Consultants arbeiten verlangen oft höhere Beträge. Es wurde berichtet, dass ein Rechtsanwalt, der für eine Firma Arbeitnehmer anwirbt, den neuen Mitarbeitern gleichzeitig einen Vertrag für den

Antrag auf ein Permanent Residence Visa aufs Auge drückt und dafür derzeit 8.000 CAD fordert. Das sind rund 2.000 CAD mehr, als was von langjährig tätigen Einwanderungsberatern in derselben Provinz in Rechnung gestellt wird - die auch Jobs vermitteln. Wer diesen Unterschied kennt, der kann über den Preis verhandeln.

Welchen Service leisten sie?

Die Preise hängen auch davon ab, was alles in diesen Beratungsvertrag eingeschlossen ist. Werden die beglaubigten Übersetzungen vom Consultant gemacht, ist dies nur einer der vielen Punkte, die man hinterfragen muss. Es macht deshalb Sinn, sich detaillierte Angebote von verschiedenen Consultants einzuholen.

Muss der Consultant sein Büro in der Provinz haben, in die man einwandern oder in der man arbeiten will?

Es spielt keine Rolle, in welcher Provinz und Stadt ein Consultant sein Büro hat, um Anträge für alle Provinzen einreichen zu können. So kann beispielsweise ein Consultant in British Columbia (B.C.) einen Antrag für die Provinz Alberta, Québec oder Nova Scotia einreichen und vice versa.

Vermitteln sie auch Arbeitstellen?

Für Skilled Worker ist ein garantierter Arbeitsplatz eine Kreuz-Ass beim Antrag auf ein PR Visa. Die Consultants vermitteln aber normalerweise keine Arbeitsstellen und das ist auch nicht in ihrem Beraterhonorar enthalten. Es gibt allerdings Consultants, die sich genau auf diesen Punkt spezialisiert haben und deren Preis darum höher ist. Sehr oft findet man sie in Provinzen, die ein gutes Provinzial Nominee Program haben, wie beispielsweise Manitoba, Québec oder Saskatchewan.

Sie sind in Networks integriert, die ihnen erlauben, spezielle Arbeitsangebote für Immigranten anzubieten. Das ist besonders für Alberta und Manitoba wichtig, da dort die Immigration über das PNP oft erst durch einen Arbeitsaufenthalt als Temporary Worker möglich wird. Ebenfalls ist ein garantierter Arbeitsplatz eine zwingende Voraussetzung, um bei den meisten PNP überhaupt in die nähere Auswahl zu kommen.

Hier hat man aber inzwischen auf Abzocker zu achten, die neu in das Beratungs-Business einsteigen und als Agenten oder Rechtsanwälten von Unternehmen Arbeitsplätze anbieten und gleichzeitig ihren Service überteuert dem neuen Mitarbeiter „aufzwingen" - kann man sagen. Die lizenzierten Immigration Consultants haben regelmäßig die besseren Preise.

Kann ein Freund oder Familienmitglied mein Consultant sein?

Vertreten lassen kann man sich aber auch von Freunden und Familienmitglieder, die dafür kein Geld fordern. Diese brauchen selbstverständlich keine Mitglieder der Berufsorganisation zu sein. Wenn sie aber Geld verlangen sollten, sind sie „paid consultants" und müssten Mitglied von CSIC sein. Ebenso können gemeinnützige Organisationen und Institutionen als Consultants auftreten. Auch diese unterliegen nicht der Berufsorganisation CSIC.

Was ist, wenn man Probleme mit einem Consultanten hat?

Informationen wie man schwarze Schafe entdeckt, oder was man gegen sie tun kann, sind auf den Webseiten der drei großen Verbände und der neue Berufsorganisation zu finden:

The Association of Immigration Counsel of Canada (AICC) - www.aicc.ca /
The International Association of Immigration Practitioners (IAIP) - www.immigrationpractice.com
The Organization of Professional Immigration Consultants (OPIC) - www.opic.org
Canadian Society of Immigration Consultants - www.csic-scci.ca.

Zum Thema der schwarzen Schafe unter den Consultants stehen auf den Webseiten von CIC, und besonders gut beschrieben auf der Webseite der Regierung von Manitoba und Québec, ausführliche Informationen und Adressen. Wird man unseriös behandelt, sollte man sich unbedingt und direkt mit diesen Ämtern und Organisationen in Verbindung setzen. Das Ministerium CIC ist im Streitfalle eher auf der Seite des Immigranten, um ihm zu helfen, als auf der des Consultants. Allerdings gilt auch hier die Freiheit, einen Vertrag so oder so auszuhandeln. Darum sollte man vor einer Unterschrift den Vertrag überprüfen lassen, wenn Zweifel auftauchen. Dazu kann man auch in Foren nachfragen, da dort immer Mitglieder sind, die die Hilfe von Consultants nutzten.

Als Beispiel der vorbildlichen Signatur eines Immigration Consultant im Internet ist die von Andrew P. Miller anzusehen. Er war viele Jahre einer der aktivsten und besten Berater in der Usenet newsgroup misc.immigration.canada - darum wurde er von „Trollen" (Störenfriede mit krimineller Energie - oft mit rassistischem Hintergrund), sehr oft bösartig beleidigt. (Inzwischen hat er deswegen das Forum verlassen - sehr schade.) Unter jeder seiner Antworten schreibt er: Andrew P. Miller, Authorized Immigration Consultant, Registered member of CSIC - ID# M041188. Jeder hat nun die Möglichkeit, selbst zu prüfen, ob Miller tatsächlich bei CSIC unter der angegebenen Nummer registriert ist. Eine solche Nummer zu fälschen ist strafbar und wird in Kanada von den Behörden entsprechend verfolgt und geahndet.

Auswanderungsberater in Deutschland

Die Beratung von Auswanderungswilligen ist in Deutschland durch den Gesetzgeber sehr streng geregelt. Es gibt darum in Deutschland praktisch so gut wie keine professionellen Auswanderungsberater für Kanada, wie sie aus Kanada bekannt sind. Allerdings kommen einige kanadische Berater regelmäßig nach Deutschland und in andere europäische Länder.

Als Berater sind zuerst die freien Wohlfahrtsverbände, wie beispielsweise der Caritasverband, das Diakonische Werk, das Raphaels Werk und das Deutsche Rote Kreuz zugelassen. Ihr Schwerpunkt ist die Beratung in Familienfälle, wie beispielsweise Heirat und Kinder und die Betreuung von Flüchtlingen. In der Skilled Worker Class ist ihre Beratung ebenfalls hilfreich. Wie gut die Beratung auch gemeint ist, ein Problem haben diese Beratungsstellen aber alle - für das sie selbst nichts können - sie erhalten zu langsam die neuesten Informationen von der verantwortlichen deutschen Bundesbehörde, auf deren Aussagen und Informationen sie ihre Beratung zu stützen haben. Es hängt dann vom persönlichen Interesse eines Beraters dieser Organisationen vor Ort ab, wie genau er oder sie sich tatsächlich zur aktuellen Situation auskennt. Die Qualität des Services dieser Organisationen hat darum jeder selbst für seine Region heraus zufinden. Es sind dazu sowohl positive wie auch negative Bewertungen in den Foren abgegeben worden. Die Hilfsbereitschaft der Mitarbeiter wurde allerdings immer gelobt.

Deutschsprachige Auswanderungsberater suchen

Als ich für einen Artikel deutschsprachige Auswanderungsberater suchte, benutzte ich die Suchmaschinen im Internet mit den Suchworten: Auswandern Kanada, Einwandern Kanada, Auswandern Kanada und Immigration Kanada. Ich achtete dabei auf die Schreibweise von „Kanada" statt „Canada". Man kann auch statt Kanada den Namen der Wunsch-Provinz eingeben.

Allerdings findet man die Consultants dort nicht so einfach - man hat schon einiges zu suchen. Die andere Möglichkeit ist in den Foren nach seriösen Beratern zu fragen. Auch wenn man jemanden gefunden hat, dann kann man über dieses Unternehmen in den auf Einwanderung nach Kanada spezialisierten Foren Auskünfte einholen. Das sind Foren, die zumindest einen Tread / Rubrik / Bereich haben, wo über Immigration gesprochen wird. Zu beachten ist dann unbedingt wie aktiv das Forum ist und ob es dort überhaupt sachkundige Antworten gibt.

Zu warnen habe ich vor dubiosen Anbieter, die zwar perfekte Webseiten haben, darum bei einer Suche mit Google immer ganz vorne dabei sind, die aber nur die „Katze im Sack" verkaufen. Wenn man die einfachsten Informationen nur über eine teuer zu bezahlende Fax-Nummer erhält, dann sollte man die Finger davon lassen - diese Informationen werden von seriösen Beratern / Consultants kostenfrei geliefert. Ebenso ist vor Anbieterzu warnen, die ihre Webseite seit Jahren nicht updaten und vermutlich auch ihr Kenntnisse nicht auf den neuesten Stand bringen.

Immigration Consultant oder Rechtsanwalt nehmen?

Die Frage ist nicht ohne Komplexität.

Ein Immigration Consultant hat immer wieder gegenüber seiner Berufsorganisation zu beweisen, dass er die Gesetze und die aktuellen Veränderungen kennt. Er hat regelmäßig Fortbildungen zu absolvieren, um als Consultant weiter arbeiten zu dürfen!

Ein Rechtsanwalt braucht beim Einwanderungsgesetz weder das eine noch das andere zu tun oder zu beweisen!

Allerdings gibt es Anwaltskanzleien, die seit vielen Jahren auf Anträge für Immigranten spezialisiert sind und darum ebenfalls genauso up-to-date sind, wie es ein Consultant zu sein hat. Es kann also keine generelle Aussage dazu gemacht werden. Wenn in solche Kanzleien aber unerfahrenee Referendare den Antrag bearbeiten kann es zu Probleme kommen. Das ist ein Punkt, der in englischen Foren kritisch besprochen wurde.

Es fällt mir seit kurzem (Frühjahr 2006) besonders bei Skilled Worker auf, wenn diese als Temporary Worker mit Work Permit oder mit einem YWEP Visa angeworben werden, dass hier neuerdings sehr häufig Rechtsanwälte als Berater auftreten.

Dabei mit horrenden Honorarforderungen kommen und entscheidende Sachverhalte nicht an ihre „Kunden", Arbeitgeber und Arbeitnehmer, weitergeben. Das kann ich natürlich nicht verallgemeinern, aber die direkten Anfragen von Betroffenen, die ich erhielt, deuten auf eine mangelhafte Beratung dieser schwarzen Schafe unter den Anwälten hin.

Nur wer sich mit CIC über seine Immigration vor den kanadischen Gerichten streitet, der braucht einen Rechtsanwalt. Jeder hat hier von den verschiedensten Seiten aktuelle Informationen einzuholen, um nicht zuviel zu zahlen oder unnützerweise nach Europa zurückkehren zu müssen.

Werden Anträge von Consultants auch abgelehnt?

Ja - auch das kommt vor. Natürlich sagt der Immigrant oder Temporary Worker immer und ohne Ausnahme: Der Berater ist schuld! Das kann möglich sein. So einfach ist die Sache aber nicht. Möglicherweise hat der Immigrant Fristen nicht eingehalten, wie in einem mir bekannten Fall. In einem anderen Fall wurden dem Berater vom Would-be Immigranten falsche Informationen geliefert. Sein Antrag beruhte darauf und dies wurde bei der Überprüfung von CIC aufgedeckt, was zur Ablehnung führte. Es gibt sicher Berater, die ebenfalls Fehler machen, Punkte übersehen und das führt auch zur Ablehnung. Was man in solche Fällen tun kann, wurde bereits beschrieben.

Die Berater, die versuchen den Immigranten abzuzocken, und sowieso nicht vorhaben ihn gut zu beraten, werden in Kanada als „Geier/Vulture" bezeichnet.

Aber auch CIC kann Fehler machen. Dann nützt nur ein Rechtsstreit. Es gibt Fälle, die erst vor dem obersten kanadischen Gericht zu Gunsten des Immigranten entschieden wurden.

Meine Meinung zu Consultants ist: Wer gut oder sehr gut eine der beiden Landesssprachen beherrscht, kann den Antrag selbst ausfüllen. Allerdings setzt dies einen sehr hohen Grad an Disziplin voraus, da die Fehlerquellen besonders in den kleinen Details stecken. Es muss alles so präpariert und präsentiert werden, als wenn man vor einem Gericht seine Behauptungen beweisen will. Das Übersehen von Details oder einer neuen Verordnung ist nicht zu unterschätzen.

Wer sich das nicht zutraut oder wer sich diese Arbeit ersparen will, der sollte einen Consultant beauftragen. Wie ein Consultant sagte: Man kann Jahre seines Lebens verlieren, wenn man alles wieder von vorne starten muss - nur wegen einem Prozent an Fehlern oder einem fehlenden Punkt.

Wie aktuell sind die Informationen?

Wie aktuell und richtig sind die Informationen der kanadischen Botschaft, von den Mitgliedern der Foren, Consultants und Deutschen in Kanada und in diesem Buch? Die Informationen auf den Webseiten der kanadischen Botschaften von Berlin und Wien sind fast so aktuell, wie die des zuständigen Ministerium Citizenship and Immigration Canada (CIC). Die Webseite von CIC ist aktueller, da neue Verordnungen und Auslegungen der Gesetze hier zuerst veröffentlicht werden. Hier hat man „access to the most accurate, up-to-date versions" des Gesetzes.

Es gibt aber auch die Handbücher (Manuals) des Ministeriums für seine Officers, in denen das Gesetz für diese erläutert und definiert werden. Dort werden ebenfalls die Änderungen zuerst publiziert, die nicht auf der allgemeinen Webseite von CIC zu finden sind. Diese sind zwar ebenso in vollem Umfang im Internet veröffentlicht, aber in diese Manuals schauen in der Regel nur die Officers und professionelle Consultants nach.

Der Beruf der Consultants (Einwanderungsberater) erfordert bestens informiert zu sein, und so sind ihre Antworten sehr aktuell. Das gilt für alle, die heute als Consultants von ihrer neuen Berufsorganisation anerkannt sind. Allerdings sind nur bei sehr guten Büros die Webseiten der Consultants aktuell. Das muss nicht unbedingt ein Manko sein, da das Einwanderungsgesetz sich seit Herbst 2002 praktisch nicht veränderte - es wurde bisher nur in Details präziser formuliert. Auf den ganz Schlechten findet man noch Informationen, die nach der Inkraftsetzung des neuen Gesetzes im Sommer 2002 und seinen ersten Änderungen ungültig sind.

Deutsche, Österreicher, Schweizer und andere Europäer, die früher als Berater tätig waren und heute noch beraten, sind auf Grund ihrer Staatsangehörigkeit seit April 2004 möglicherweise nicht berechtigt gegenüber dem CIC als Consultants aufzutreten. Ihre Informationen könnten darum ebenfalls veraltet sein, das muss aber nicht unbedingt der Fall sein. Wenn sie aber doppelte Honorare verlangen - wie berichtet wurde - dann sollte man sie meiden.

Die Frage nach der Aktualität der Informationen von Deutschkanadiern, die bereits seit Jahrzehnten oder erst wenige Monate in Kanada leben, ist in drei Fragen aufzugliedern. Die erste Frage muss lauten: Wie aktuell sind ihre Informationen zu dem neuen Einwanderungsgesetz und seinen dauernden Änderungen? Die Antwort lautet hier: Je länger sie in Kanada sind, je ungenauer sind ihre Informationen, außer sie sind heute als lizenzierte Consultants tätig. Das betrifft alle, die noch unter dem alten Gesetz eingewandert sind. Nur wer unter den Bedingungen des ab Sommer 2002 gültigen Gesetzes einwanderte, kann heute brauchbare Informationen geben. Aber auch diese hat man nicht ungeprüft zu übernehmen!

Die zweite Frage ist: Wie gut und aktuell sind die Informationen der Deutschkanadier zur Integration und zum täglichen Leben in Kanada? In diesem Fall spielt es keine Rolle, wie lange jemand in Kanada lebt. Die Informationen sind immer sehr nützlich, um eigene schlechte Erfahrungen zu vermeiden. Aber man sollte darauf achten, ob sie von jemand kommen, der Kanada nur durch eine rosarote oder pechschwarze Brille sieht. Es macht schon einen Unterschied, ob jemand in Kanada nur das Gute oder das Schlechte sieht. Ist der Deutschkanadier aber der Verkäufer seines Geschäfts oder einer Immobilie, dann hat man extrem vorsichtig zu sein. In diesen Fällen wird - normal für jeden Verkäufer - manches Schön geredet, was sich später als eine „Zitrone" herausstellt. Das kann man nicht verallgemeinern, aber die Berichte der Enttäuschten und Abgezockten findet man immer wieder im Internet.

Die dritte Frage ist: Kennt der deutschkanadische Ratgeber Kanada außerhalb seines „Kirchturms", in dessen Schatten er in Kanada lebt? Es ist immer wieder zu beobachten, dass die ungeheuerlichsten Behauptungen über andere Provinzen gemacht werden. Jemand, der in der Gegend um Halifax in Nova Scotia lebt, kennt eventuell noch Cape Breton, im nördlichen Teil der Provinz, aber über alle anderen Provinzen kennt er vermutlich nur deren Werbeaussagen in Prospekten oder auch nicht. Das gilt auch für Informanten aus B.C, die möglicherweise nicht über die Berge schauen können, die ihr Tal einschließen. Hinzu kommen noch die wildesten Vorurteile, die sich gegen andere Provinzen richten. Jeder sollte bei solchen Anschuldigungen gegen andere Provinzen sehr hellhörig werden und die Informationen hinterfragen.

Die Zeiten haben sich geändert, banaler Spruch, aber mancher Einwanderer, der vor vielen Jahrzehnten ins Land kam, hat dies noch nicht recht realisiert. Erhält man von einem solchen Informanten Geschichten erzählt, dann hat man sehr genau zu recherchieren, ob seine Erfolgsstorys auch heute zu realisieren sind. Der Arbeitsmarkt in den Fünfzigern, Sechzigern bis in die Neunziger des letzten Jahrhunderts war ein ganz anderer, als er es heute ist und auch die Integration funktioniert nun anders. Damit soll gesagt werden: Es ist härter geworden Erfolg zu haben.

Die gefährlichste Sorte von Informanten/Beratern, die ach so freundlich ist, zählen zu den Betrügern und Kriminellen, die sich auf ihre Landsleute spezialisiert haben. Deren Informationen sind darauf abgestimmt (also zum Teil auch richtig), ihren blauäugigen Landsleuten alles Geld aus der Tasche zu ziehen, auf das sie ihre Hand legen können. Hier hilft nur gesunder Menschenverstand und eine Menge Vorsicht - und trotzdem fallen immer wieder Gutgläubige auf sie herein. Besonders ist dies bei Immobilien-Geschäften aller Art zu beobachten und darum sollte jeder sich sehr vorsehen. Mangelnde Sprachkenntnisse des „Greenhorns" und seine Begeisterung für Kanada sind dabei die häufigste Ursache, dass dieser in die Falle, dieser ach so freundlichen Berater gerät.

Die Web-Portale deutscher Anbieter enthalten ebenfalls sehr viele Informationen über Kanada. Deren Aktualität zu beurteilen ist für den Ungeübten nicht immer leicht. Wenn dort steht, dass die letzte Aktualisierung zum heutigen Datum geschah, dann betrifft dies nur einen winzigen Teil dieser Webseiten - Sie sind keine Tageszeitungen! Manche der Informationen, die mit dem Zeichen „NEU" gekennzeichnet sind, haben bereits mehrere Jahre auf dem Buckel. Das heißt, sie sind veraltet. Besonders hat man bei Anzeigen auf diesen Trick zu achten. Da diese Portale auf der Basis von Anzeigen arbeiten, hat man viele der Informationen als Werbung und PR einzustufen, auch wenn dies oft nicht auf den ersten Blick erkennbar ist.

Das Buch ist so aktuell wie möglich, zum Zeitpunkt der Abgabe an den Drucker. Meine Informationen stammen von Consultants, mit denen ich bereits zusammen gearbeitet habe, den aktuellsten Nachrichten der kanadischen Botschaft, der Ministerien CIC und HRSD. Die Fragen und Antworten in den Foren, in denen ich täglich lese, sind ebenso eine wichtige Informationsquelle. Umfangreiche Recherchen seit 1990 und ein entsprechend großes Archiv, wie auch meine langjährigen Erfahrungen als Arbeitnehmer und Arbeitgeber in Kanada sind die Basis des Buches.

TV - Wahrheit oder Fiction?

Das will ich aber schwarz auf weiß lesen bevor ich das glaube, sagte man früher. Wie bunt muss es aber im TV zugehen, dass man den Informationen trauen kann? Oder ist das alles nur Film - also inszeniert und damit unglaubwürdig?

Ein Thema im Sommer 2006 in allen Foren, da derzeit die Sender eine Reportage nach der anderen über Auswanderer ausstrahlen. Was dabei deutlich wird, die Sender sind nur an „ungewöhnlichen" Geschichten interessiert. Ausnahmen bestätigen auch hier wieder die Regel aber je bizarrer die Ausgangslage des Auswanderers ist, je eher hat die Familie eine Chance ins Fernsehen zu kommen. Das heißt, je ärmer, reicher oder verrückter die Familie ist, desto begeisterter sind die verantwortlichen TV-Bosse, denn das bringt Zuschauer-Quoten.

Was bringt ein solcher Bericht darüber hinaus an echten Informationen und Fakten, die zu liefern Aufgabe des Reporters oder der Reporterin sein sollte? In der Regel nichts - so die Meinung der Mitglieder in den Foren. Das liegt zum einen daran, dass die Reporter so gut wie nichts über das Einwanderungsgesetz wissen und zum anderen daran, dass bei der Kürze der Sendungen dies automatisch auf der Strecke bleibt. Hinzu kommen die Klagen der gefilmten Familien, dass ja alles nur gestellt war und das was sie gesagt hatten ja alles verdreht sei. „Es war alles ganz anders, behaupten sie, wenn in den Foren über soviel Arroganz und Dummheit von ihrer Seite diskutiert wird.

Nun, einige filmtechnisch schöner gedrehte Szenen machen die Reportage nicht zu einer Fälschung. Und was die Leute dann in die Mikrophone der Reporter sagen, das haben sie gesagt. So etwas wird nicht von den Reportern erfunden oder den Leuten vorgeschrieben zu sage. Und damit beginnt die Information: So wie die das gemacht haben sollte man es nicht machen! Denn die Reden der gefilmten Familien führen beispielsweise zu folgenden Kommentaren:

„ also ich habe mir den Film runtergeladen und angeschaut. Der Mann hat eine wirklich unrealistische Arroganz. „ die haetten uns die Arbeitsbewilligung gleich in Berlin geben koennen".. wer meint er, dass er sei?
- - - -

„Haben uns die Reportage auch angeschaut und haben uns auch ueber die Art und Weise geaergert, wie diese Familie ihre Einwanderung angegangen ist und wie vor Allem er ueber die Botschaft in Berlin sich geaergert hat."
- - -

„ ich kann Dir nur zustimmen. An Michael: Danke fuer den Link. Nachdem ich mir das Schauspiel ansah wusste ich nicht ob ich Lachen oder Heulen sollte. Es waere ja noch alles ganz interessant wenn die beiden Erwachsenen zumindest alleine waeren, leider haben sie auch noch ein Kind und das wird dann schwierig fuer die Kleine wenn alle wieder Abreisen muessen."
- - -

„ HHALLOO?????????????????

Ich kann nicht warten, bis die Sendung vorbei ist -
ich krieg hier die KRIIIIIIIIIEEEEEEEEEEEEEEEEESSSE -

Wie bescheuert kann man denn sein?? Herzschmerz und Gefuehlsanwallungen ob alleine gelassener Tiere beim Tierarzt, aber ohne Arbeitsgenehmigung einreisen, und sich ueber die Botschaft mokieren, .."

Das sind nur einige der Kommentare zu einer Sendung. Zu anderen Sendungen klangen die Stimmen nicht viel anders. Die Informationen dieser Sendungen können nur mit entsprechend guter und eigener Recherche beurteilt werden. Die überwiegende Meinung der Mitglieder in den Foren ist: Die Informationen der TV Sender zeichnen ein falsches Bild und sind gefährlich für unerfahrene Betrachter.

Einige Sendungen sind „Konservendosen", das heißt, sie wurden vor Jahren gedreht und sind Wiederholungen. Derzeit, im Sommer 2006 und auch über den Winter bis 2007, wird aber eine Sendung nach der anderen abgedreht und die Produktionsfirmen überschlagen sich, um Auswanderer vor die Kamera zu locken. Eine Welle von neuen Sendungen kommt also ab 2007 per TV in die deutschen Stuben. Da die Landschaftsbilder „so schön" sind, wird es manchen zur Auswanderung animieren.

Praktisch keine Redaktion begleitet aber eine Familie über mehrere Jahre. Das heißt, es wird nur über die erste Euphorie erzählt. Wie im Kapitel „Immigranten ohne richtige Informationen" berichtet wird, erzählen weder Deutschkanadier noch Kanadier die Wahrheit über die Realität. Man spricht über das Gute und Schöne - und auch vor der TV-Kamera wird das nicht anders sein. So schön die Bilder der kanadischen Landschaft sind, die Informationen berichten eher über eine „Scheinwelt". Wie gesagt, dies ist die überwiegende Meinung der Mitglieder in verschiedenen Foren, die diese Sendungen gesehen haben.

Statistik

Jedes Jahr im August gibt es neue Zahlen von CIC, über die im Jahr zuvor nach Kanada gekommenen Immigranten. Die Listen der Einwanderer begannen im 17. Jahrhundert.

Die Zahlen für 2005 besagen, dass insgesamt 262.236 Menschen als Permanent Residents nach Kanada einwanderten. Bei den folgenden Zahlen sind Ehegatten, Lebenspartner, Kinder und eventuell Eltern und Großeltern des Hauptantragstellers mit gezählt.

Family class	63,354
Economic immigrants	156,310
Refugees	35,768
Other immigrants	6,796
Category not stated	8
Total permanent residents	262,236

Die Gruppe der Economic Immigrants	
Skilled Worker	130,242
Business Immigrants	13,469
Provinzial / Teritorial Nominees	8,047
Live-in Caregiver	4,552

Rechne ich die Partner der Hauptantragsteller der Skilled Worker Class und der Family Class zu den Arbeitnehmern hinzu, dann ist meine Schätzung von 98 Prozent Arbeitnehmer realistisch. Es ist in Kanada die Regel, dass beide Partner einer Lebensgemeinschaft arbeiten. Interessant ist die Zahl der Hauptantragssteller (principal applicants) in der Economic Immigrants Class:

Jahr	2003	2006
Skilled workers	45.378	52.266
Live-in caregivers	2.230	3.063
Provincial/territories nominees	1.417	2.643
Self-employed	445	301
Entrepreneurs	782	751
Investors	972	2.590

Arbeitnehmer und Studenten, die 2005 ein Visum (Permit) erhielten:
Männer: Foreign workers 66,407 - Foreign students 30,415
Frauen: Foreign workers 32,733 - Foreign students 27,059

Temporary Work Permits für die Provinz Alberta: 2006 Januar-Juni - 14.009

Bis 2001 kamen pro Jahr mehr Live-in Caregiver ins Land als über die Provincial Nominee Programs! Das heißt, CIC zählt alle Live-in Caregiver direkt zu den Permanent Residents.
Immigranten 1996: Provincial Nominee 228 und Live-in Caregiver 4.723
Immigranten 2001: Provincial Nominee 1.275 und Live-in Caregiver 2.625

Teil zwei: In Kanada Arbeit suchen

Von Europa aus Arbeit in Kanada suchen

In der Lotterie gewinnen die Wenigsten den Jackpot - die Millionen, die man braucht, um nicht mehr 40 oder 60 Stunden die Woche zu arbeiten. Wo auch immer in der Welt man lebt, also auch in Kanada, ist Arbeit zu haben eine der entscheidenden Voraussetzung für ein zivilisiertes Leben.

Arbeit zu finden, sie zu behalten oder schnellstens neue zu bekommen ist für alle Immigranten und Temporary Worker eines der gewichtigsten Aspekte bei ihrer Reise nach Kanada. Dabei spielt es keine Rolle, ob man in Deutschland oder Europa einen guten Job hat oder gerade arbeitslos ist, ob man als Selbständiger und Unternehmer sein Einkommen erzielt, für alle trifft zu: Der Neustart in Kanada erfordert andere Strategien als sie in Deutschland gebräuchlich sind.

Das ist nicht immer auf den ersten Blick erkennbar, besonders nicht wenn man bereits einen festen Arbeitsplatz hat, bevor man nach Kanada zieht oder ein Projekt auf Grund seiner Erfahrungen als Unternehmer und Selbständiger plant. Es kommt aber immer der Zeitpunkt X in Kanada an dem man sich zu entscheiden hat ob man so weiter machen will, wie in Deutschland üblich oder ob man nicht besser „The Canadian Way of Business" wählen sollte.

In den nächsten Kapitel geht es darum: Wie findet man Arbeit bereits von Deutschland aus, wie findet man sie in Kanada, wie wechselt man seinen Arbeitgeber und welche Fallen stecken in den verschiedenen Formen der Einreiseerlaubnisse. Es sind aber zwei Paar Schuhe einen Arbeitsplatz von Deutschland aus zu suchen oder innerhalb Kanadas. Der Satz „I am authorized to work in this country for any employer. / Ich habe die Erlaubnis, in diesem Land für jeden Arbeitgeber zu arbeiten." ist dabei der entscheidende Faktor im Résumé und beim ersten Telefonat.

Von Europa aus einen Job in Kanada finden
Angebote der Agentur für Arbeit
Job-Messen der Kanadier in Deutschland
Einwanderungsberater als Job-Agenten
Kontakte zu Kanadiern in Deutschland
In Eigeninitiative Arbeitgeber kontaktieren
Jobbörsen im Internet
Urlaub in Kanada und einen Job suchen
Resume / Resumé - Beruflicher Lebenslauf
Berufsanerkennung
Canadian Experience 1
Als Arbeitsloser nach Kanada

Von Europa aus einen Job in Kanada finden

Bei der Verabschiedung des neuen Einwanderungsgesetztes im Jahre 2002 sprach man in Kanada davon, dass man nur die Besten und die Klügsten ins Land lassen wolle. Viele der Immigranten aus aller Welt, die als die Besten und die Klügsten darauf nach Kanada kamen glaubten daran und beklagen heute, dass Kanada seine Ankündigung nicht eingehalten hat. Sie fühlen sich betrogen und sprechen von „Broken Promises".

Das betrifft fast ausschließlich Einwanderer mit einem hoch qualifiziertem Beruf, die in ihrer Heimat oder weltweit bereits gut bezahlte Stellungen hatten. Die Webseite canadaimmigrants.com ist nur eine Plattform, auf der man ihre Enttäuschung nachlesen kann. Da es dort aber auch positive Berichte gibt, gehört es zu den Hausaufgaben von Immigranten und Temporary Worker sie zu lesen. Zu diesem Problem schrieb mir Stephen Bottcher: *„Es gibt zu wenige Skilled Worker, die sich wirklich die Mühe machen, auf das nordamerikanische/kanadische Beschäftigungssystem einzugehen und versuchen es zu verstehen!"* Er konnte sich erfolgreich einen Job von Europa aus in Kanada sichern. Darüber später mehr.

Anders sah es damals und auch heute bei Handwerkern, Angestellte und Arbeiter im Mittelfeld des Arbeitsmarktes aus. Diese hatten weniger Probleme mit der Integration in den kanadischen Arbeitsmarkt. Denn der kanadische Arbeitsmarkt braucht vor allem Facharbeiter, Handwerker, wie beispielsweise Baufacharbeiter, Truck Driver sowie „trade people".

In den letzten Jahren machten sich Agenten und Firmeninhaber von Kanada aus auf den Weg nach Europa, um dringend gesuchte Arbeitnehmer für die Boom-Regionen, aber auch für alle anderen Provinzen anzuwerben. Die Möglichkeiten einen Job zu finden sind zurzeit und in den nächsten Jahren recht gut. Ob das aber so bleiben wird, das wird sich zeigen, denn es gibt den Punkt der „Marktsättigung".

Angebote der Agentur für Arbeit

Internationale Stellenanzeigen aus Kanada sind über die Agentur für Arbeit / ZAV (Zentralstelle für Arbeitsvermittlung - arbeitsagentur.de) zu finden und ebenfalls bei den globalen Jobbörsen im Internet, wie beispielsweise monster.de. Geht man bei monster.de auf die weltweite Suche und wählt Kanada, dann hat man den Beruf mit dem englischen Berufsnamen zu suchen und nicht den deutschen Namen zu verwenden.

Beispielsweise findet man mit dem Suchwort Zimmermann nichts in Kanada aber mit Carpenter wird man fündig. Ebenso gilt dies für technische Facharbeiterberufe. Wer hier Technician eingibt erhält eine große Auswahl an Stellen, wie Field Service Technician - Fort McMurray, Alberta, Canada. Mit dem Wort „Techniker" gesucht sagt Monster: Kein Treffer für diese Anfrage.

Über die ZAV werden in erster Linie Facharbeiter aller Berufe vermittelt. Derzeit werden besonders Baufacharbeiter und LKW-Fahrer gesucht, aber auch anderen Berufe vom Buchhalter über Kfz-Meister, Werkzeugmacher bis hin zum Zahntechniker werden von kanadischen Unternehmen immer wieder nachgefragt. Bevorzugt wird dabei der/die junge Arbeitnehmer/in bis 35 Jahre, die über das

Young Worker Exchange Program (neuer Name soll eines Tages sein: Youth Mobility Agreement) ein Visa erhalten, das aber zuerst nur für maximal ein Jahr gültig ist. Grundsätzlich kann es nicht verlängert werden und hat noch weitere Nachteile gegenüber einem normalen Work Permit! Der auf ein Jahr befristete Arbeitsvertrag und das damit verbundene Visum hat aber Fallstricke für den, der plant über diesen Weg nach Kanada auszuwandern. Man muss sie kennen und darf sie in der ersten Euphorie über eine Arbeit in Kanada nicht aus den Augen verlieren. (Siehe: Falle Work Permit.)

Das Handicap der ZAV ist das geringe Angebot an Stellen aus Kanada. Der Vorteil ist, dass man nicht für alle Stellenangebote die englische Sprache in Wort und Schrift perfekt zu beherrschen braucht. Dieser Vorteil kann sich aber in Kanada schnell als Nachteil erweisen, wenn man beispielsweise als Truck Driver seinen Führerschein in Kanada erneut machen muss und die Prüfungen in Englisch sind. Das gilt für Elektriker, Klempner und alle in Kanada lizenzierten Berufsgruppen.

Aufgefallen ist, dass die angebotenen Gehälter über ZAV niedriger sind, als bei den absolut gleichen Stellenausschreibungen der Unternehmer in Kanada für kanadische Arbeitnehmer. Es wird in den Foren auch von Enttäuschgen berichtet, die sich auf die Arbeit und die Angebote der Arbeitsagentur beziehen. Man sollte also seine Hoffnungen nicht alleine auf diese Behörde setzen.

Job-Messen der Kanadier in Deutschland

Ebenfalls sind die vom ZAV in Zusammenarbeit mit kanadischen Agenten oder Firmeninhaber durchgeführten Veranstaltungen (Job-Messen / Job Fairs) eine gute Möglichkeit Kontakte zu Arbeitgebern zu finden. Wenn dort aber 50 oder mehr Bewerber für 10 Jobs erscheinen, dann ist die Chance für ältere Arbeitnehmer wegen des Young Worker Visa sehr gering. Diese speziellen Jobbörsen mit kanadischen Agenten oder Unternehmer werden vom ZAV rechtzeitig angekündigt und wer sich dafür interessiert sollte regelmäßig die Informationen auf der Webseite der Arbeitsagentur überprüfen. Meistens werden die Job-Messen im Januar oder Februar angekündigt - es geht oft um Saisonarbeit im Sommer für die Bauindustrie und Zulieferer, wie beispielsweise bei dieser Meldung des ZAV im Januar 2006.

... Eine Bewerbung für die Teilnahme macht daher nur Sinn, wenn Sie die folgenden Voraussetzungen erfüllen, die von kanadischen Arbeitgebern erwartet werden:

1. abgeschlossene Ausbildung im jeweiligen handwerklichen oder technischen Beruf
2. mindestens ein Jahr einschlägige Berufserfahrung nach Abschluss der Ausbildung
3. letzte Tätigkeit im entsprechenden Beruf darf nicht länger als ein Jahr zurückliegen
4. ausreichende Englischkenntnisse (mindestens gutes Schulenglisch)

Die teilnehmenden kanadischen Unternehmen selbst und die Personalagenturen, die im Auftrag von Unternehmen Personal vorauswählen, suchen Bewerberinnen oder Bewerber mit folgenden Berufsausbildungen:
Heavy Duty/Equipment Mechanic (LKW-/Landmaschinenmechaniker)
Welder (Schweisser)
Cabinet Maker (Möbeltischler)
Carpenter (Zimmerleute)

Roofer (Dachdecker)
Sheet Metal Worker (Blechschlosser)
CNC setter and operator (CNC-Fachkräfte)
Pipe-/Steamfitters (Rohrleitungsbauer)
Machinist/Industrial Mechanics (Metallverarbeitung)
Industrial Insulators (Industrie Isolierer)
Concrete Finisher (Betonbauer, nur mit Schalungserfahrung)
Formwork carpenters (Einschaler)
Communications Installer (Kommunikationselektroniker)
Power Linemen (Energietechniker - Freileitungsbau)
Truck Driver (Berufskraftfahrer)

Nähere Informationen zu den zu besetzenden Stellen finden Sie im Virtuellen Arbeitsmarkt unter: www.arbeitsagentur.de (Startseite > Arbeit- und Ausbildungssuchende > Stellenangebote suchen > Suchkriterien hinzufügen > Land ändern > Kanada auswählen).
Soweit der Text von ZAV.

ACHTUNG
Diese Aufzählung vom ZAV ist eine Liste der zu einer bestimmten Zeit und in einigen Provinzen am dringendsten gesuchten Berufe. Das heißt, auch jeder andere Beruf ist in Kanada und ebenfalls in diesen Provinzen willkommen. Die Liste, wie auch vergleichbare andere Listen, spielt also keine Rolle, wenn man einen Antrag auf ein Permanent Residence Visa oder einen Temporary Work Permit stellt.

Was von ZAV nicht erwähnt wird, neben anderen Problemen, ist die Tatsache, dass man beispielsweise von einem Dachdecker, Handwerkern oder Industrie-Facharbeiter erwartet, dass sie ihr eigenes Werkzeug mitbringen. Ebenso wird in dieser Meldung nicht erwähnt, dass Prüfungen für lizenzierte Berufe in Kanada Geld kosten, welches der Arbeitnehmer zu finanzieren hat.

Ich wiederhole: Man hat zu prüfen ob die von den kanadischen Agenten geforderten Gebühren und Honorare nicht total überteuert sind und ob dies nicht Kosten sind die der Arbeitgeber im Rahmen eines Temporary Work Permit zu übernehmen hat. Das ist eine Forderung von HRSD an den Arbeitgeber und diese Bedingungen sollte der neue Mitarbeiter kennen.

Die ZAV sendet auf Anfrage weitere Informationen und einen Musterlebenslauf, der als „Curriculum Vitae (CV) bezeichnet ist. Dieses Muster hat nur begrenzt etwas mit einem kanadischen Résumé zu tun, dafür aber umso mehr mit deutschen Standartfragen. Die Frage nach dem Alter, ob verheiratet oder Single oder Anzahl der Kinder sind in Kanada verboten. Sie verstoßen gegen das Gesetz „The Canadian Human Rights Act": *The Canadian Human Rights Act gives each of us an equal opportunity to work and live without being hindered by discriminatory practices.*
Das kanadische Menschenrechtsgesetz gibt jedem von uns die gleiche Möglichkeit, zu arbeiten und zu leben, ohne von diskriminierenden Praktiken behindert zu werden.

So steht es auf der Webseite von The Canadian Human Rights Commission - www.chrc-ccdp.ca . Siehe dazu den Absatz Résumé, denn das Muster von ZAV sollte man nicht verwenden, wenn man sich selbst bei kanadischen Unternehmen bewirbt.

Die Arbeitsagentur spricht davon, dass man nur auf Einladung zu diesen Messen kommen kann. Das ist so nicht ganz richtig. Die Kanadier sind um jede Bewerbung froh, auch wenn die nicht vorher durch den Filter der Behörde gesiebt wurde. Es handelt sich um öffentliche Veranstaltungen und man kann ohne Probleme dort hingehen - so wurde es in den Foren berichtet. Es gibt allerdings keine Garantie, dass man dort tatsächlich einen Job erhält - selbst wenn die Anwerber es versprechen.

Einwanderungsberater als Job-Agenten

Die Chancen bereits von Deutschland aus einen Job in Kanada zu finden sind allerdings auch sehr gut, wenn man die Hilfe von Einwanderungsberatern in Anspruch nimmt, die sich darauf speziali-siert haben gleichzeitig zur Einwanderung dem Immigranten einen Job zu vermitteln. Das ist fast nur in den Provinzen üblich, die ein entsprechend gutes Provincial Nominee Program haben, wie etwa die Provinz Manitoba. Das ist besonders dann von Nutzen, wenn man eine Einwanderung plant und nicht nur einen Aufenthalt von ein oder zwei Jahren, um Erfahrungen im Ausland zu sammeln. Diese Jobs gibt es in der Regel nicht in den drei Metropolen Montreal, Toronto und Vancouver, sondern in ländlichen Gebieten und kleineren Städten.

In Alberta steht, im Gegensatz zu Manitoba, der zeitlich befristete Work Permit beim Provincial Nominee Program im Vordergrund und nicht die direkte Einwanderung. Zu diesen Unterschied später mehr. Erneut: Zu beachten ist hier unbedingt, dass inzwischen immer neue Berater, meistens Rechtsanwälte, auf diesen Zug aufspringen wollen, die im Gegensatz zu den seit Jahren erfolgrei-chen Beratern keine oder nur eingeschränkte Jobgarantien geben und darüber hinaus oft überteuert sind. (Siehe: Einwanderungsberater)

Kontakte zu Kanadiern in Deutschland

Jedes Jahr werden in Deutschland über 150 internationale Messen veranstaltet. Auf den meisten sind auch kanadische Firmen mit ihren Angeboten präsent. Das ist jedes Mal eine Gelegenheit mit Kanadiern über den Arbeitsmarkt in Kanada zu reden oder sogar ein Jobangebot zu erhalten. Ein Schreiner, damals bereits in Kanada, erzählte mir, dass er die Möbelmesse in Köln nutzte, um sich zu informieren und dort bereits am ersten Tag ein Arbeitsangebot erhalten hat. Sicher wird dies nicht für jeden die Regel sein, aber es existiert hier die Möglichkeit durch Gespräche ein Network aufzubauen.

Der Aufbau eines „Networks" wird immer wieder als wichtigster Faktor zur erfolgreichen Jobsuche in Kanada von allen privaten und öffentlichen Beratern bezeichnet. Das hat nichts mit dem Begriff „Vitamin B" (Beziehungen) zu tun, der in Deutschland die Runde macht. Es ist damit gemeint, dass man soziale Kontakte aufbaut und pflegt. Der Austausch von Visitenkarten bei allen Gelegenheiten ist ein Anfang für ein persönliches Network.

Auf der Webseite der kanadischen Botschaft finden sich weitere Informationen zu Veranstaltungen. Man sollte, aber unbedingt ebenfalls die Angebote der kanadischen Konsulate von Hamburg bis München beachten. Hier werden weitere große und kleine Veranstaltungen angekündigt, die für eine Kontaktaufnahme nützlich sein können.

Beispielsweise aus Hamburg: List of Events - Sectors: Building and Wood Products, Forest Products and related Machinery, Ships and Components, Ocean Technology, Fish Import. Und aus Düsseldorf: List of Events - Agriculture, Chemicals, Health Industries, Minerals & Metals. Einen Gesamtüberblick über die Messen in Deutschland findet man auf der Website: www.auma.de - Ausstellungs- und Messe-Ausschuss der Deutschen Wirtschaft.

Das auch kulturelle Events eine Jobbörse sein können wird kaum jemand verstehen, der sich nicht in diesen Bereichen auskennt. Damit ist vom Rockkonzert bis zum Theater und der klassischen Musik jede Art der kulturellen Präsenz Kanadas in Deutschland gemeint, wie auch Sportveranstaltungen. Die kanadische Kultur wird im hohen Masse von Unternehmen aller Art gesponsert. Nicht nur das Geld des Staates, sondern auch der großen Unternehmen fließt in kleine und große Veranstaltungen. Die Betonung liegt in diesem Fall auf den kleineren Events, denn auch bei diesen findet man sehr oft die Vertreter der kanadischen Sponsoren.

Auf diesen Veranstaltungen sind immer wieder Kanadier, die gerne bereit sind über den Jobmarkt in Kanada zu sprechen. Damit meine ich nicht Jobs im kulturellen Umfeld, sondern Gespräche über Jobs in der Industrie und im Handel. Auch deutsche Unternehmen, die in Kanada aktiv sind oder sein wollen nutzen solche Events für die Kontaktpflege zu ihren kanadischen Kunden. Das ist natürlich nicht jedermanns Sache, aber dort ist immer mindestens ein Vertreter des Unternehmens, das diese kulturelle Veranstaltung sponsert, und diese sind bereit für ein kurzes Gespräch. Der Austausch von Businesskarten kann bereits ausreichen, um sein Network erfolgreich zu erweitern. Denn auf all diesen indirekten Job-Märkten geht es um den „hidden jobmarkt" in Kanada.

Auf der Webseite der kanadischen Botschaft sind so gut wie alle Veranstaltungen frühzeitig aufgezählt, an denen Kanadier in Deutschland beteiligt sind. Der regelmäßige Besuch dieser Webseite sollte darum nicht vernachlässigt werden.

In Eigeninitiative Arbeitgeber kontaktieren

In Kanada wird Englisch und Französisch gesprochen und geschrieben. Ich weiß, ich wiederhole mich zum X-ten mal. Voraussetzung für eine erfolgreiche Jobsuche auf eigene Faust ist darum, eine dieser Sprachen so gut zu beherrschen, dass man mit dem kanadischen Arbeitgeber oder seinem Hiring Manager (HR) kommunizieren kann. Es ist inzwischen beispielsweise üblich, dass Interviews über das Telefon geführt werden. Je besser man die bevorzugte Sprache spricht, um so eher wird man Erfolg haben. Dabei erwartet keiner, dass man wie ein Autor oder Ghostwriter schreibt oder wie ein Schauspieler perfekt die Sprache einsetzt.

Die Notwendigkeit der Sprachkenntnis als Basis zum Erfolg wird bereits von A. E. Johann in seinem Buch „Mit 20 Dollar nach Kanada", 1928 ausführlich beschrieben. Ebenso beschreibt dies heute Stephan Bottcher in seinem Text. Er ist so freundlich seine Erfahrungen mit anderen zu teilen aber wie er schreibt: in Englisch. Hier ein kurzer Auszug aus seinem Text

Wir; M46, F45, m17, m13, sind erst kürzlich per Work Permit nach Ontario, Kanada ausgewandert und möchten an dieser Stelle von unseren Erfahrungen berichten. Unser Fall ist insofern besonders, als wir mit einem unterschriebenen Arbeitsvertrag versehen die Vorbereitungen zur Auswanderung

von unserem Wohnort in England aus begonnen haben. Der Erfahrungsbericht ist in Englisch ver-
fasst (mein Deutsch rostet sowieso langsam ein!), damit ihr euch gleich mit der Sprache und den
Fachausdrücken vertraut macht. Also, viel Spaß beim Lesen:
Cheers und Tschüss, Stephen

Introduction: Where it all started!
Wir, eine 4-köpfige Familie sind erst kürzlich nach Kanada „umgezogen" und haben dabei sehr
viele Erfahrungen gemacht, die wir an dieser Stelle gerne weitergeben möchten. Da gute englische
Sprachkenntnisse für ein solches Vorhaben sowieso unerlässlich sind (hier ist im übrigen ein exzel-
lentes online Wörterbuch), werden wir das also in englischer Sprache tun, was sich im weiteren als
logisch herausstellen sollte. Viel Spaß also beim Lesen.

It all started in the late nineties when I got bored with my job in Germany and needed a change.
We lived in Heidelberg in our own house, which was not finished at the time after 8 years of labor.
That however is a different story and is really of no relevance here. So, I sent my resume to a few
companies worldwide and got a job offer from a company on the beautiful English south coast, in
Portsmouth. So we decided to move, as immigrate to England. It wasn't a painful process after all.
So how did it go? Well, this again is an entirely different story. The fact that we lived in England
and immigrated to Canada from there is hereby explained. All the following is valid for any Scottish,
Welsh, Irish, English and ... British citizen as well!

Chapter 1: You gotta have a visa first!

There are many routes. I went the direct one: I applied for a job with a Canadian company ... and
got invited. First advice here: they sometimes offer you a telephone interview first. Well, I declined
and asked whether they would be prepared to accommodate me if I would fly over on my own money
(‚cause I wanted the job). They agreed (which was a good indication that I was a candidate worth
talking to), so I bought a ticket with my air miles, flew over on a Sunday morning, had my interview
on Monday at lunchtime and would have been back in the office in the UK on Tuesday morning if I
had not taken a day off. I got a job offer and accepted after some negotiation.

My new employer subsequently applied at Human Resources and Social Development Canada for
me to come to Canada. The entire process is described here. As a result I received a letter (a Work
Permit I thought!) from them, took about 3-4 weeks after I accepted the employment offer. It wasn't
though: it was a copy of the Human Resources and Social Development Canada (HRSDC) Labor
Market Opinion which allowed me to apply for a work permit. Now I downloaded the necessary
forms from the internet and filled them out. ..."
Die komplette Story findet man unter www.stephenbottcher.net/imm.htm

Inzwischen lebt er in Ontario, hat seinen Antrag auf Permanent Resident gestellt und wartet auf
das Visum für seine Familie. Bottcher gehört zu der Gruppe der hoch qualifizierten Arbeitnehmer
/ Skilled Worker und für diese ist es einfacher einen Arbeitgeber in Kanada zu finden. Aber jeder
andere Skilled Worker hat ebenfalls eine Chance durch Eigeninitiative einen Vertrag zu erhalten.

Freilich reicht es selten aus, seinen Lebenslauf auf gut Glück per Email nach Kanada zu senden. So
gut wie kein Unternehmen reagieren darauf oder machen sich die Mühe auf die Anfrage zu antwor-

ten. Denn der bürokratische Prozess, um einen ausländischen Arbeitnehmer nach Kanada zu holen ist für das Unternehmen beachtlich. Das HRSD hat einen Vorschriften-Katalog, an den die Behörde sich strikt hält und darum hat der Unternehmer nur Interesse sich dieser Mühe zu unterziehen, wenn er wirklich dringend Arbeitskräfte sucht, die er in Kanada bei aller Anstrengung nicht findet. Wer also innerhalb von wenigen Tagen oder Wochen keine Rückantwort erhalten hat sollte sich um weitere Kontakte bemühen, da von den bereits kontaktierten Unternehmen kein Jobangebot zu erwarten ist. Eine Chance auf eine positive Antwort besteht aber, trotz aller Ablehnungen, immer.

Jobbörsen im Internet

Die Jobbörsen im Internet sind ja gut und praktisch aber mit der Realität der kanadischen Arbeitswelt haben sie nur begrenzt etwas zu tun. Das klingt seltsam berücksichtigt man, wie weit die Kanadier mit dem Internet sind. Die Tatsache ist aber, dass je nach Region und Beruf 70 Prozent oder sogar bis zu 85 Prozent der Arbeitsstellen nicht über Anzeigen oder Internetbörsen angeboten werden, sondern über den „Hidden Jobmarkt" vermittelt werden. Wie in einem englischen Forum für den Job-Market in Vancouver berichtet wurde.

Das bedeutet nicht, dass man auch auf diesem Weg keinen Arbeitsplatz in Kanada finden kann aber man sollte nicht alleine darauf bauen. Wer aber Informationen und Hilfestellung sucht, der wird bestens von diesen Jobbörsen in den beiden Landessprachen beraten. Ob die Fragen das Résumé, ein Interview, das Gehalt oder anderes betreffen, die Jobbörsen bieten in diesen Fällen umfangreiche Informationen an. Wie bereits Bottcher schrieb ist die fehlende Information über „das nordamerikanische / kanadische Beschäftigungssystem" ein Problem. Die Jobbörsen im Internet sind die einfachste und beste Quelle, um diese Information zu erhalten.

Über das Internet findet man nicht nur bei den bekannten und großen Börsen Jobs und Informationen. Auch fachspezifische Börsen haben wichtige Informationen und oft Angebote, die nicht bei den Marktführern zu finden sind. Ein Beispiel dafür ist die „craiglist" (www.craigslist.org), die besonders von englischsprachigen Immigranten und Kanadiern immer mehr genutzt wird. Das ist eine Liste in der alles angeboten wird, wie beispielsweise Autos, Jobs, Wohnungen, Bekanntschaften und vieles mehr. Die Liste ist vergleichbar zu den kostenfreien Wochenblättern in Deutschland, die vor der Tür liegen. Weitere Jobbörsen findet man über die Webseiten von HRSD, Berufsverbände und der Provinzregierungen.

Urlaub in Kanada und einen Job suchen

Wo findet man einen Job in Kanada? Dort wo die schönsten Ziele der Touristen sind oder in den großen und kleinen Städten des Landes in denen produziert wird? Als Fachmann/frau im Hotelgewerbe kann man ein Jobangebot ebenso in der Großstadt wie auf dem Land oder in den Bergen erhalten.

Der Industriefacharbeiter oder Maschinenbauingenieur wird eher in den Industrieregionen ein Angebot erhalten als in einem Touristendorf in der kanadischen Bergwelt. Da aber Nichts ausgeschlossen ist erfordert es eine gründliche Recherche, damit man mit einem Jobvertrag aus dem Urlaub zurückkommt. In den Foren wird immer wieder davon berichtet, dass eine gezielte Jobsuche im Urlaub - anders gesagt: ein Urlaub in Kanada, um ausschließlich einen Job zu finden - zum Erfolg führte.

Allerdings hat der Urlauber auf eine der häufigsten Falle zu achten, die immer wieder offeriert wird. „Kaufe mein Business, ich will nun in Rente gehen, und dadurch kannst du ohne Probleme einwandern." wird immer wieder angeboten. Dieses Angebot, leichtgläubig akzeptiert, stellt sich im Nachhinein sehr oft als Fehlentscheidung heraus. Früher, vor Jahrzehnten, war das eventuell möglich, aber heute ist das neue Gesetz so geändert, dass dies nur unter Einhaltung der Bedingungen der Unternehmer-Klasse möglich sein kann. Für normale Arbeitnehmer ist die Übernahme eines Business sehr schwer, wenn nicht sogar unmöglich, geworden.

Hier ein Bericht aus den Foren von Helmut, der einen Job im sozialem Bereich suchte:
Hallo an alle Leser!
Seit über einer Woche bin ich nun zurück von meiner job offer Suche aus Winnipeg und ich wollte nun doch noch meine Erfahrungen preisgeben. Wie schon geschrieben war ich für 28,- $ in Winnipeg im Centre house untergekommen, was ich immer noch empfehlen kann. Als ich das erste Mal mit dem Mietwagen ins Umland gefahren bin, war ich schon enttäuscht von der Landschaft. Durch ein Wochenendtripp nach Pinawa (www.pinawa.com) wurde ich dann wieder durch ausgiebige Wälder Seen, deer und eagle versöhnt. Hat mir dort sehr gut gefallen.

Zu meiner job offer Suche: Bevor ich nach Winnipeg flog hatte ich mir die verschiedensten Adressen herausgesucht welche sich dann potenziert haben. Jeden Tag war ich bei 2 bis 4 sozialen Einrichtungen und habe mich direkt vorgestellt. Zu 50 % bin ich auch zu den Verantwortlichen Personen vorgedrungen und habe dort mein Anliegen vorgetragen. Mit der Application und dem Resume bewaffnet konnte ich immer erklären was ich wollte wobei ich bei den ersten Interview nicht deutlich genug den Unterschied zwischen einem job offer für den temporary worker und dem für einen anstehenden Emigranten gemacht habe. Nach dem 10. Bewerbungsgespräch ging alles besser. Die größte Schwierigkeit lag in der Erklärung meiner Berufsausbildung (Diplom Heilpädagoge) da es sie in Manitoba nicht gibt.

Die ersten Gespräche hatte ich zum üben genommen um dann, als Krönung, beim interessantesten Arbeitgeber am besten abschneiden zu können. Als ich am letzten Tag dort auftauchte kam ich auch wieder bis zum verantwortlichen Mitarbeiter der mir aber erklärte, dass ihr Unternehmen so gross sei, das Bewerbungen immer in einem mehrtägigen Verfahren laufen. Somit ging meine Strategie halt in die Hose. Am Abend konnte ich aber mein job offer bei einem anderen Arbeitgeber in Steinbach abholen, wo ich am Tag zuvor ein 1,5 stündiges Gespräch (nicht in deutsch sondern in English!!) überstanden hatte.

Tja, wieder ein Schritt näher zur Einwanderung. Wenn nun alle Zeugnisse (nach denen kein einziger Arbeitgeber gefragt hat) übersetzt sind, kann der Antrag abgegeben werden. Beim nächsten Mal würde ich aber mindestens 2 Wochen für die Suche einplanen. Nun doch aber noch eine Frage an euch: Kennt jemand von euch den Ablauf wie ich eventuell meine Ausbildungen in Manitoba bzw. Canada anerkennen lassen kann?

Ich wünsche allen alles Gute, bis bald
Helmut

Achtung: Eine weitere Falle, die man sich selbst stellt, ist zu glauben, dass man bereits im Urlaub in Kanada seinen Work Permit erhält. Auch Helmut brauchte die Hilfe eines Berater, um die Immigration dann schlußendlich zu schaffen. Derzeit (Sommer 2006) postet so ein „Verzweifelter / Despaired" in den Foren. Er ist bereits seit einem Jahr in Kanada, sein Touristen-Visum wurde bereits zweimal verlängert und er hat immer noch keinen Work Permit erhalten. Er hofft darauf, aber erhält er diesen nicht vor Ablauf des Touristen-Visums, dann hat er Kanada zu verlassen. Es ist nicht anzunehmen, dass die kanadischen Behörden sein Touristen-Visum erneut verlängern.

Résumé, Resumé, Resume - Beruflicher Lebenslauf

Warum schreibt eine britischkanadische Einwanderungsberaterin „resumé" mit einem Strich über dem e? Das ist doch sonst nur eine typische französische Schreibweise denkt man zu erst. Wenn man aber sieht, dass selbst englische Webseiten in Kanada „Résumé" verwenden - natürlich nicht alle - dann kann man erkennen, dass dies korrekt ist. Korrekt ist aber auch Resume ohne l'accent aigu. Monster.ca schreibt es ebenfalls in beiden Formen. Auf der Startseite steht „Post Your Resume" und auf der nächsten Seite „You can now attach your Word résumé on Monster." Die andere große Jobbörse ist workopolis.ca und dort wird das Wort entweder Resumé oder Resume geschrieben. Das als Einführung zu den Unterschieden eines beruflichen Lebenslaufs in Deutschland und eines Résumé / Resumé / Resume in Kanada.

Ein up-to-date Résumé zu schreiben ist selbst für Kanadier nicht so einfach. Darum gibt es im Internet jede Menge an Ratschlägen und Beispielen. Angefangen beim HRSD, wo der entsprechende Link auf die Webseite von Training & Careers (jobsetc.ca) weiterleitet. Dort findet man in der Titelleiste den Link zum „Resume Builder" und hinter diesem Link wird beschrieben, wie man sein Résumé am besten erstellt. Besonders interessant ist der Link über dem man sich registrieren kann, um den Resume Builder auch von Deutschland aus zu nutzen.

Alle Jobbörsen, wie beispielsweise Monster oder Workopolis haben ausführliche Artikel gepostet, in denen die derzeitig erwünschte Form eines kanadischen Lebenslaufs genau dargestellt wird. Auf Monster gibt es derzeit Beispiele für verschiedene Berufszweige unter dem Link „Resumes by Industry". An Beispielen aus dem Verkauf lässt sich am einfachsten zeigen, welche Unterschiede es zu einem deutschen CV gibt.

Als Einstieg in seine Artikel schrieb Kim Isaacs, MA, CPRW, NCRW - Monster Resume Expert, den Text „Create a Winning Retail Resume" und dort lauten die beiden ersten Sätze: „In the world of retail, one thing matters -- performance. Whether you are a manager, salesperson, merchandiser, cashier, clerk, HR professional or perform one of the numerous other retail jobs, your resume needs to demonstrate how you have contributed to your company's bottom line success."

Die letzten Worte bedeuten: man hat sich selbst zu loben! Anders ausgedrückt: Man hat sein „Licht nicht unter den Scheffel zu stellen". (Matthäus 5,15; ähnlich Mk 4,21; Lk 8,16; Lk 11,33) Dieses Eigenlob, in dem man klar sagt: „Meine Firma hat durch meinen Einsatz Profit (company's bottom line success) gemacht", das ist in Deutschland so nicht üblich. OK, das mag bei Managern bereits zum guten Stil gehören, dass es aber auch ein Angestellter in den unteren Rängen (clerk) schreiben soll ist ungebräuchlich.

In dem Beispiel für eine „Retail Sales and Marketing Manager" Position, das von dem Team bei Monster erstellt wurde, wird das bereits beim ersten Job für McDonald's deutlich formuliert und klar für die leitenden Manageraufgaben in der letzten Stellung beschrieben.

Der derzeitige Job als Manager:
„Franchise - operated all aspects of a small business in a major shopping centre (Scarborough Town Centre) Top 5 of 130 shops in sales performance, sales trainer of the year, managed 20 - 45 staff, 2 category sales awards from the shopping centre, shop design award from shopping centre association, raised thousands of dollars for local community group."

Der erste Job bei McDonald's:
„Assistant Manager - starting as grill person - various promotions until Assistant Manager after 2 years - managed staff of 120, responsible for all aspects of restaurant during shifts, cash management, customer service, motivation, attended management training at McDonald's head office / Toronto.

Und für diesen ersten Job als „grill person" hatte der Bewerber als Einstieg ein „Bachelor of Business Administration Degree" in der Tasche! Ebenfalls schämt man sich in Kanada nicht, in einer solchen niedrigen Stellung seine Karriere gestartet zu haben - was deutschen Bewerbern sicherlich peinlich wäre zu schreiben.

Dieses Beispiel gilt praktisch für alle Berufe und alle Positionen - nur wer darstellen kann, dass er bereits zum Gewinn seiner früheren Arbeitgeber beigetragen hat - sich also selbst ordentlich lobt - wird von den HR-Managern ernst genommen. Die typische deutsche Bescheidenheit ist in Kanada fehl am Platz.

Das Selbstlob muss allerdings beweisbar sein und dafür gibt es dann die Empfehlungsschreiben (a letter of recommendation) der früheren Arbeitsgeber oder der damaligen Arbeitskollegen. Arbeitgeber sind ja nicht immer besonders begeistert, wenn jemand die Stelle wechselt, darum werden auch Schreiben von früheren Kollegen akzeptiert. Auch um eine gute Empfehlung zu schreiben gibt es Anleitungen. Ebenfalls sind bei einigen Webseiten die aktuellen Key-Words aufgezählt, die ein HR-Manager besonders gerne lesen möchte und ebenso die Worte auf die er negativ reagiert.

Ein Résumé für alle Arbeitnehmer, die man ansprechen will, taugt in Kanada nicht viel. (The One-Size-Fits-All Resume Usually Fits Nothing) Es ist immer der Bezug zum jeweiligem Unternehmen im Text, dass dem HR Manager mitteilt: Der Bewerber hat sich über das Unternehmen informiert. Solche Details und viele anderen machen ein up-to-date Résumé aus, welches mehr Erfolg verspricht als ein typisch deutscher 0815 Lebenslauf, wenn man sich direkt bei Unternehmen bewirbt oder sein Résumé in die Jobbörsen stellt.

Zu diesem Thema gibt es eine große Anzahl von Büchern und ein Kleines ist umsonst. Es trägt den Namen „Focus on Resume" und kann von der Webseite Training & Careers bei jobsetc.ca kostenlos herunter geladen werden. Es gibt ebenso den Service von professionellen Schreibern, die sich darauf spezialisiert haben up-to-date Résumé für Arbeitnehmer zu erstellen. Die Kosten dafür fangen bei cirka 300 CAD an und steigen entsprechend mit dem Aufwand. Die Jobbörsen bieten dies an.

Der entscheidende Fakt in jedem Résumé, das aus dem Ausland auf dem Tisch der HR Managers landet, ist der Satz: *„I am authorized to work in this country for any employer."* Normalerweise kann das der Absender aus Deutschland oder Europa nicht schreiben. Wenn er kein alternatives Angebot machen kann oder nicht ein dringend gesuchter Spezialist ist wandert sein Résumé direkt in den Papierkorb, der neben dem Schreibtisch steht oder wird mit „delete" in den Papierkorb des Computer befördert. Er kann als Alternative schreiben *„I require sponsorship to work in this country."* Dann sollte er genau sagen welche Form des Sponsorings er meint. (Das hat in diesem Fall nichts mit der Art und Weise des Sponsorings in der Family Class zu tun.) Meint er nun, dass er über das Young Mobility Program, eines der Provincial Nominee Programs oder als Temporary Worker mit einem normalen Work Permit beim Arbeitgeber seinen Job antreten will? Oder, was ja auch möglich ist, als Immigrant nach Erhalt seines Permanent Resident Visa bei diesem arbeiten wird.

Je nach Arbeitskräftebedarf wird das angesprochene Unternehmen sich für die eine oder andere Variante entscheiden. Allerdings sollte man als Arbeitnehmer sich im Klaren sein, was die eigenen Prioritäten und Möglichkeiten sind und danach seine Forderungen und Wünsche formulieren. Es ist immer besser direkt ein Permanent Residence Visa zur Einwanderung zu erhalten als erst mit einem der anderen Visum in Kanada zu arbeiten.

Berufsanerkennung 1

Über die Berufsausbildung in Kanada gibt es die wildesten Vorstellungen. Da auch deutsche Bauherren in Kanada bei ihrem Blockhausbau sparen wollen nehmen sie jeden „Handlanger" als Fachkraft und wundern sich dann, dass er keine qualifizierte Facharbeit liefert. Einem echten Fachmann, wie beispielsweise einem Dachdecker, wollten sie aber nicht den geforderten Lohn zahlen und machten dann diese Facharbeit als Laien selber - wie berichtet wurde.

Selbstverständlich gibt es in Kanada, wie auch in Deutschland, für alle Fachberufe eine Fachausbildung mit einer Prüfung zum Abschluss. Die Diskussion darüber, wo die Ausbildung besser oder schlechter ist, die ist unerheblich. Was zählt ist nur die Frage: Muss man für seinen Fachberuf in Kanada erneut eine Prüfung ablegen, um die notwendige Lizenz zu erhalten, damit man ihn wieder ausüben darf?

Ja, das muss man in manchen Berufen tun. Beispielsweise darf man als LKW-Fahrer erst dann mit einem Truck selbständig losfahren, wenn die Führerscheinprüfung in Kanada bestanden wurde - Prüfungssprache ist dabei Englisch oder Französisch. Auch hat man die ersten Fahrten unter der Aufsicht eines erfahrenen Kollegen zu machen.

Die folgenden Informationen betreffen also nur Berufe für die eine Lizenzierung früher oder später zwingend notwendig ist. Alle Berufe die in Deutschland als „gefährlich" eingestuft werden und darum immer noch eine Meisterprüfung voraussetzen sind vergleichbar zu den „regulate occupations - profession / regulierten Berufen" in Kanada. Der Facharbeiter mit einer Ausbildung im Handwerk oder der Industrie kann unter der Aufsicht eines Vorgesetzten / foreman or superintendent mit oder ohne Red Seal Certificat / Gold Seal Certificat seine Arbeit beginnen. Aber selbst in Alberta muss der ausländische Bauarbeiter früher oder später seine Prüfung als Journeyman / Craftsman ablegen. Das bestehen dieser Prüfungen bedeutet: Mehr Geld in der Tasche und auf dem Konto.

Das viele Kanadier diese Prüfungen nie machen und trotzdem als Journeymen arbeiten ist eine andere Sache. (Siehe: Learning by doing.)

Das heißt nicht, dass man seine gesamte Facharbeiterprüfung erneut zu machen hat, es bedeutet aber, dass man die Kenntnis der entsprechenden Gesetze, Normen und Sicherheitsbedingungen der kanadischen Arbeitswelt nachzuweisen hat - siehe als Beispiel die praktische und theoretische Führerscheinprüfung für Truck Driver. Daraus ergibt sich auch, dass ein deutscher Meisterbrief in Kanada zu erst nicht mehr zählt als ein Gesellenbrief. Erst wenn der deutsche Meister seine Prüfungen vor der Berufsorganisation seiner kanadischen Provinz bestanden hat, kann er sich dort wieder selbständig machen. **Neuerdings sollen Facharbeiter zuerst nur ein dreimonatiges Visum erhalten, um in dieser Zeit ihre Prüfungen zu bestehen. Ob dieses Visum so einfach verlängert wird, wenn man die Prüfung nicht besteht, ist derzeit unklar. (Siehe: Falle Work Permit)**

Zu beachten ist hier die bereits erwähnte „Balkan-Situation" in Kanada. Wer in Alberta seine Prüfung bestanden hat, der darf noch lange nicht in B.C. oder Ontario arbeiten! Um das zu dürfen müsste man erneut Prüfungen ablegen. Da dieser altbackene Provinzialismus den Kanadiern inzwischen auch seit längerem auf die Nerven geht wurde das Red Seal Certificat und Gold Seal Certificat eingeführt. Der Besitzer eines solchen Zertifikats darf heutzutage überall in Kanada arbeiten und von seinen Arbeitgebern eingesetzt werden.

Was den Start in Kanada für Facharbeiter erleichtert, die beispielsweise über vom ZAV veranstaltete Job-Messen einen Arbeitsvertrag erhalten, ist das Schlüsselwort / Key-Word „equivalent" im folgenden Satz: … a certificate that is recognized as equivalent to an Alberta trade or occupational certificate are … / … ein Zertifikat (Gesellenbrief, etc.), der als gleichwertig zu einer Handels- oder Berufsbescheinigung in Alberta anerkannt ist … . Wer mit einer „gleichwertige" Ausbildung, bescheinigt durch das deutsche Zertifikat, nach Alberta kommt, der erhält ein „Blue Seal business credential", wenn er auch wieder die notwendigen Kenntnisse in einer Prüfung belegt.

Diese Prüfungen sind nicht schwierig für jemand mit entsprechenden Berufserfahrung und Fachkenntnisse. Was diese Prüfungen kompliziert macht ist das fachspezifische Kanada-Englisch! Das hat man zu lernen, wie auch die kanadischen Normen und Vorschriften. Jedoch sollte man den theoretischen Teil nicht unterschätzen. Es werden die Kenntnisse abgefragt, die ein kanadischer Lehrling nach 4-jähriger Ausbildung zum bestehen seiner Lehre haben muss.

Auf der Webseite www.tradesecrets.org findet man umfangreiche Informationen zu diesem Thema und Hintergrundinformationen zu sehr vielen Berufen und über den Link „Related Links" die entsprechenden Webseiten aller anderen Provinzen und die dortigen Bedingungen für die Berufsausübung oder die entsprechende Weiterbildung.

Für Arbeitnehmer aller Berufe aus Handwerk, Industrie, Gewerbe und Handel, die nicht lizenziert sind, wird die Frage nach der Berufsanerkennung erst in Kanada interessant, wenn man besser verdienen will. Für die Immigration oder den Work Permit erkennt die kanadische Einwanderungsbehörde die deutsche oder europäische Berufsausbildung an.

Anders sieht es aber bei Berufen mit einem Hochschulabschluss aus. Die Behörde erkennt sie für die Einwanderung und den Work Permit selbstverständlich an, aber darf man dann auch in seinem

Beruf in Kanada arbeiten, wenn er unter die „regulated professions" fällt, wie beispielsweise in den Berufen: engineers, accountants, physicians, lawyers, etc.? Die Antwort ist hier ebenfalls ja und nein. Man darf nicht sofort selbständig arbeiten, denn dafür hat man erst die entsprechenden Bedingungen der Berufsorganisation zu erfüllen, wie beispielsweise als Ingenieur sein P.Eng. bei einer der „12 engineering licensing bodies" (www.peng.ca) in Kanada zu machen. Gleichzeitig darf man aber unter einem Vorgesetzten mit der Arbeit in diesen Berufen beginnen, wenn man bereits einen Arbeitsvertrag von Europa aus erhalten hat.

Es wird in den Foren immer davon gesprochen, wie wichtig es ist, dass gerade in diesen Berufen sich der Immigrant und Temporary Worker bereits von außerhalb Kanadas darum bemühen sollte die Gleichwertigkeit seiner Ausbildung zu der kanadischen Ausbildung bestätigen zu lassen. Wer sich mit dem Ziel Kanada auf die Suche nach einer neuen Arbeitsstelle macht, der verbessert seine Chancen, wenn er in sein Résumé schreiben kann, dass sein Diplom als „equivalent" von den kanadischen Berufsverbänden bewertet wird. Das kostet Geld, Zeit und bedarf gute Nerven. Auf der anderen Seite ist es profitabel für die eigene Karriere.

Es gibt natürlich sehr viele Berufe, die keine erneute Berufsanerkennung in Kanada benötigen. Für Antragsteller ist dann nur entscheidend ob CIC und HRSD ihre Ausbildung als ausreichend anerkennt. Ob nun der eigene Beruf zu den „regulate occupations / professions" gehört oder nicht findet man auf der Webseite von HRSD. Zu beachten ist hier wiederum, dass dies von Provinz zu Provinz anders gehandhabt werden kann. Darum sollte man nicht nur die Hauptseiten von HRSD zu Rate ziehen, sondern auch die Webseiten von HRSD für die betreffende Provinz und ebenso die von tradesecrets.org. Ich bespreche das Thema nochmals im Kapitel „Jobsuche in Kanada" und dort auch die Problematik der Mediziner. Deren Berufsanerkennung gleicht einem „Horrortrip" und nicht einer gemütlichen Kreuzfahrt.

Canadian Experience 1

Als Zauberwort kann man den Begriff „Canadian Experience" bezeichnen, der genutzt wird, um neu angekommen Immigranten den Eintritt in die kanadische Arbeitswelt zu verwehren. Für Temporary Worker, die bereits in Europa einen Arbeitsvertrag von einem kanadischen Unternehmen erhielten, hat dieser Begriff keine Bedeutung. Der Arbeitgeber weiß ja, dass sein neuer Mitarbeiter keine Canadian Experience haben kann und so fragt er auch nicht danach. Mehr dazu unter Canadian Experience 2. Sollte man diese Erfahrung aber besitzen - unabhängig davon in welcher Position sie erworben wurde - dann hat das im Résumé zu stehen.

Als Arbeitsloser nach Kanada

Arbeitslos zu werden ist heute in vielen Berufen ein Normalzustand, auch wenn man als Arbeitnehmer bei Telekom, Deutsche Bank, VW oder vielen als lebenslang sicher geltenden Arbeitgebern vor wenigen Jahren nicht damit rechnete. Die Auswanderung nach Kanada bietet sich für viele dann als eine Alternative an. Die Frage ist nun, wie reagiert der kanadische Arbeitgeber oder die Einwanderungsbehörde auf den Antrag des Arbeitslosen? Für CIC ist das kein Problem oder ein Grund die Einwanderung oder ein Work Permit zu verweigern. Vorausgesetzt, der Antragsteller erreicht die benötigte Punktzahl durch die Addition der Punkte aller Kriterien. Das sind 67 Punkte für das Federal-Programm oder die entsprechende geringe Punktzahl für das Provinzial Nomine Program der jeweiligen Provinz.

Da man in den Anträgen angeben muss, wo und wie lange man gearbeitet hat, ob man monatelang Urlaub machte, Weiterbildung besuchte oder arbeitslos war, versuchen einige Antragsteller die Arbeitslosigkeit zu vertuschen - wie in den Foren berichtet wurde. Das ist überhaupt nicht notwendig und darüber hinaus eine bewusste falsche Information der kanadischen Behörde gegenüber.

Warnung: *Es ist unter dem Einwanderungs- und Flüchtlingsschutzgesetz ein Verstoß, bewusst eine falsche oder irreführende Angabe zur Unterstützung einer Bewerbung für die ständige Residenz in Kanada zu machen. Dies kann zu einem zweijährigen Einreiseverbot führen.*

Diese Falschinformation kann im schlimmsten Fall zu einem Einreiseverbot nach Kanada führen - wenn sie entdeckt wird und das liegt in der Hand des Officers der den Antrag bearbeitet. Was sagt CIC zu falschen Informationen? Auf der Webseite von CIC steht in roten Buchstaben unter dem Link How to Apply: Warning: It is an offence under the Immigration and Refugee Protection Act to knowingly make a false or misleading statement in support of an application for permanent residence in Canada. Doing so can result in a two-year ban from entering Canada.

Die Kanadier kennen das Problem der Arbeitslosigkeit zur Genüge, als dass sie eine solche Situation den Antragstellern als Negativ ankreiden würden. Die Probleme der Globalisierung und Werkschließungen gibt es nicht nur in Deutschland oder Europa, sondern auch in Nordamerika.

Was sagen nun die Arbeitgeber dazu? Wenn der neue Arbeitnehmer alle Kriterien erfüllt, die er für seinen neuen Job braucht, dann ist es dem Arbeitgeber nicht wichtig, ob sein neuer Mitarbeiter mal arbeitslos war oder gerade ist. Auch sie kennen die heutige Situation auf dem Arbeitsmarkt und sind froh, wenn sie dringend gesuchte Fachkräfte für die Expansion ihres Unternehmens finden.

Allerdings stehen die Chancen für Langzeit-Arbeitslose schlecht. Bei den Stellenangeboten von ZAV war unter Punkt 3 der Voraussetzungen zu lesen, dass die „... letzte Tätigkeit im entsprechenden Beruf darf nicht länger als ein Jahr zurückliegen." sollte. Ob das immer so genau eingehalten wird, das entscheidet zuletzt der Arbeitgeber. Da aber diese dem ZAV die Aufgabe einer Vorauswahl übertragen haben wird die Behörde vermutlich alle aussortieren, die diese Bedingung nicht erfüllen. Da hilft dem Arbeitsuchenden nur ein direkter Kontakt zum kanadischen Arbeitgeber, um auch als Langzeit-Arbeitsloser eine Chance zu erhalten.

Die Zentralstelle für Arbeitsvermittlung (ZAV) unterstützt den Arbeitslosen bei seiner Bewerbung in Deutschland, Europa und ebenso weltweit. Das heißt, die Zuschüsse für einen Umzug werden auch dann zum Teil bezahlt, wenn der Umzug nach Kanada geht.

Auf die Problematik des Young Worker Exchange Program mit seiner Altersbegrenzung auf 35 Jahre im Vergleich zu einem normalen Work Permit Visa, sollte der ältere Arbeitnehmer unbedingt achten. Hier hilft nur ein direkter Kontakt zum Arbeitgeber, um diese Hürde zu umgehen. Das ist auf den Job-Messen der Arbeitsagentur übrigens gut möglich, wie berichtet wurde.

Jobsuche in Kanada

Einen Job in Kanada zu finden kann so einfach sein. Ein Bekannter erzählte mir seine Story, wie er einen Job fand und nach kürzester Zeit Karriere machte. Seine Story: „Ich trank in meinem Stamm-Café meinen Café alongé - einen Verlängerten - und las ein Buch, in der Wartezeit auf meine Schach-Freunde. Einer kam und fragte mich: „Brauchst du einen Job? Mein Boss sucht dringend neue Leute, da er expandiert." Am nächsten Morgen gingen wir zu seinem Boss und nach einem kurzen Gespräch fing ich direkt mit der Arbeit an. Ich startete natürlich in der Hierarchie des Teams ganz unten. Drei Monate später wollte der Boss in Urlaub gehen und brauchte für diese Zeit einen Foreman - er wählte mich. Mein Gehalt wurde verbessert und meiner Karriere stand nichts mehr im Weg."

Allerdings wird es nicht allen und zu jeder Zeit so einfach gemacht einen Job zu finden, wie meinem Bekannten. Was in dieser Story aber drin steckt, dass ist die Information über den Hidden Job Markt und den Nutzen des Networks in Kanada. Wie bereits erwähnt werden dreiviertel und mehr der Jobs in Kanada über das private Network vermittelt. In der Hochzeit des Internets - Ende der Neunziger - zahlten Unternehmen, wie beispielsweise Nortel, ihren Mitarbeitern Prämien bis zu 10.000 CAD für über sie angeworbene neue Mitarbeiter. Es ist also in Kanada üblich aus dem Bekanntenkreise, von Freunden oder zufälligen Bar-Bekanntschaften auf einen neuen Job aufmerksam gemacht zu werden. Diese Arbeitsstellen werden also über den „Hidden Job Markt" vermittelt und besetzt.

Im Café zu sitzen und mit den dortigen Bekannten Schach zu spielen, gehört neben dem puren Vergnügen zum Aufbau eines Networks. Dieses Network ist für den in Kanada gelandeten Immigranten lebenswichtig, um sich erfolgreich integrieren zu können. Wir haben dieses Network in unserer Heimat, ohne uns dessen bewusst zu sein. In der Fremde haben wir es erneut zu errichten.

Der erste Job in Kanada
Networking ist die Basis für einen Job
Canadian Experience
Volunteer
Der verborgene Stellenmarkt - The Hidden Job Market
Direkten Kontakt zu den Unternehmen aufnehmen
Berufsanerkennung
Prüfungen /Examen für regulierte Berufe
Achtung: Für Mediziner sind die Probleme extrem kompliziert.
Résumé 2
Internet Bewerbung
Sicherheitsfrage bei Staatsaufträgen des Unternehmens
Eine Story aus „besseren Zeiten"

Der erste Job in Kanada

Die meisten Immigranten kommen nach Kanada auf der Basis ihrer Qualifikation, die ihnen bei der

Beurteilung durch CIC die notwendigen 67 oder mehr Punkte einbrachte Sie haben noch keinen Job und müssen sich nun auf die Suche nach einer Arbeitsstelle machen. Diesen ersten Job zu bekommen ist die schwierigste Hürde für die Mehrheit der Immigranten. Es gibt Glückliche, die nach wenigen Tagen oder Wochen bereits eine Vollzeit-Arbeitsstelle (Full-time Employment) in ihrem erlernten Beruf finden. Für die weniger Glücklichen ist nun bereits die Frage von Bedeutung: Nutze ich die kanadischen Strategien einen Arbeitsplatz zu finden oder beharre ich auf deutsche oder europäische Strategien?

Diese Frage nach der Strategie, gilt auch für den Skilled Worker mit einem Temporary Work Permit in Kanada. Öfters als mancher es wahrhaben will wird der Vertrag, mit einer Laufzeit von einem Jahr oder länger, beim ersten Arbeitgeber bereits nach wenigen Wochen oder Monaten aufgelöst - vom Arbeitgeber oder Arbeitnehmer - und dann muss man sich ebenfalls auf die Suche nach einer neuen Arbeitsstelle innerhalb Kanadas machen. Findet man keinen neuen Job, hat man nach Europa zurück zu kehren - allerdings erst nach Ablauf der Gültigkeit des Temporary Work Permit Visa.

Was sind aber die kanadischen Strategien und wie kann man sie erlernen, sollte darum zuerst recherchiert werden. Wie bereits gesagt ist der deutsche Lebenslauf oder das CV des Arbeitsamtes kein up-to-date Résumé und zeigt dem HR Manager nur, dass der Bewerber die kanadische Arbeitswelt noch nicht kennt. Für den Start in die kanadische Realität finanziert der Staat eine ganze Palette von Hilfsmaßnahmen für die Immigranten, die entweder von HRSD oder Not-for-profit Settlement Organization angeboten werden. Diese Organisationen gibt es in jeder Region und jeder Provinz. Über deren Angebote: vom Sprachtraining über das Résumé bis zur Wohnungssuche und zum Zahnarzt kann man sich bereits vor der Immigration über das Internet informieren. Auf der Webseite von CIC findet man zahlreiche Links zu den Organisationen in den Provinzen. Ihre Hilfe steht in der Regel nicht für den Temporary Worker bereit! Ich wiederhole: Diese Angebote nicht zu nutzen, sondern direkt alles alleine zu versuchen, ist Geldverschwendung!

Die Organisation „A-Better-Chance for Success" (www.a-better-chance.org), die sich für Immigranten einsetzt, hat auf ihrer Webseite die schwerwiegendsten Fehler der frisch gelandeten Einwanderer aufgezählt. Diese Liste gilt auch für Temporary Worker, diese sollten sie nicht überlesen. Doris Aubin, eine Deutsche, hat mit ihrem Mann diese Organisation aufgebaut. Von ihr wurde auch die Diskussion „Warum haben Immigranten keine Informationen erhalten" angeregt, die am Ende des Buches im Kapitel „Immigranten ohne richtige Information" steht.

10 MOST COMMON ERRORS:

1. Not search enough about your profession in Canada
2. Not to buy a computer/internet connection immiately after arrival
3. Not to make Canadian friends and not to join clubs or attend events
4. Not to have enough funds to live at least one year without income
5. Not to learn „Canadian English" including idioms before immigrating
6. Not to take advantage of all available free courses for newcomers
7. Not to translate & recognize your diplomas
8. Not to learn about resume/cover letter - writing
9. Not to save your money instead of buying new household stuff
10. Not to apply for drivers licence, health card and credit card immediately after arrival

Solche Listen haben auch anderen Organisationen und man kann als Temporary Worker ruhig versuchen deren Hilfe in Anspruch zu nehmen. Die Hilfe der Settlement Organisationen erhält der Immigrant in der Regel erst nach der Landung in Kanada. Damit diese Hilfe nicht ausgenutzt wird, muss man bei einigen Organisationen registriertes Mitglied werden - was kostenfrei ist. Bei Settlement.org, der Dachverband aller Not For Profit Organization in Ontario, findet man aber eine Webseite (www.settlement.org), die man selbst aus Europa ohne Registrierung voll nutzen kann. Die Regierung von Ontario plant derzeit ein neues Webportal zu errichten, das noch intensiver als bisher alle Neuankömmlinge über die Möglichkeiten einer guten und schnellen Integration informieren soll. Informationen über dieses Webportal findet man über obige Webseite. Die Informationen dieser Webseite sind ebenfalls mehr oder weniger für alle anderen Provinzen nützlich. Man sollte sie also unbedingt besuchen, auch wenn man in B.C. oder Nova Scotia leben und arbeiten wird.

Networking

Vor einiger Zeit besuchte ich mal wieder meinen ältesten Freund und seine Familie in Süddeutschland. Samstagabend gab es erst ein gemütliches und feines Essen, das er kochte. Danach gingen wir noch in ihre Stammkneipe und es wurde ziemlich spät. Am nächsten Morgen verabschiedete er sich kurz vor Mittag, um zum Frühschoppen in dieselbe Kneipe zu gehen. Er begründete dies mit der Bemerkung: „Da muss ich mich sehen lassen, denn da bekomme ich als Unternehmer oft einen neuen Auftrag."

Was er tat wird in Kanada als „Networking" bezeichnet. Das hat nichts mit dem in Deutschland oft benutzten Begriff „Vitamin B" für Beziehungen zu tun. Es ist ein Sozialkontakt, der für uns so normal ist, dass wir ihn nicht mehr als solchen erkennen. Aber in der neuen Heimat ist der Aufbau von Sozialkontakten überlebenswichtig. Sich abzukapseln, in das Ghetto der heimatlichen Sprache, ist für Europäer keine gute Idee. Welche Form der sozialen Kontakte man für sich wählt: die Glaubensgemeinschaft, den Business-Club, die Schachfreunde oder die Bar, ist nahezu nebensächlich. Die in Deutschland praktizierten Hobbys und Freizeitbeschäftigungen von Sport über Briefmarkensammeln und was man sonst persönlich vorzieht, sind immer ein guter Anfang, um in Kanada einen neuen Bekanntenkreis aufzubauen - und dieser Bekanntenkreis ist das NETWORK.

Entscheidend ist, dass diese Kontakte die gesamte Bandbreite der in Kanada lebenden Menschen einschließt. Das heißt, man kann sich nicht alleine auf das Network seiner deutschen Bekannten und Verwandten stützen - man sollte dieses aber nicht unbeachtet lassen. *„Ein Fehler den viele Einwanderer machen, ist es dorthin zu ziehen, wo sie Verwandte haben - was oft nicht der Platz ist, wo sie beruflich Fuß fassen können."* sagt Doris Aubin. Von allen Beratern, ob sie kostenfrei oder gegen Bezahlung den Immigranten beim Start helfen, wird Networking als zentraler Punkt für den erfolgreichen Start in Kanada bezeichnet. *„Not to make Canadian friends and not to join clubs or attend events."*, wird von ihnen als einer der Fehler bezeichnet, die dem Erfolg im Wege stehen.

„Das sind ja keine Freundschaften, wie bei uns zu Hause.", ist dann oft die Antwort der Neuangekommenen. Was sie dabei übersehen ist, dass das Wort „Friends" zuerst als „Bekannte" zu übersetzen ist und nicht als „echte Freunde" (real friends). Man sollte also nicht darüber jammern, das man so mühsam unter diesen Bekannten „echte Freunde" findet - die kommen früher oder später, aber zuerst braucht man einen Job im neuen Land!

Das Networking nicht nur außerhalb von Unternehmen funktioniert, sonder auch innerhalb zeigt dieses Posting in einem englischen Forum. Es zeigt auch, wieso über 75 Prozent der Jobs nicht über Anzeigen besetzt werden. Es ist praktisch nichts anderes als beim Schachspieler im Café. Denn auch hier kennt ein Mitarbeiter den Bedarf an Arbeitskräften und gibt die Information weiter. Der Manager geht sogar mit dem Neuen zu seinen Kollegen, um ihn vorzustellen. Eine bessere Referenz kann man kaum erhalten.

„I had good news too last week. I had been taken on as „casual" (Gelegenheitsarbeiter) and undertook 3 weeks induction (Einarbeit), which finished last week. Nobody had told me what I might be doing afterwards, and I was getting nervous. It turns out I was right to be nervous cos though I'd been assured there'd be „plenty of work" in fact there wasn't any with the dept (Abteilung) that hired me!

However, my manager took me to meet another area manager who just said, „oh good, do you want to work P/T or F/T? Good I'll take you F/T til the end of March.... In fact do you want to apply for the F/T position that I'm just about to advertise???" So from not knowing if I'd have any regular work, I've suddenly got a F/T job, on a good salary too!"

P/T - part-time/Teilzeit - F/T - full-time - Ganztags

Wie auch im Beispiel mit dem Schachspieler, oder in den Erzählungen von A. E. Johann zu lesen, ist der Aufstieg vom Tagelöhner zum festangestellten Mitarbeiter sehr oft schneller möglich als man es erhoffte.

Canadian Experience 2

Der erste Job in Kanada ist am schwersten zu finden, ist immer wieder die Auskunft in allen Foren, wenn jemand erneut nach den beruflichen Chancen für Immigranten fragt. Dabei ist der inzwischen in Kanada genutzte Begriff „Canadian Experience" als höchste Hürde bekannt. Ab wann die Forderung nach beruflichen Erfahrungen in Kanada für die Hiring Manager so wichtig wurde, kann nicht genau gesagt werden. Fest steht, dass ab Ende der Neunziger diese Forderung mehr und mehr erhoben wurde. Man informierte damals die Immigranten vor der Einwanderung nicht über diese neue Hürde - es wurde geflissentlich von allen verschwiegen. Nach der Immigration wurden sie dann damit konfrontiert und praktisch erst einmal daran gehindert in ihrem erlernten Beruf zu arbeiten.

Ihre Beschwerden und Anklagen in den Internet-Foren machte diese Praxis bekannt (z. B. auf www.canadaimmigrants.com). Heute werden von allen Seiten Ratschläge erteilt, wie der Immigrant diese Barrikade überwinden kann. Es muss ja nicht für jeden eine Barrikade sein, aber für die meisten ist es eine und man sollte sich darauf vorbereiten.

Vereinfacht gesagt: jede Form der Beschäftigung (Employment) in der Arbeitswelt einschließlich Weiterbildung, die innerhalb von Kanada gemacht wurde, zählt als Canadian Experience. So lange man keinen bezahlten Job erhält zählt dazu auch „Volunteer Work", also freiwillige und unbezahlte Arbeit in allen sozialen oder kulturellen Organisationen. Wir kennen diese freiwillige Arbeit auch in Deutschland: Freiwillige Feuerwehr, Erste Hilfe Organisationen und Sportvereine sind nur die sichtbarsten Verbände, die auf Volunteer Work aufgebaut sind. In Kanada gibt es eine viel größere Anzahl an Möglichkeiten als Volunteer seine Canadian Experience zu erwerben - ein weiterer Vorteil ist dabei die Expansion des eigenen Networks.

Aber auch jede andere kurzfristige Arbeit, selbst zu Mindestlöhnen, wird als Berufserfahrung in Kanada anerkannt - der Aufstieg in besser bezahlte Jobs ist schnell möglich. Wie so etwas vor sich gehen kann beschrieb A. E. Johann, einer der besten Kanadakenner und Reiseschriftsteller vor und nach dem Zweiten Weltkrieg in seinem ersten Buch „Mit 20 Dollar in den wilden Westen", 1928. Was er als junger Mann als Einwanderer erlebte und in vielen Büchern erzählte hat auch heute seine Gültigkeit. Wie man dort Karriere machte beschreibt er in diesem kurzen Absatz: *„Ein junger Schleswig-Holsteiner hat in einem halben Jahr diese Karriere gemacht: Arbeiter in einer Sägemühle, Maurergehilfe, Streckenarbeiter bei der Canadian National Railway, Pächter eines Konfitürenladens, wo er pleite machte, weil er noch nicht genügend Englisch verstand, Pferdeknecht bei einem Rechtsanwalt, Schofför bei demselben Rechtsanwalt, Gehilfe des Anwalts, auf dem besten Wege, bei ihm Bürovorsteher zu werden. Schon damals bezog er ein monatliches Gehalt von 90 Dollar bei völlig freier Station, so daß er jeden Monat 70 Dollar auf die Bank tragen konnte."*

Heute kann man genauso gut bei McDonald's als Grill Person anfangen - wie das Beispiel im Résumé von Monster.ca zeigt, um dann von Job zu Job aufzusteigen. Einer der negativen Eigenschaften Deutscher ist, dass sie denken: Ich habe den ersten Job, und dort bleibe ich für immer. Was sie aber auch befürchten ist, dass sie aus diesem Job nicht mehr rauskommen und keine Karrierechancen mehr haben. In unterbezahlten Jobs die ersten Erfahrungen im neuen Land gemacht zu haben sehen sie als Schmutzfleck auf ihrer doch so schönen deutschen Karriere und Ausbildung an. Sie erkennen selten, dass den kanadischen Arbeitgebern dieser Fleck nicht im Geringsten stört, sondern sie es eher als Pluspunkt betrachten.

Von Ferdinand Kürnberger stammt ein Text aus dem Jahr 1855, der dies ebenfalls beschreibt. Ich bin immer wieder erstaunt, wie diese uralten Aussagen von heutigen Immigranten und Temporary Worker in den Foren bestätigt werden.

„Beharren Sie in keinem Zustande, der Sie nicht ganz befriedigt. Hüten sie sich überhaupt vor dem deutschen Triebe des Beharrens. Warum erschreckte Sie das Wort Tagelöhner so außerordentlich? Weil Sie es mit deutschem Ohre hörten, weil Sie sich unwillkürlich ein Beharren in die Taglöhnerei dachten. Behüte der Himmel! Tagelöhnern Sie ein paar Wochen, bis einige Dollars erspart sind zu der nächst besten Unternehmung, sparen. Sie bei dieser ein größeres Sümmchen zu einer noch vorteilhafteren Geschäftsart und fahren Sie so fort in diesem Staffelbau, es wird schneller gehen, als Sie denken."

Ich erhielt von einem Freund Anfang der Neunziger in Montréal diesen Text mit dem Titel „Rat an Auswanderer" ohne Bezug zur Quelle als Fotokopie. Ich gehe heute davon aus, dass dieser Text von Kürnberger zu der Erzählung „Der Amerika-Müde" gehört. Wie kritisch auch immer der Text von Kürnberger über Amerika in dem Buch ist - hier, in diesem kurzen Ausschnitt seiner Erzählung, beschreibt er exakt, was man tun sollte, wenn man als Immigrant Realist und erfolgreich sein will. *„Aber eins werfen Sie über Bord, wie die ausgediente Matratze eines Zwischendeckbettes - die deutsche Handwerks-Pedanterie. Sie könnten den Amerikanern eben so gut Ihre Fleißzettel aus der Schule vorzeigen, als daß Sie versessen sind auf das Handwerk, worin Sie Ihr „Meisterstück"* *gemacht. Die europäische Zunft war nur eine Schule des Handwerks; die Schule ist durchgemacht und nun fallen die Zünfte in Europa selbst, um wie viel mehr in Amerika. Wissen Sie, was hier Ihr Handwerk ist? Jedes Werk Ihrer Hand. Die Sache hat hier ihren ursprünglichen Wortbegriff. Finden Sie Ihr Handwerk im gewohnten europäischen Stile hier - gut; wo nicht, so ergreifen Sie das verwandte und vom verwandten wieder das verwandte, und durchlaufen Sie den ganzen Kreis wie eine Windrose, bis Sie den Punkt gefunden haben, auf dem schön Wetter wird."*

Volunteer Work / Freiwillige und unbezahlte Arbeit

In Kanada dreht sich alles ums Geld, wie auch sonst überall in der Welt. Das man arbeiten soll ohne dafür bezahlt zu werden, ist also nicht die Lösung, wenn man nur sich oder sogar seine Familie zu ernähren hat.

Wie bereits öfter erwähnt ist für viele Immigranten Volunteer Work aber der erste Einstieg in die kanadische Arbeitswelt. Diese freiwillige Arbeit sollte man aber von vornherein mit dem Ziel suchen, so schnell wie möglich eine bezahlte, erste Arbeitsstelle zu finden. „Gibt es denn nur noch unbezahlte freiwillige Arbeitsplätze in Kanada?" beklagte eine Deutsche die Situation in den Foren. Zur selben Zeit schrieb eine Frau aus Asien, dass sie zwar gezielt als Volunteer arbeitete aber gleichzeitig eine Weiterbildung absolviert, um die kanadischen Standards ihres Berufes zu erlernen.

Zu beobachten ist, dass für Handwerker und Facharbeiter viel seltener als erster Arbeitsplatz eine Stelle als Volunteer erforderlich ist, wie für Arbeitnehmer mit einer Ausbildung an Fachhochschulen und Universitäten. Aber auch ein Handwerker kann durch freiwillige Mitarbeit in der neuen Gemeinde wichtige Kontakte knüpfen. Die Tätigkeit als Volunteer wie ein Praktikum zu betrachten, ist möglicherweise die einfachste Form damit umzugehen.

Manch Deutscher oder Europäer wird nun mit den Kopf schütteln und sich fragen: „Was soll denn dieser Quatsch?" Damit erlebt er einen der „Kulturschocks" nach seiner Landung in Kanada. Er ist ja gewöhnt, dass zu Hause in Good Old Germany, der Staat alles regelt, organisiert und bezahlt.

Was er aber in Kanada vorfindet ist eine Tradition aus der Pionierzeit des Landes in der „ein Nachbar dem Nachbar" hilfreich zur Seite stand. Auf der Webseite www.volunteer.ca kann man im Text „About volunteerism in Canada" nachlesen was damit gemeint ist. Dort steht beispielsweise, dass es in Kanada mehr als 161.000 Organisationen mit über 6,5 Millionen Freiwilligen und 2 Millionen bezahlten Angestellten gibt. Diese Organisationen leisten gemeinnützige Arbeit, mit der sie dafür sorgen, dass es ihm und den Gemeinden in denen sie leben, besser geht.

Dass diese Fürsorge für die Gemeinde nicht nur auf den Schultern der kleinen Leute liegt, das versteht sich in Kanada von selbst. Jedes Unternehmen, das etwas auf sich hält und dazu zählen alle Global Player, stellt sich dieser Verantwortung. Drei Beispiele mögen dies verdeutlichen. Übrigens, auch deutsche Unternehmen sind in dieser Form tätig, wie man auf ihren Webseiten lesen kann.
Bombardier - Montréal - About Us > Social Responsibility - Corporate Social Commitment
Bombardier > Über uns > Soziale Verantwortung - Soziale Verpflichtung des Unternehmens

„Für Bombardier ist soziale Verpflichtung ein integraler Bestandteil seines Auftrags. Er kommt von den tiefen Wurzeln des Unternehmens in den Gemeinschaften, wo das Unternehmen präsent ist. Dies hat viele Formen und reflektiert den unterschiedlichen lokalen Bedarf und die Initiativen der Angestellten."

Nortel - Ottawa: Home > Corporate Information > Corporate Citizenship
Zuhause > Firmeninformation > Firmen-Staatsbürgerschaft

„Kunden rund um die Welt profitieren von unserem Engagement als führendes Technologie-Unternehmen und unsere Kultur der Innovation. Dieser Geist definiert die Firmen-Staatsbürgerschaft von Nortel (corporate citizenship) in den Gemeinschaften, in denen das Unternehmen zu Hause ist. Dies ist, was wir glaubt, einer der Grundlagen, um als Unternehmen ein guter Bürger (corporate citizen) zu sein. Und darum ist einer der Hauptprinzipien von Nortel: Unseren Angestellten zu ermächtigen, einen Unterschied in ihren Gemeinschaften zu machen."

Petro Canada - Calgary > Investing in Communities > Our Country, Our Future -
Petro-Kanada > investieren in Gemeinschaften > Unser Land, unsere Zukunft

„Unsere soziale Vision: Ein erfolgreiches Unternehmen zu sein, bedeutet mehr als nur Profit zu generieren. Eine aktive Mitarbeit in den Gemeinschaften (Making a difference in the communities), in denen wir leben und arbeiten, ist uns ebenfalls wichtig. Unsere soziale Vision konzentriert sich auf die Entwicklung von Talent, Sachkenntnis und Innovation durch Bildung. Wir stellen darüber hinaus eine intensive Unterstützung bereit, um grundlegende Aufgaben der Gemeinden, wie Armut, Kinderhunger, Familiengewalttätigkeit und Obdachlosigkeit zu beheben. (fundamental community issues)"

(Communities / Gemeinschaften - damit kann sowohl ein Dorf wie auch der Großraum Toronto oder Calgary gemeint sein.)

Man wird immer wieder bei den Unternehmen lesen: „und den Initiativen der Angestellten" oder auch „Unseren Angestellten zu ermächtigen, einen Unterschied in ihren Gemeinschaften zu machen". Das meint nichts anderes, als dass Angestellte dieser Firmen selbst in Not-for-Profit Organisationen als Freiwillige arbeiten und hin und wieder sogar für solche Tätigkeiten von Unternehmen von der Arbeit freigestellt werden. Und an diesem Punkt beginnt die strategische Überlegung. Wenn man bei Nortel einen Job bekommen möchte, dann macht es Sinn als Volunteer in Organisationen zu arbeiten, die von Nortel unterstützt werden. Wo sonst findet man so leicht Zugang zum Network rund um diesen oder andere Global Player?

That' the point!

Ich schreibe dies nicht rein rhetorisch oder auf der Basis von Recherchen. Ich habe damit selbst sehr gute Erfahrungen in meiner Zeit in Kanada gemacht. Neben der Freude und dem Spaß mit den anderen Volunteers und den bezahlten Mitarbeiter und Chefs hat es mir viel Gutes gebracht. Gutes in Form echter Freundschaften und ab und an in barer Münze oder wie man im Italo-Western sagte: „Ein paar Dollar mehr."

Hier noch ein Beispiel von der Webseite eines deutschen Global Players: „Wir bei ThyssenKrupp haben nicht nur Verantwortung gegenüber Aktionären, Kunden und Mitarbeitern, sondern auch gegenüber vielen anderen, die nicht unmittelbar mit uns zu tun haben. Dazu gehört die Gesellschaft, die in ihren Wünschen, Träumen und Erwartungen immer vielschichtiger wird. Aber auch die Umwelt ist darauf angewiesen, dass man behutsam mit ihr umgeht."

Das klingt zwar im ersten Moment, wie eine übliche PR-Aussage, aber es war die Belegschaft von ThyssenKrupp, die den Vorstand überzeugte, dass ihr Unternehmen diese Verantwortung für die Gesellschaft zu übernehmen hat - wie mir ein Insider erklärte. Einerlei, wie man diese Aussagen bewertet, den Einstieg in einen Job über diesen Weg sollte man in Kanada nicht unberücksichtigt lassen. Es sind wieder die Settlement Organisationen, die dazu als Erste Informationen vermitteln.

Der verborgene Stellenmarkt - the Hidden Job Market

„Wieso ist ein Pfarrer der lutherischen Kirche in den Prärien ein Stellenvermittler" fragte sich 1927 A. E. Johann. Er kam gerade aus B.C. um bei der Ernte zu arbeiten, aber da sein angekündigter Job schon weg war half ihm der Pfarrer der örtlichen Gemeinde bei der Arbeitssuche. Dieser erklärte ihm, dass sich die über den weiten Westen verstreuten Pfarrer dieser Kirche alle offenen Stellen mitteilten, die sie dann an neu angekommene Immigranten vermittelten. Auch das gehört zum „Hidden Job Market" und was im Jahre 1927 üblich war, das ist auch heute noch weit verbreitet.

Der kanadische Arbeitgeber vertraut nicht nur auf Stellenanzeigen, Arbeitsamt, Agenturen oder Internet, um neue Mitarbeiter zu finden. Er setzt ebenso auf das Network seiner Mitarbeiter, die die Nachricht über offene Stellen in ihren Bekanntenkreisen: Bar, Kirche, Sportverein oder wo auch immer, verbreiten. Auch wenn diese Information erst über einen Zweiten oder Dritten an den Arbeitssuchenden gelangt, sie ist immer noch aktuell. Der Boss konnte sich halt in den Tagen der Besiedlung Kanadas nicht auf ein deutsches Arbeitsamt stützen - er nutzte, neben dem kanadischen Arbeitsamt, sein eigenes Network und das seiner Mitarbeiter. So handelt er heute auch noch und selbst dann, wenn er Hiring Manager eines Global Players ist.

Diese traditionelle Arbeitsvermittlung des Netzwerks integriert heute ebenso das Internet. Der Bekanntenkreis, das Network, kann selbstverständlich auch Mitglieder von Internet-Foren einschließen.

Direkten Kontakt zu den Unternehmen aufnehmen

Nehmen sie das Telefonbuch, suchen sie sich ihre Arbeitgeber aus und rufen dort direkt an, um nach einer freien Stelle zu fragen, so lautet kurz gesagt eine der Empfehlungen von HRSD an die kanadischen Jobsucher. Nicht nur für Deutsche klingt das ungewöhnlich oder unglaubwürdig, aber für Kanadier ist das eine der akzeptierten Möglichkeiten zu einem neuen Job zu kommen. Das ist auch von Europa aus möglich!

Was bei einem solchen direkten Kontakt der Unterschied zu einer Reaktion auf eine Anzeige ist, das ist die Eigeninitiative. Auf Anzeigen antworten hunderte und manchmal tausende von Bewerbern. Wählt man diesen Weg, dann ist man möglicherweise der erste und einzige Bewerber. Die Förderprogramme für den Landet Immigrant empfehlen alle diese unterschiedlichen Möglichkeiten auf dem kanadischen Arbeitsmarkt Fuß zu fassen.

Ob man nun das Telefon oder das Internet für diesen ersten Kontakt nutzt, dass muss jeder selbst entscheiden. Kommt man aber telefonisch bis zum Hiring Manager / den Personalchef durch, dann hat dieser auch „vier Minuten" Zeit sich mit dem Anrufer zu unterhalten. Aber nicht mehr als vier Minuten! Wer dann bereits so gut Englisch sprechen kann, um diese vier Minuten optimal zu nutzen, hat seine Chance verbessert. Allerdings sollte niemand annehmen, dass man in der heutigen Zeit nur ein oder zwei Telefonate zu führen braucht, um einen Job in Kanada zu finden. Da telefonieren im Ortsbereich kostenfrei ist, kann man also so viele Arbeitgeber anrufen, wie notwendig sind, um einen neuen Arbeitsplatz zu erhalten.

Berufsanerkennung 2

Wer auf die Frage eines Arbeitgebers: „Can you do the Job?" mit „Yes" antwortet, der wird kaum noch nach Papieren gefragt, die seine Aussage beweisen, sondern direkt eingestellt. Diese Behauptung hat man danach durch seine qualifizierte Arbeit zu beweisen und daraus ergibt sich die „Berufs-anerkennung" vom neuen Boss.

Ich schreibe hier also nicht über die Notwendigkeit der Berufsanerkennung durch Berufsorganisa-tionen für regulierte Berufe, sondern über die Bereitschaft des Boss dem Neuen eine Chance zu geben, seine Qualität als Mitarbeiter zu beweisen. Ein Meisterbrief oder was auch immer für ein Zertifikat ist dann nur noch zweitrangig. Der Boss kann ja in Kanada dem neuen Mitarbeiter sofort kündigen (hire and fire), sollte sich herausstellen, dass er seine Arbeit doch nicht gut kann. Diese Einstellungspraxis ist besonders oft zu finden, wenn man über sein Network zu einem Gespräch mit dem Arbeitgeber vermittelt wird. Das kann man ebenso im Handwerk, Büro, Handel und Ver-trieb finden, diese Form der „Berufsanerkennung" beschränkt sich nicht nur auf Handlanger-Jobs, sondern ist ebenso bei Managern zu beobachten.

Im folgenden Text, über die Berufsanerkennung durch Berufsverbände, nutze ich als Beispiel die Berufe in der Baubranche. Was hier beschrieben wird, das gilt sinngemäß für alle Berufe im Büro, Handel, Vertrieb, Gewerbe und Industrie, für die eine längere Ausbildung notwendig ist. Statt eines Journeyman Certificate nennt es sich dann beispielsweise ein Bachelor oder Master Diplom - je nach Beruf und Ausbildungsanforderung. Weitere Details findet man auf der Webseite von careersintrades.ca und über die dort vorhandenen Links, sowie in der NOC Liste.

Natürlich sind Diplome, Zeugnisse und Zertifikate dann notwendig, wenn sie zur Ausübung des regulierten Berufes erforderlich sind. Dass Fachausbildung in Kanada selbstverständlich ebenso wie in Deutschland gefragt ist, wird meistens nur bei den regulierten Berufen sichtbar und in den Foren diskutiert. Aber sie wird in allen qualifizierten Berufen früher und später notwendig, wenn man sein Einkommen steigern will.

Ein gutes Beispiel dafür ist der Bausektor. Für diesen wurde erst vor kurzem eine not-for-profit Organization gegründet: The Construction Sector Council (CSC), die nun erstmals von Küste zu Küste / „coast to coast" eine Plattform für eine Karriere in dieser Branche ist. Hier finden heute alle interessierten Berufsanfänger oder Immigranten umfangreiche Informationen über Karrieremöglich-keiten, Aus- und Weiterbildung und Chancen in allen Provinzen, für Berufe in diesem Wirtschafts-bereich. Solche Plattformen oder Internet-Portale gibt es praktisch von allen Berufsverbänden.

Die Webseite www.careersinconstruction.ca ermöglicht es jungen Menschen, Ausbildern, Immi-granten und Temporary Worker vom Gehalt bis zu Videointerviews mit Arbeitern jegliche Informa-tion abzufragen. Es werden dort 36 Berufe vorgestellt und wer weiß schon was ein „Cribber" ist. Es handelt sich hier um Kanada-Englisch und das Wort bedeutet in Britisch-Englisch „Formwork carpenter" was in Deutsch ein „Einschaler" ist. In der NOC Liste findet man dies dann unter der Nummer 7271 annähernd genau als „concrete forms carpenter", während die NOC Liste mit dem Wort Cribber auch nichts anzufangen weiß.

Nur, der Arbeitgeber kennt diese Berufsbezeichnungen und da die Aufgaben / Duties sehr genau beschrieben werden kann man selbst vergleichen, ob eine kanadische Bezeichnung dem in Deutsch-land erlernten oder zurzeit ausgeübten Beruf entspricht. Hier als Beispiel die kanadische Bezeich-nung von 36 Berufen der Baubranche, die auf der Webseite vorgestellt werden. Es sind Berufe für die eine erneute Berufsanerkennung - Lizenz - notwendig wird. Es sind aber auch alles Berufe in denen man in Kanada gutes Geld verdient und die in der einen oder anderen Provinz dringend gesucht werden.

Ich übersetze die kanadischen Berufsbezeichnungen nicht - auch nicht in den anderen Texten. Die genaue Berufsbezeichnung ist nur in Verbindung mit den „Duties" für den Skilled Worker erkenn-bar. Da nur er oder sie die eigenen und derzeitigen Duties kennt, kann auch nur er oder sie diese kanadischen Bezeichnungen in korrekte deutsche Bezeichnungen übersetzen. OK, es ist wie ein Kreuzworträtsel - recht kompliziert.

To find out more about careers in the construction industry, click on any of the 36 trades and occu-pations listed below.

Blaster/Driller
Boilermaker
Bricklayer
Cabinetmaker
Carpenter
Concrete Finisher
Construction Craft Labourer
Crane Operator
Cribber
Electrician
Elevator Constructor
Estimator
Exterior Finisher
Floor Covering Installer
Framer
Gasfitter
Glazier/Metal Mechanic

Heat and Frost Insulator
Heating, Ventilation, Air Conditioning and Refrigeration Mechanic
Heavy Equipment Mechanic
Heavy Equipment Operator
Interior Finisher
Ironworker
Landscaper
Lineworker
Millwright
Painter and Decorator
Plasterer and Drywaller
Plumber
Roofer
Sheet Metal Worker
Sprinkler Fitter and Sprinkler Systems Installer
Steamfitter/Pipefitter
Surveyor
Tilesetter
Welder

Jeder dieser Berufsnamen ist auf der Webseite ein Link und führt dann zu einer Seite auf der dieser Beruf ausführlich beschrieben wird. Dort werden auch die Ausbildungsmöglichkeiten und Ausbildungsstätten vorgestellt und das Minimum und Maximum Gehalt mitgeteilt. Die Seite hat mehr als 600 Links zu weiteren Informationen. Diese Informationen betreffen auch andere Wirtschaftszweige und alle Provinzen.

Solche Informationen zu den Berufen findet man sonst meistens nur über die NOC Liste oder auf entsprechenden Seiten der Provinzen. (Siehe auch NOC Liste Berufsbezeichnung finden) Zu beachten ist, dass auf der NOC Liste jeder dieser Berufe eine Menge weitere spezialisierte Berufe einschließt. Beispielsweise ist der Beruf Elektriker / Electrician in drei Hauptgruppen unterteilt:

7241 - Electricians (Except Industrial and Power System)
7242 - Industrial Electricians
7241- Power System Electricians

Unter der Nummer 7241 - Electricians sind folgende Berufe vom Lehrling bis zum Gesellen aufgezählt:
Apprentice construction electrician
Apprentice electrician
Apprentice electrician, construction
Building construction electrician
Building electrician
Construction and maintenance electrician
Construction electrician
Construction electrician apprentice
Domestic and rural electrician

Electrical fixtures installer
Electrical wirer, construction
Electrical wiring installer - construction
Electrician
Electrician - military
Electrician - troubleshooter
Electrician, building construction
Electrician, construction and maintenance
Electrician, institution
Journeyman/woman construction electrician
Residential construction wirer
Residential wireman/woman
Wirer, residential construction
Wiring electrician

Das als kurze Information zur NOC Liste. Diese Auflistung ist deshalb so ausführlich, um zu ver-deutlichen, dass ein kanadisches Unternehmen oder auch CIC erstmal wenig mit der Berufsbezeich-nung Elektriker anfangen kann. Erst die ausführliche Beschreibung der Aufgaben / Duties, die der Elektriker tatsächlich zurzeit der Bewerbung oder bei der Antragsstellung ausübt, lässt den Hiring Manager erkennen ob er den Bewerber engagieren will.

Da die Webseite careersinconstruction.ca die Erste war, die von Küste zu Küste solche Informatio-nen anbietet bringt sie auch einen weiteren wichtiger Hinweis: „Gold Seal training on-line". Das Red Seal ist ja bereits erwähnt worden. Eines oder beide Diplome braucht man, soll die Karriere nicht als Geselle / „Journeyperson / Journeyman" in einer Provinz enden, und wenn man bei landes-weit operierenden Unternehmen in einem lizenzierten Beruf mehr Geld verdienen will. Sie sind also für die Berufsanerkennung innerhalb Kanadas in einigen Fällen notwendig. Das Red Seal Zertifikat ermöglicht einen Journeyman in allen Provinzen des Landes zu arbeiten. Man kann es im übertra-genen Sinne als Gesellenbrief plus Fortbildung bezeichnen. Das Gold Seal braucht jeder der als Vorgesetzter in diesen Berufen bei großen Unternehmen angestellt werden will. Vergleichen kann man dieses Zertifikat mit einem Meisterbrief. Diese Weiterbildung kann inzwischen auch als Fern-kurs über das Internet gemacht werden - „Gold Seal training on-line". (www.cca-acc.com/goldseal/index.htm) Damit besteht die Möglichkeit mit diesen Kursen bereits von Europa aus zu beginnen.

Über die Post-Secondary Ausbildung zum Gesellen - also eine Lehre / Apprenticeship - mehr im Kapitel Weiterbildung und Schulsystem in Kanada.

Prüfungen / Examen für regulierte Berufe

In einem Forum der Engländer, die bereits in Kanada leben, wurde zum Beruf Elektriker folgendes gesagt: *„Remember, it is not a test created for immigrants, you are taking the same test that a 4th level apprentice takes after his 10 weeks of ‚off the job schooling‘, so you are at an instant disad-vantage!"*

Dieses Examen, das ein kanadischer Lehrling / Apprentice als Elektriker nach vierjähriger Ausbildung / Apprenticeship inklusive einer abschließenden zehnwöchigen Schulung zu bestehen hat, ist also nicht als leicht einzustufen. Die theoretische Fragestellung mag dabei noch nicht einmal so unterschiedlich zu einer deutschen Prüfung sein aber die Sprache ist ein „Slang" der Anglokanadier, den selbst Briten nur schwer verstehen. Diese sagen dazu: „ ... *pay attention to the terminology as this may differ from the uk.* "

Hinzu kommt in B.C. noch folgende Situation: „ *I am not sure about your trade, but Electrician is licensed meaning you can only work as either an apprentice or Journeyman (they have outlawed ‚helper') something I want to bring up with my branch as this does not consider immigrants who are unable to work, even if they are prepared to Apprentice for a while. - Darren* "

Das heißt, ein gestandener deutscher oder europäischer Elektriker und selbst ein Elektriker-Meister muss in B.C. erst einmal seine Prüfungen erneut machen und darf in der Zwischenzeit nicht in diesem Beruf als „Helfer" oder Geselle arbeiten! Er kann dann als Apprentice arbeiten, bis er die Prüfung bestanden hat. Zu beachten ist hier wieder, dass dies von Provinz zu Provinz verschieden gehandhabt wird. Jeder hat sich genau über die Bedingungen in seiner bevorzugten Provinz zu erkundigen.

Kaum jemanden gelingt es solche Examen beim ersten Mal ohne entsprechende gründliche Vorbereitung zu bestehen. Der Elektriker musste es wiederholen während ein Schweißer / Welder seine Prüfung nach gründlichem Studium der Fachbücher / Manuals direkt bestand. Von dem Welder stammt das Zitat, dass man auf die unterschiedlichen Bedeutungen von Fachbegriffen zu achten hat. Über diese verwirrende Sprache / „baffling jargon" wunderten sich auch eingewanderte Krankenschwestern, die nach sechsmonatigen Vorbereitungskursen die Prüfungen für ihren Beruf machten. Dasselbe berichteten auch Berufskraftfahrer aus Deutschland, die nun als Trucker in Kanada arbeiten. Dieser Jargon wird als „occupation-specific English language component" bezeichnet. Das gibt es ja auch in Deutschland von Nord nach Süd und ist hier als „berufsspezifischer deutscher Sprachbestandteil" bekannt - Bayrisch, Platt oder ...

Über was sich der britische Klempner / Pipefitter (pipe-fitter) in Alberta, der kein Heizungsinstallateur / Steanfitter ist, besonders wunderte ist die Tatsache, dass von seinen kanadischen Arbeitskollegen keiner diese Prüfungen gemacht hatte. Auch sein Chef hatte keine Ahnung über diese Prüfung! Von Ihm stammte die Anfrage im Forum und er befürchtete, dass die Prüfung eine Richtung nimmt, die er nicht in England gelernt hatte. Sein Kommentar dazu war: „*No one I work with has a journeyman's certificate, so have not challenged the exam themselves. Seems a bit strange that I am fully qualified in England, so more qualified than my Canadian colleagues, but I have to sit an exam to work in my trade, but Canadians can work with no qualifications, I thought Canada needed skilled immigrants!!! (Siehe dazu Learning bei doing)*

„*Niemand, mit dem ich arbeite, hat die Bescheinigung zum Gesellen, keiner hat die Prüfung auf sich genommen. Scheint ein bisschen seltsam, dass ich in England vollständig qualifiziert bin, mehr qualifiziert als meine kanadischen Kollegen, aber ich muss eine Prüfung bestehen, um in meinen Beruf arbeiten zu dürfen, aber Kanadiern können ohne Qualifikationen arbeiten, ich dachte, dass Kanada Fachimmigranten braucht !!!*"

Das ist so - Punkt

Sich darüber aufzuregen, dass viele Kanadier keine Journeyman Cerificat haben, hilft dem Immigranten derzeit nichts. Alle Versuche diese Situation zu Gunsten der Immigranten zu verbessern, das heißt, ihre ausländische Ausbildung schnell und voll anzuerkennen, sind bisher gescheitert. Die Versprechungen und derzeitigen Aktivitäten der Politiker, dies zu ändern werden erst in Jahren oder Jahrzehnten zu Resultaten führen. Aber es sind nicht die Politiker, die das wirklich verändern können, es sind die Berufsorganisationen, die in der Pflicht stehen es zu ändern. Das Problem ist seit Jahren bekannt und Versuche der Politiker die Verbände zu zwingen etwas zu tun sind bereits gestartet. Bis sich aber wirklich was ändert wird noch „viel Wasser den Yukon runterfließen".

Was in diesem Tread noch deutlich wurde, dass ist die Komplexität der englischen Sprach in Kanada selbst für Engländer. Wie ergeht es da erst einem Deutschen, der mit seinem britischen Schulenglisch nach Kanada kommt und eine solche Prüfung zu bestehen hat? „PS" - schrieb der englische Schweißer / Welder: „... *nehmt einen Taschenrechner mit zur Prüfung!*"

Die Berufsanerkennung ist, wie gesagt, auch für Akademiker, Manager in regulierten Berufen, wo man beispielsweise einen Anzug oder weißen Kittel trägt, immer ähnlich kompliziert oder sogar schwerer. Besonders schlimm ist die Situation für Ärzte, auch wenn es in diesem Beruf langsam besser wird. Jeder erhält für seinen Beruf nur über die Webseite der zuständigen Berufsorganisation seiner Wunsch-Provinz die aktuellen Informationen - denn es ist das Hoheitsrecht der Provinzen und deren Berufsverbände die Bedingungen und Regeln festzuschreiben.

Achtung: Für Mediziner sind die Probleme extrem kompliziert.

Wer als Doktor der Medizin vorhat nach Kanada auszuwandern, der sollte sich sehr genau über seine zukünftige Situation in der neuen Heimat informieren. Der Chirurg, der im Kapitel Weiterbildung beschrieben wird, war eine dringend gesuchte Fachkraft und für diesen Bedarf gab es ein Sonderprogramm. Für „Hausärzte" ist die Situation aber anders. Es gibt kaum Sonderprogramme für sie. Jede Provinz hat da ihre eigenen Probleme, mit der Beschäftigung ausländischer Ärzte. Jede hat auch ihre eigenen Regeln und eventuell sogar Sonderprogramme. Den Politikern gefällt nicht, was die verantwortlichen Berufsverbände machen, aber sie können kaum etwas ändern. Die Anerkennung der Berufsausbildung ist kompliziert, langwierig und teuer. Informationen dazu findet man über die Webseiten in der Link-Liste und über die der Provinzregierungen für Immigranten.

Résumé 2

Die bisherigen Informationen in diesem Kapitel machen deutlich, dass ein Résumé, das in Kanada geschrieben wird, Details enthalten sollte, die in einem deutschen Résumé nie stehen würden. Canadian Experience, Weiterbildung, Berufsanerkennung, Volunteer Work sind nur einige der Details, die ein Résumé zu ergänzen haben.

Das ein up-to-date Résumé immer wieder in einem verbesserten Stile geschrieben wird, angepasst an die Bedürfnisse und Wünsche der Hiring Manager, ist normal. Da auch Agenturen und Agenten, wie beispielsweise Manpower, ihre Jobsucher / Job Seekers gut und schnell vermitteln wollen sind sie dabei besonders kreativ. Bei Manpover.ca findet man im „Carreer Resource Centre" den Satz: „Our

Challenge-Actions-Results exercise should help you …" und weiter: Identify your accomplishments/ Identifizieren Sie Ihre Leistungen. Ein weiterer Satz sagt kurz und bündig: „Accomplishments can be professional or personal. / Leistungen können professionell oder persönlich sein. Das sind dann so Worte, wo man sich fragt: Wie ist das gemeint oder wie soll man es übersetzen?

„Our Challenge-Actions-Results exercise should help you …"
„Unsere Herausforderungstaten-Ergebnisübung sollte Ihnen helfen...", sagt das Computer-Überset-zungsprogramm - Lustig! Gemeint ist: Die cleveren Agenten bei Manpower haben eine Bewerbungs-Technik mit dem Namen „Challenge-Actions-Results" (CAR) entwickelt, die dem Arbeitsuchenden helfen soll, schnellstens einen Job zu bekommen. Manpower erläutert die CAR Formel so:

The C-A-R formula
C - the CHALLENGE you faced.
A - the ACTION that you took.
R - the RESULTS you obtained.

C - die Herausforderung, der Sie gegenüberstanden.
A - die Aktion, die Sie ausführten. (diese zu lösen.)
R - die Ergebnisse, die Sie erarbeiteten. (den Profit, den sie erzielten)

Was hat eine solche Bewerbung noch mit dem deutschen Lebenslauf oder dem Curriculum Vita der Arbeitsagentur zu tun? Aber auch nicht das geringste!

Manpower schreibt, dass nicht mehr lange Stellenbeschreibungen / job descriptions ins Résumé einzubauen sind, sondern man diese CAR Formel nutzen soll, um seine Leistungen optimal zu prä-sentieren. Es ist in Kanada ein Fehler „sein Licht unter den Scheffel zu stellen". Wer in Kanada als Immigrant landete kann kostenfrei Kurse besuchen, in denen ihm diese Technik vermittelt wird. Ebenso sind alle Internet-Jobbörsen voller Informationen - kostenfrei - für Temporary Worker und Immigranten, wie man ein gutes Résumé, Resumé oder Resume schreibt. Jeder sollte diese Informa-tionen nutzen. Sie alle hier im Buch vorzustellen würde bedeuten, ein Buch im Buch zu schreiben. In Kanada ist es nun immer öfter üblich, statt Résumé nur noch „Resume" zu schreiben.

Internet Résumé und Bewerbung

Im Internet gibt es unzählige Seiten der unterschiedlichsten Unternehmen und Organisationen, die den Jobsucher mit Rat und Tat beim finden einer neuen Arbeitsstelle unterstützen. Meine Empfeh-lung ist es, diese Webseiten zu besuchen und die dortigen Informationen für die eigene Bewerbung zu nutzen. Dort findet man auch Informationen über den Unterschied von einem normalen Résumé und einem E-Resume für das Internet. Hier einige Links zu solchen Seiten und weitere sind am Ende des Buches in der Link-Liste aufgeführt.

www.ca.manpower.com/cacom/index.jsp
www.rileyguide.com/eresume.html
www.quintcareers.com
www.jobsetc.ca/az_index.jsp?lang=e

Nicht mehr als 25 Prozent seiner Zeit sollte man bei der Jobsuche für das Internet investieren, lautet eine Faustregel der Fachleute für den Arbeitsmarkt in Kanada. Das entspricht der Aussage, dass mehr als 75 Prozent der Stellen über andere Kanäle, wie beispielsweise den Hidden Job Markt, vermittelt werden.

Auf der Webseite von www.quintcareers.com wird dies unter dem Titel „A Guide to Job-Hunting on the Internet" kurz dargestellt und einer der dortigen Links führt zu der Webseite „The Riley Guide". Dort wird unter dem Titel „Prepare Your Resume for Emailing or Posting on the Internet" ausführlich beschrieben, wie ein E-Resume aussehen soll. Dabei wird ausdrücklich betont, dass nicht der Inhalt sondern nur die Formatierung zu ändern ist. Dadurch soll die Arbeit mit dem E-Resume und den weiteren Anschreiben erleichtert und das Senden optimiert werden. Von dieser Webseite stammt die Information auf www.job-hunt.org nach weiteren Informationen über das platzieren von Résumés zu recherchieren. Die findet man dort unter dem Link „Online Job Hunting Basics".

Mit dem Suchwort „e-resume canada" findet man eine große Anzahl von weiteren Angeboten zu diesem Thema. Eins sei wichtig, wird immer wieder erwähnt: Man soll nicht zu einem „resume-spammer" werden. Das heißt, weniger ist besser.

Sicherheitsfrage bei Staatsaufträgen von Unternehmen

Als Immigrant wird man ja, vor Genehmigung seines Antrages durch CIC, von den kanadischen Sicherheitsbehörden überprüft ob man nicht ein Risikofaktor für die innere oder äußere Sicherheit Kanadas ist. Ohne diese Prüfung darf man nicht als Permanent Resident ins Land. Wer nun im Land ist und bei einer Firma arbeiten möchte - dazu auch qualifiziert ist - die für die kanadische Regierung arbeitet, der muss sich oft erneut einer Sicherheitsprüfung unterziehen. Die dauert dann auch wieder Monate oder Jahre und da keiner dieser Arbeitgeber Lust verspürt solange auf seinen neuen Mitarbeiter zu warten wird der Bewerber direkt abgelehnt. Er wundert sich warum und nur über Umwege wird er erfahren, dass solche Firmen bevorzugt kanadische Staatsbürger einstellen, da deren Sicherheitsüberprüfung auch während ihrer Anstellung durchgeführt werden kann. Das ist neben der Canadian Experience eine Hürde über die sich jeder rechtzeitig im Klaren sein sollte, um nicht Bewerbungen an Firmen zu senden, die ihn so oder so nicht einstellen werden.

Eine Story aus „besseren Zeiten"

Einwanderung .. Kanada... Submitted by Hans-J. on Mon, 27/06/2005 - 13:02.

Hello,

Habe mit viel Interesse gelesen... wie es nun mit der Einwanderung nach Kanada geht. Ich denke, dass ich mir doch erlauben kann ein paar Zeilen zu schreiben. Ich bin in 1961 (richtig, 1961) nach Kanada gekommen um fuer zwei Jahre zu studieren und zu reisen. Es war die beste Entscheidung die ich gemacht habe. Habe hier studiert, und dann durch meine amerikanische und kanadische Arbeitgeber in siebzehn (17) verschiedenen Laendern der Welt geliebt, gelebt und gearbeitet.

Aber trotzdem immer gerne nach Kanada zurueckgekommen. Habe nie probleme gehabt Arbeit zu finden...habe nie resumes ,rausgeschickt. Falls ich einen job haben wollte, habe ich mich persoenlich bei meinem neuen Boss (whatever his title) vorgestellt und meistenteils sofort Arbeit gefunden. Nicht immer „top jobs", aber alle brachten Geld ein und waren „stepping stones to bigger and better jobs".

Wenn ich so lese, dass da 40 oder 50 resumes ,rausgeschickt werden und man dann keine Antwort bekommt, muss ich nur meinen alten Kopf schuetteln. Wo ist die Abenteuerlust, the spirit of adventure, energie and initiative bei Euch????

Oh, moechte noch dazufuegen, ich bin nun 67 Jahre jung, und habe vor 6 Monaten ein neues Geschaeft aufgemacht. Ich wohne jetzt am Lake Ontario, und gehe sehr oft mit dem Segelboot ,raus auf den See. Und wie beim Segeln so ist es auch im Leben. „ We cannot direct the wind...But we can adjust the sails. "

Das schreibt Hans. Mein Kommentar dazu: Ja, früher war alles einfacher und besser - auch in Deutschland. Damals, zu Beginn der Sechziger, hatten wir auch in diesem Land eine Arbeitslosenquote um die 3 Prozent und es begann die Zeit der Gastarbeiter. Wie schwer diese es damals und auch Jahrzehnte später hatten ist oft beschrieben worden. Ein Buch in Englisch heißt „A Seventh Man" by John Berger and Jean Mohr, Pelican Original, 1975. Es beschreibt die Situation der Migrant Worker in Europa - lesenswert, wenn man es noch über ebay findet.

HRSD -
Kanadisches Arbeitsministerium

Früher: Human Resources and Skills Development Canada - HRSDC
Heute: Human Resources and Social Development - HRSD
Der Link ist derzeit unverändert: www.hrsdc.gc.ca

Beide Abkürzungen findet man noch im Internet auf den Seiten von CIC und anderer Behörden in Kanada und sie bezeichnen ein und dasselbe Ministerium. Jede neue Regierung in Ottawa gibt diesem Ministerium einen neuen Namen. Das C stand für Canada und das S nun für Social und nicht mehr für Skills. Beim nächsten Regierungswechsel wird das C wieder hinzugefügt und das S neu definiert.

„Bundesministerium für Arbeit und Soziales" nennt man es in Berlin, in Düsseldorf ist es das „Ministerium für Arbeit, Gesundheit und Soziales des Landes Nordrhein-Westfalen", in Hannover das „Niedersächsische Ministerium für Soziales, Frauen, Familie und Gesundheit" und in München heißt es dann „Bayerisches Staatsministerium für Arbeit und Sozialordnung, Familie und Frauen". Diese Ministerien verwechseln wir in Deutschland nicht mit der Agentur für Arbeit/Arbeitsagentur - früher auch mal als Arbeitsamt bezeichnet.

Das HRSD wird aber sehr häufig und von vielen Seiten vereinfacht als Arbeitsamt bezeichnet. Es ist aber nicht nur Arbeitsamt, diese Funktion hat es ebenfalls, sondern umfasst alle Aufgaben die auch die deutschen Ministerien des Bundes mit Bezug zur Arbeitswelt haben. Für Gesundheit, Familie und Frauen gibt es in Kanada auf Bundesebene zwei weitere Ministerien.

Gegner und Freund
Was ist die NOC - Liste?
Sonderprogramme für Berufsgruppen und Industrien
Warum muss der Arbeitgeber die Genehmigung des HRSD erhalten?
Was muss der Arbeitgeber tun, damit er sie erhält?
ACHTUNG FALLE
Wann braucht man keine Genehmigung von HRSD?
Warum lehnt HRSD einen Jobvertrag ab?
Kann in diesen Fällen ein Berater helfen?
Immigrant und Temporary Worker - welcher Unterschied macht HRSD bei der Beurteilung?
Diskriminierung am Arbeitsplatz - wie kann ich Hilfe erhalten? Beispiel Live-in Caregiver
Ab wann erhält man Arbeitslosengeld?
Bad Story

Gegner und Freund

Das Ministerium Human Resources and Skills Development (Canada) (HRSD) kann für den Arbeitnehmer Freund oder Feind sein. Lebt man im Ausland und möchte nach Kanada, um dort als Skilled

Worker auf Zeit zu arbeiten oder als Immigrant für immer im Land bleiben, dann sind die Vorschriften und Regeln dieses Ministeriums erst ein Mal eine Barriere, die überwunden werden muss. HRSD wird deshalb als Feind angesehen.

Dabei ist das gleiche Ministerium auf der anderen Seite der Freund und Beschützer der Arbeitnehmer in Kanada. Das ist für Deutsche auf dem ersten Blick schwer verständlich, da sie nur die Prozeduren des deutschen Arbeitsamtes - der Arbeitsagentur - kennen.

Der zentrale Auftrag dieses Ministeriums ist der Schutz des kanadischen Arbeiters. Das ist ein Auftrag, der auch Schutz vor unseriösen Arbeitgebern bedeutet und das geht weit über den Auftrag der Arbeitsagentur in Deutschland hinaus. Das HRSD verteidigt die gesetzlichen Rechte der Arbeitnehmer notfalls vor Gericht gegen den Arbeitgeber. Weitere Aufgabenbereiche sind beispielsweise die Arbeitslosenversicherung (Emploment Insurance - EI), Aus- und Weiterbildung, Rente (Old Age Security - OAS) und die Förderung des Arbeitsmarktes.

Kurz gesagt, das HRSD „works to improve the standard of living and the quality of life of all Canadians… „ - … arbeite daran den Lebensstandard und die Lebens-Qualität aller Kanadier zu verbessern…

Der Schutz der kanadischen Arbeiter (Workers / Professionals) umfasst daher auch die Aufgabe, unerwünschten Ausländern das Arbeiten in Kanada zu verbieten. Diese Aufgabe wird in Zusammenarbeit mit CIC durchgeführt. Stellt man als Ausländer einen Antrag auf ein Permanent Residence Visa oder ein Work Permit, dann überprüft das HRSD die Arbeitsverträge und die Qualifikationen der Arbeitnehmer auf ihre Richtigkeit, sowie den Arbeitgeber auf seine Berechtigung einen Ausländer beschäftigen zu dürfen. Bei dieser Prüfung wird ein Unterschied zwischen Immigranten und Temporary Worker gemacht. Dazu später mehr.

Stellt das HRSD fest, dass die geforderten Bedingungen von Seiten des Arbeitnehmers oder Arbeitgebers nicht erfüllt werden, lehnt es Anträge ab. Diese Ablehnung wird von CIC übernommen, ohne die Fakten erneut zu überprüfen. Praktisch ist also das HRSD eine Hürde für ausländische Arbeitnehmer, die jeder sehr ernst zu nehmen hat. Oder anders herum - reicht man einen normalen Antrag auf ein Work Permit bei CIC ohne Bestätigung von HRSD ein, dann lehnt CIC diesen Antrag ebenfalls direkt ab. Ausnahmen gibt es nur unter den Sonderbedingungen für spezielle Berufe, die auf der Webseite von HRSD gelistet sind.

Für den Immigranten bedeutet dies den Verlust von 15 Punkten bei der Bewertung. Das heißt aber nicht, dass der Antragsteller das Permanent Residence Visa nicht erhalten kann. Er erhält es ja auf Grund seiner gesamten Qualifikationen. Für den Temporary Worker ist die negative Entscheidung vom HRSD das Ende seines Traumes, in Kanada zu arbeiten. Zumindest vorerst, da er natürlich zu einem späteren Zeitpunkt einen neuen Antrag stellen kann, das gilt auch für den Immigranten.

Was ist die NOC Liste?

Für jeden Arbeitnehmer und Arbeitgeber in Kanada ist das System „National Occupational Classification 2001" (NOC Liste) eine der wichtigsten Quellen, um über Berufe, ihre Voraussetzungen und

Perspektiven Informationen zu erhalten. Für Immigranten und Temporary Worker ist sie ebenfalls von entscheidender Bedeutung.

In dieser Liste werden über 25.000 Berufe klassifiziert und diese sind durch vierstellige Kennziffern in das System eingeordnet. Die Kennziffer des eigenen Berufes wird bei der Antragstellung für ein Visum benötigt. **Diese Liste ist keine Aufzählung der in Kanada dringend gesuchten oder bei der Einwanderung bevorzugten Berufe.** Eine solche Liste gab es früher, aber heute ist jeder Immigrant mit einem qualifizierten Beruf in Kanada willkommen. Qualifizierter Beruf bedeutet, die Ausbildung oder die derzeitige Tätigkeit wird in der NOC Liste unter Skill Level 0, A oder B klassifiziert. Ausführlicher wird dies unter: Suche des Berufsnamen und Skill Level & Duties beschrieben.

Bei der Klassifizierung in der NOC Liste werden die Berufe in Skill Level (Berufsqualifikation) eingeteilt, die als 0, A, B, C und D bezeichnet sind. Nur wer einen Beruf in den Skill Levels von 0, A oder B hat, erhält normalerweise von HRSD eine Genehmigung, in Kanada als Temporary Worker zu arbeiten. Der Level D bezieht sich beispielsweise auf Landarbeiter, die während der Aussaat und Erntezeit für wenige Monate ins Land kommen. Für diese gibt es Sonderprogramme. Es ändert sich aber seit kurzem an dieser Einstellung des HRSD etwas, denn nun gibt es auch ein OK von HRSD für Skill Level C und D. Der Level C entspricht beispielsweise der Berufsqualifikation von LKW-Fahrern / Truck Drivers.

Für Immigranten sind diese Skill Levels ebenfalls von Bedeutung, da derzeit nur Berufserfahrungen in den Skill Levels 0, A und B für die Punktebewertung anerkannt werden. Ausnahmen dazu gibt es bei den Programmen der Provinzen für ihre Nominees (Kandidaten).

Der Link zur NOC Liste: www23.hrdc-drhc.gc.ca/2001/e/generic/welcome.shtml

Sonderprogramme für Berufsgruppen und Industrien

Derzeit spricht in Kanada alles über den Boom der Ölindustrie in der Provinz Alberta. Vor nicht allzu langer Zeit sprachen alle vom Boom beim Hausbau in Ontario und davor vom Boom im IT-Business. Und es gab auch mal einen hohen Bedarf an Arbeitskräften im Nachtbar Business. Dort fehlten Nacktänzerinnen - es gab nicht genug Nachschub an einheimischen Arbeitskräften für dieses florierende Business. Aus diesem Grund gab es seit den Achtzigern bis vor kurzem ein Sonderprogramm von HRSD für diese Berufsgruppe der Erotic Dancers - NOC: 5134 Dancers und von dort weiter zu 5232 Other Performers, wo dann die Erotic Dancer klassifiziert sind.

Dieses Sonderprogramm ist wegen eines Skandals mit einer Ministerin, zuständig für CIC, inzwischen eingestellt, und auch die für die Bauwirtschaft und Autoindustrie in Ontario. In Ontario werden nun massiv illegale Arbeiter der Baubranche deportiert. Solange der Boom andauerte brauchte man sie und drückte beide Augen zu. Illegal wird man auch dann, wenn der Work Permit nicht mehr verlängert wird und man weiter ohne Status (Erlaubnis) im Land bleibt!

Bei allen Sonderprogrammen, die die Anwerbung ausländischer Arbeiter erleichtern, hat HRSD ein gewichtiges Wort mitzureden. HRSD genehmigt ein solches Programm nur mit Auflagen für die Arbeitgeber, wie beispielsweise Ausbildung von Fachkräften / Lehrlingen auf Kosten der Industrie. Ohne die Zustimmung dieses Ministeriums geht nichts. Diese Sonderprogramme sind auf den Arbeitskräftebedarf einzelner Industrien - derzeit der Ölboom in Alberta - ausgerichtet. Sie sind nur für eine bestimmte Zeit gültig und müssen von dem Industriesektor erneut beantragt werden. (Siehe: Sonderprogramme Provinzen und HRSD)

Warum muss der Arbeitgeber die Genehmigung des HRSD erhalten?

Zum Schutze kanadischer Arbeitnehmer, die diesen Arbeitsplatz ebenfalls ausfüllen könnten, muss der Arbeitgeber die Erlaubnis einholen, einen Ausländer beschäftigen zu dürfen.

Was muss der Arbeitgeber tun, damit er sie erhält?

Die Informationen, was ein Arbeitgeber zu tun hat, findet man auf der Website von HRSD unter den Stichworten: Human Resources Management - Hiring Foreign Workers. Dort steht für den kanadischen Arbeitgeber genau geschrieben, was er zu tun hat, um das OK von HRSD zu erhalten.

When assessing a job offer, HRSD considers primarily: the occupation that the foreign worker will be employed in;

the wages and working conditions offered; the employer's advertisement and recruitment efforts;

the labour market benefits related to the entry of the foreign worker; consultations, if any, with the appropriate union; and whether the entry of the foreign worker is likely to affect the settlement of a labour dispute. (Also, als Streikbrecher lässt das HRSD keine Ausländer ins Land!)

You should also be aware of other requirements related to housing, transportation of the workers, employer-employee contracts, and health and workplace safety for the workers.
(Das dient bereits dem Schutz des ausländischen Arbeitnehmers!)

So steht es auf der Webseite von HRSD, als Information für den Arbeitgeber. Die dort vorhandenen Links führen zu den ausführlichen Beschreibungen der Bedingungen. Beispielsweise stehen unter Advertisement and Recruitment die Schritte zur Anwerbung eines Kanadiers oder Permanent Resident, die ein Arbeitgeber vor der Anwerbung eines Ausländers zu tun hat.

Nicht jeder Arbeitgeber will diesen bürokratischen Aufwand immer wieder durchführen oder kann es aus nur ihm bekannten Gründen nicht tun. Das letztere bedeutet in der Regel, dass er kein „qualifizierter" Arbeitgeber ist. Der Arbeitnehmer ist darum gut beraten die Forderungen von HRSD zu kennen, um überprüfen zu können; ob der Arbeitgeber das OK von HRSD auch tatsächlich bekommen kann.

Der Arbeitgeber hat zuerst zu versuchen, einen Kanadier, der Staatsbürger oder Permanent Resident ist, für die freie Stelle zu finden. Für diese Stellensuche hat das HRSD die obigen Regeln aufgestellt, die der Arbeitgeber zu befolgen hat. Das bedeutet beispielsweise Geld auszugeben, um über Anzeigen etc. einen Kanadier anzuwerben. Diese Kosten vermeidet der Arbeitgeber gerne.

Gelingt es dem Arbeitgeber nicht, über diese Wege einen Skilled Worker zu finden und einzustellen, dann kann er versuchen, einen Ausländer anzuwerben. Findet er einen Skilled Worker, beispielsweise in Deutschland, dann hat er beim HRSD einen Antrag auf Beschäftigung eines Ausländers zu stellen.

Das HRSD erstellt dann für die Firma ein Arbeitsmarktgutachten (Labour Market Opinion - LMO). Kommt es dabei zu dem Ergebnis, dass der Arbeitgeber berechtigt ist einen Ausländer einzustellen, erteilt es die Genehmigung (Confirmation).

Diese Genehmigung sendet HRSD zum Arbeitgeber und dieser schickt es an seinen neuen Mitarbeiter weiter. Der hat diese Genehmigung als Kopie mit seinen anderen Papieren und dem Antrag auf Work Permit an seine zuständige Botschaft zu senden. Die Botschaft prüft diese Unterlagen und wenn alles OK ist erhält der Arbeitnehmer ein Schreiben der Botschaft, welches er bei der Einreise nach Kanada dem Immigration Officer vorlegt. Erst dieser zeichnet dann den Work Permit als gültig ab. Auf das Thema komme ich zurück, da es dazu falsche Aussagen in den Foren gibt.

HRSD prüft sehr genau, ob der Arbeitsvertrag den kanadischen Standards für den jeweiligen Beruf entspricht und ob der Arbeitgeber ein „qualifizierter Arbeitgeber" ist. Das heißt beispielsweise: Zahlt er Steuern, beschäftigt er genug kanadische Arbeitnehmer und ist er schon länger im Business. Geprüft wird auch ob der Arbeitnehmer die notwendigen Qualifikationen für den Job hat.

Die Bearbeitungszeit bei der Botschaft (Visa Office) ist in der Regel sehr kurz und nach Erhalten der Arbeitserlaubnis (Work Permit) kann der Skilled Worker sofort nach Kanada reisen.

Dies ist der Weg für einen Skilled Worker, der als Zeitarbeiter (Temporary Worker) nach Kanada kommen will. Die Genehmigung muss üblicherweise alle ein bis zwei Jahre erneuert werden. Der Work Permit wird aber nicht immer wieder verlängert und kann beim ersten Mal auch nur drei oder sechs Monate betragen. Es gibt für unterschiedliche Berufe maximale Aufenthaltsberechtigungen in Kanada.

Für Immigranten sieht die Regelung vor, dass der Arbeitsvertrag den Standards in Kanada entsprechen muss und die Bezahlung und weitere Leistungen des Arbeitgebers auch einen Kanadier zufrieden stellen würde. Für den Arbeitsplatz eines Immigranten muss der Arbeitgeber nicht vorher einen Arbeitnehmer in Kanada suchen, aber er muss ebenfalls beweisen, dass er ein „qualifiziertes Business" hat. Dieser Beweis fällt aber vielen Unternehmern schwer - oder sie wollen nicht alle Karten auf den Tisch der Officers legen. Arbeitsangebote solcher Unternehmen sind für Temporary Worker und Immigranten für Anträge auf ein Visum wertlos.

ACHTUNG FALLE

In einigen Sonderfällen kann man nach Erhalten der Kopie von HRSD über seinen Arbeitgeber direkt nach Kanada reisen, um nach der Landung seinen Work Permit im Flughafen zu erhalten. Das geht aber nicht immer und in jedem Fall! Ein Schweizer versuchte dies von Europa aus und wurde nach der Landung in Toronto postwendend nach Europa zurück geschickt!

Er hatte ungenaue Informationen in den Foren erhalten und da er ungeduldig war ist er ohne auf die notwendige Bestätigung der Botschaft für den Work Permit zu warten nach Kanada geflogen. Er hätte auf das Schreiben der Botschaft warten sollen, was nur wenige Wochen dauert, und damit währe er ohne Probleme in Kanada gelandet. Die wenigen Ausnahmeregelungen stehen auf der Webseite von HRSD und CIC und man sollte sich aufs Genaueste an sie halten und nicht nur den Ratschlägen von Forenmitgliedern Glauben schenken.

Wann braucht man keine Genehmigung von CIC und HRSD?

Man braucht immer einen Work Permit, um in Kanada zu arbeiten, aber man braucht nicht immer vor der Einreise eine schriftliche Genehmigung vom HRSD oder CIC, um den Work Permit bei der Einreise zu erhalten. Welche Berufe davon profitieren steht auf der Webseite von CIC unter dem Link: „Working Temporarily in Canada" und dann weiter zu „Check to see if you can work in Canada without a permit".

Zur Erleichterung des Businesss in einer Welt der Global Player wurden beim neuen Gesetz einige Berufe davon befreit, ein Work Permit bei CIC zu beantragen, wenn dieser Beruf entsprechend den Regeln kurzfristig in Kanada ausgeübt wird. Diese Berufe sind durch Vereinbarungen / Free Trade Agreements wie beispielsweise: North American Free Trade Agreement (NAFTA), Canada-Chile Free Trade Agreement (CCFTA) und das General Agreement on Trade in Services (GATS) geregelt. Der Work Permit wird dann bei der Einreise vom Immigration Officer ausgestellt.

Beispielsweise kann ein Redner auf einer Konferenz dies nutzen, wenn diese Konferenz nicht länger als fünf Tage dauert. Ebenso kann ein Fachmann kurzfristig im Land arbeiten, wenn er eine dringende Reparatur ausführt oder ein kurzzeitiges Training abhält und danach wieder ausreist. So brauchen zwar die Manager und Organisatoren einer internationalen Konferenz oder Messe keine Genehmigung von CIC und HRSD, aber jeder der einen Service für diese Konferenz erbringt, wie beispielsweise audiovisuelle Dienstleistungen oder andere „hands-on" Leistungen, muss einen Work Permit haben.

Alle diese Work Permits ohne vorherige schriftliche Genehmigung von CIC und HRSD sind zeitlich sehr befristet. Es besteht also keine Möglichkeit, über diesen Weg monatelang oder auf Dauer in Kanada zu leben und zu arbeiten. Informationen hierzu stehen auf den Webseiten von CIC unter dem Link „to Work" und „Jobs Exempt from Work Permit Requirement".

Aber, für Touristen gilt diese Ausnahme nicht! Wer also zum Arbeiten nach Kanada einreist, der hat an der Grenze anzugeben, dass er in Kanada kurzzeitig arbeiten wird und gehört man zu den Ausnahmen, dann bekommt man den befristeten Work Permit in den Pass gestempelt. Sagt man nichts, dann ist der Stempel im Pass nur ein Touristen-Visum.

Für Handwerker, Industrietechniker oder Manager und Vertreter ist dies kein Weg, um mehrere Monate in Kanada zu arbeiten!

Warum lehnt HRSD einen Jobvertrag ab?

Nach den mir zugetragenen Erfahrungen scheint der erste Grund zu sein: Die im Vertrag angebotenen Gehälter entsprechen nicht dem kanadischen Standard. Natürlich wird das HRSD einen Arbeitsvertrag ablehnen, der ein Dumping-Gehalt enthält. Wie erwähnt ist die Voraussetzung für die Genehmigung eines Vertrages, dass er so gut in den Konditionen ist, dass auch ein Kanadier mit gleicher Qualifikation den Vertrag akzeptieren würde. Ein Kanadier, der seinen Arbeitsmarkt und seinen Wert auf diesem kennt, wird natürlich nicht bereit sein, zu den Bedingungen eines Dumping-Vertrages zu arbeiten. Der Arbeitgeber kann auch Forderungen von HRSD übersehen haben, die sich auf die Anwerbung von Kanadiern beziehen.

Ein weiterer Grund ist die fehlende Qualifikation des Bewerbers für diesen Job. Das kommt besonders oft vor, wenn kanadische Bekannte und Freunde einen Job aus Gefälligkeit anbieten. So wird beispielsweise einer Industriefachkraft von HRSD kein Job genehmigt, der im normalen Hotelgewerbe angesiedelt ist, da ja der Arbeitnehmer keine Ausbildung und Berufserfahrung im Tourismus hat - außer er hat eine zweite Ausbildung im Tourismus absolviert.

Ebenso kann es vorkommen, dass der Arbeitgeber, aus welchen Gründen auch immer, nicht berechtigt ist Ausländer einzustellen. Wenn ein Arbeitgeber einen Jobvertrag anbietet, aber gleichzeitig sagt, dass dieser nicht dem HRSD vorgelegt werden soll, dann nützt dieser Vertrag weder dem Skilled Worker noch dem Immigranten bei den kanadischen Behörden. Er nützt dem Immigranten nach der Landung in Kanada, wenn er so oder so über 67 Punkte kommt.

Der entscheidende Punkt ist aber immer „the employer's advertisement and recruitment efforts / die Anzeigen- und Rekrutierungsbemühungen des Arbeitgebers", einen Kanadier einzustellen. Kann der Arbeitgeber dies nicht zur Zufriedenheit der Officers von HRSD beweisen, dann wird er keine Genehmigung für ausländische Arbeitskräfte erhalten. Der Arbeitsvertrag kann ja leicht korrigiert werden, aber dieser Punkt nicht.

Kann in diesen Fällen ein Berater helfen?

Bevor der Antrag eingereicht wird, kann ein lizenzierter Consultant helfen. Wenn „das Kind in den Brunnen gefallen ist" nicht mehr.

Er kann dann wieder bei einem neuen Antrag helfen, in dem er darauf achtet, dass tatsächlich alle Regeln und Bedingungen eingehalten werden. Als Arbeitnehmer hat man davon auszugehen, dass der Arbeitgeber die Mühen scheut, alle Formalitäten selbst zu erledigen. Ebenso wird er nicht alle Fallen kennen, in die er leicht hineintreten kann - damit dann auch der Arbeitnehmer.

Es gibt inzwischen viele Firmen, die Berater, Anwälte und Agenten einschalten, um Arbeitskräfte im Ausland anzuwerben. Es ist den Unternehmen zu mühsam dies selbst zu machen. Das Problem für die meisten Arbeitnehmer sind dann aber die Kosten dieser Berater und Agenten, die auf sie direkt oder indirekt abgewälzt werden. Nur qualifizierte Arbeitnehmer können mit ihrem zukünftigen Arbeitgeber Verträge aushandeln bei denen der Arbeitgeber diese Kosten komplett übernimmt. Grundsätzlich sind die meisten Kosten aber vom Arbeitgeber zu übernehmen, lautet die Forderung von HRSD. Diese Kostenübernahme gilt besonders bei kurzfristigen Arbeitsverträgen von einem Jahr oder kürzer. Besonders sollte man bei Job-Messen der Arbeitsagentur auf diese Kosten achten. Denn wer für einen einjährigen Jobvertrag mehrere tausend Euro dem „Anwerber" zahlen muss, der sollte sich fragen warum er zur Arbeit Geld mitbringen soll. Vor allem, wenn er davon ausgehen kann, dass der Anwerber ja auch vom Arbeitgeber eine „Kopfprämie" erhält.

Es wurde mir von einem Temporary Worker (YWEP) berichtet, dass das von der Firma beauftragte Rechtsanwaltsbüro ihn schlecht beraten würde. Dieses Büro kannte nicht alle Möglichkeiten und Tricks des Gesetzes, so wie sie lizenzierte Einwanderungsberater zu kennen haben und gab darum falsche Informationen an den Temporary Worker und seinen Boss weiter. Der Boss erhielt von diesem Rechtsanwalt zwar 50 % Rabatt auf dessen Honorar, aber mit dem Risiko seinen dringend gebrauchten Fachmann wieder zu verlieren - trotz eines dreijährigen Arbeitsvertrages.

Immigrant und Temporary Worker - welchen Unterschied macht HRSD bei der Beurteilung?

Für das Ministerium HRSD ist der Temporary Worker ein Ausländer, der für begrenzte Zeit zum Arbeiten nach Kanada kommt und dann so schnell wie möglich wieder verschwinden soll - Klar Text. Daraus ergeben sich die Forderungen an Arbeitgeber und Skilled Worker. Siehe oben.

Der Immigrant (would-be immigrant), der seinen Antrag auf ein Permanent Residence Visa stellt, wird von HRSD praktisch bereits als Landet Immigrant behandelt. Seinen Arbeitsvertrag überprüft das Ministerium zwar auch, aber diesmal mit dem Ansatz: Der Immigrant soll von seinem Boss nicht übers Ohr gehauen werden können. Das heißt, er soll genau so gute Arbeitsbedingungen haben und Geld am Ende des Monats erhalten, wie jeder qualifizierte Kanadier oder bereits im Land lebende Permanent Resident. Der Arbeitgeber muss also mindestens ein Gehalt anbieten, das dem durchschnittlichen Gehalt dieser Berufsgruppe entspricht. Er kann den Skilled Immigranten nicht für den Mindestlohn als Arbeitskraft einstellen - das HRSD schiebt dem einen Riegel vor!

Nicht geprüft wird bei Immigranten, ob es einen Kanadier für diesen Arbeitsplatz geben könnte. Der Arbeitgeber erspart sich damit die gesamten Mühen der Suche nach einen Arbeitnehmer in Kanada, wie sie sonst von HRSD vorgeschrieben sind. Ein in dieser Form überprüfter Arbeitsvertrag ist beim Antrag auf Immigration insgesamt 15 Punkte wert. In englischen Foren wird berichtet, dass Anträge mit einem geprüften Arbeitsvertrag in London schneller bearbeitet werden. Diese Aussage scheint auch für Berlin, Wien und Paris zu stimmen.

Mit der Arbeit kann der Immigrant aber erst dann bei seiner neuen Firma beginnen, wenn er mit dem Permanent Residence Visa in Kanada gelandet ist. Dies wird derzeit beim Provincial Nominee Program von Manitoba am besten und schnellsten umgesetzt.

Diskriminierung am Arbeitsplatz - wie kann ich Hilfe erhalten? Beispiel Live-in Caregiver

Niemand ist mehr dem Stress einer Arbeitgeber - Arbeitnehmer Beziehung ausgesetzt, als ein oder eine Live-in Caregiver oder Au Pair (eine Person, die im Haushalt des Arbeitgebers Kinder, Kranke oder alte Leute betreut und dort gleichzeitig lebt) im Haushalt ihres Arbeitgebers. Diskriminierung, Mobbing und alle möglichen Schikanen sind möglich - müssen aber nicht sein.

Gerade für diese verletzbaren Gruppen der Arbeitnehmer hat CIC und HRSD eine ganze Reihe von Informationen auf ihren Webseiten bereitgestellt, damit sie umfassende Hilfestellung erhalten, wie sie sich bei solchen Unannehmlichkeiten schützen können. Das Ministerium CIC ist da sehr hilfsbereit, und das HRSD verteidigt die Rechte der Arbeitnehmer in Kanada (wie bereits erwähnt) und in diesen Fällen das Recht der ausländischen Arbeitnehmer. Die Informationen auf dieser Webseite sind darum für alle Arbeitnehmer sehr gut nutzbar. Über Links auf den Seiten von HRSD kann man weitere zuständige Regierungsstellen und freie Organisationen in allen Provinzen finden, die in solchen Fällen als Ansprechpartner bereitstehen. Zu erwähnen sind hier ebenfalls die Settlement Organisationen in den Provinzen. www.cic.gc.ca/english/pub/caregiver/index.html

Ab wann erhält man Arbeitslosengeld?

Das hängt davon ab wie hoch die Arbeitslosigkeit in der jeweiligen Provinz ist. Als Voraussetzung für Arbeitslosengeld reichen je nach Region 420 bis 910 versicherungspflichtige Arbeitsstunden, die in einer bestimmten Zeitspanne eines Jahres absolviert sein müssen. Voraussetzung ist aber, dass man mit einem gültigen Work Permit in Kanada ist. Wer also vom Status Temporary Worker mit Work Permit zum Status des Touristen wechselt - warum auch immer - der erhält als Tourist kein Arbeitslosengeld. (Siehe: Warnung)

Die Gesetzgebung zum Arbeitslosengeld (Employment Insurance Legislation EI) wurde für Immigranten extra in einem Englisch geschrieben, das auf dem „International Plain Language movement" basiert, damit auch diese Gruppe der Kanadier dieses Gesetz gut lesen und verstehen kann. Dieses Gesetz wird auch immer wieder nach einem Wechsel der Regierung in Ottawa oder vor einer Wahl geändert. Darum sollte man sich bereits vor der Einreise nach Kanada die entsprechenden Bedingungen ansehen, die für die ausgewählte Provinz und der entsprechenden Region in in dieser Provinz gelten. Es gibt keine einheitliche Regelung, da die Situation des Arbeitsmarktes der Regionen berücksichtigt wird. Eine Liste „of FAQs for individuals on EI key-subjects" findet man auf: www.HRSD.gc.ca/asp/gateway.asp?hr=en/ei/faq/faq_index_individuals.shtml&hs=aed

Bad Story

Was ist wenn ich einen Arbeitsunfall habe, oder durch andere Schicksalsschläge (Krankheit, Scheidung, …) in die Armut abrutsche? Also für einige Zeit oder dauerhaft nicht mehr arbeiten kann?

Auch in diesem Fall ist das HRSD der erste Ansprechpartner. Bereits auf der ersten Seite der Webseite findet man hinter dem Link „Financial Benefits" alle Informationen, wie man in Kanada vom Staat Hilfe erhalten kann. Dort ist auch der Link zu „Canada Benefits Web site", (www.canadabenefits.gc.ca) auf der sämtliche Programme aufgeführt sind, durch die der Staat seine Bürger unterstützt und in Notlagen hilft.

NOC Liste - Suche des richtigen Berufsnamens

Hi, Leute
ich suche schon die ganze Zeit und kann es nicht finden.
Weiß einer von euch wie Raupenfahrer auf englisch genannt wird und ob Dumperfahrer das
gleiche in Kanada ist, wie hier? Also, Hilfe wäre toll.
Liebe grüße Jana

So die Anfrage der Frau des Raupenfahrers im Forum. Die ersten Antworten von Forenmitgliedern führten zum Caterpillar Operator (nicht Driver), aber das war nur ein Beginn. Meine Antwort:
„Hallo,
Caterpillar war schon fast richtig, nur ist das eine Firma und die Maschine ist ein ...“

Ich habe allerdings auch länger die NOC Liste durchsuchen müssen bis ich es fand, war nicht einfach. Ich habe dann mit der Bezeichnung - Heavy Equipment Operators - gesucht und wurde unter „Example Titles“ fündig: Die Antwort ist: Er ist ein „bulldozer operator“.

backhoe operator
bulldozer operator
excavator operator
gradall operator
grader operator
heavy equipment operator
heavy equipment operator apprentice
loader operator - construction
side boom tractor operator
surface mining equipment operator
NOC - nr. 7421

Am Beispiel eines diplomierten Agrar-Ingenieur wird die Suche in der NOC Liste demonstriert. Es ist also nicht so, dass Akademiker oder andere, keine Probleme mit der NOC Liste haben. Ich übersetze die Berufsbezeichnungen der Kanadier nicht nach Deutsch - das ist, wie bereits geschrieben, der Job des Antragstellers. Zu beachten ist, dass sie selten deckungsgleich zu britischen Berufbezeichnungen sind.

Die korrekte kanadische Berufsbezeichnung und die damit verbundene vierstellige Kennziffer ist für die Anträge als Permanent Resident und Temporary Worker erforderlich. Sie zu finden ist aber häufig ein Problem, da sie oft erst in den Tiefen der NOC Liste zu finden ist. Für Berufe, wie beispielsweise Zimmermann / Carpenter oder Schweißer / Welder ist es einfach. Für den als Beispiel gewählten Beruf des diplomierten Agrar-Ingenieurs allerdings nicht. Die von mir praktizierte Form der Suche geht davon aus, dass ich zuerst überhaupt ein Resultat mit der NOC Suchmaschine erzielen muss. Der nächste Schritt ist der Vergleich der Aufgaben / Duties und der Berufsbezeichnungen. Dafür sollte man sich auch unbedingt die gesamte Liste der Berufsbezeichnungen / Example Titles anzeigen lassen und sie prüfen.

Weiter geht's mit „Employment requirements" und wenn da steht, dass „A bachelor's or master's degree in agriculture or in a related science is required.", dann ist man dem Diplom-Beruf schon sehr nahe. Auf der Webseite stand dann aber noch „Classified elsewhere" und unter diesem Titel befand sich dann der „Agricultural engineers" mit der NOC-Nummer 2148 und diese führte zu „Other Professional Engineers, n.e.c." Würde die Suche bei „Engineers" starten, dann würde man ebenfalls früher oder später zu „Other Professional Engineers, n.e.c." kommen und darunter den „Agricultural engineers" finden.

Die Suchmaschine von NOC hat mehrere Optionen, über die man seine Suche genauer definieren kann. Hätte ich direkt zu Beginn auch einen Haken in das Feld „Classified Elsewhere" gemacht, dann wäre ich mit den Worten „Agricultural engineers" schneller ans Ziel gelangt. Da aber automatisch nur der „Group Title" eingestellt ist muss man das selbst machen. Zu beachten ist hier das „s" für das Plural bei engineer (s). Die Suchmaschine ist nicht perfekt und man sollte darum den Beruf auch im Plural suchen, wenn man nicht weiter kommt.

Entscheidend ist bei dieser Suche immer die Übereinstimmung der Tätigkeiten / Duties und der Ausbildung, um die genauen kanadische Berufsbezeichnung zu finden. Dies gilt für alle Berufe ob mit oder ohne Diplom, Lehre oder Fachausbildung. Hier das Beispiel der Suche und die Frage der Frau des Antragstellers im Forum. Wie beim Raupenfahrer fragt auch beim Akademiker die Frau!

Hallo Listis,
wir sind dabei unsere Antragsformulare auszufüllen, stoßen dabei auf „kleine" Probleme! Mein Mann ist „Diplom Agrar Ingenieur" und hat sein Diplom an der Fachhochschule hier in D. gemacht. Wie lautet die korrekte englische Übersetzung für Kanada? Haben in der NOC Liste nachgesehen und kommen trotzdem nicht weiter.

Die erste Antwort im Forum war:
Liebe Daniele,
ich übersetze dies mit agronome grad. Oder agriculturalist grad.

Dies war die Antwort eines Fachmanns aus Kanada - allerdings war sie nicht korrekt. Mit den Worten Agronome und Agriculturalist bei NOC gesucht war die Antwort: „There are no matching results for your query. Please try again."

Wörtlich übersetzt war es ja der Beruf ein Diploma agricultural engineer. Damit gesucht ergab ebenfalls die Antwort: „There are no matching results for your query. Please try again." Danach suchte ich nur mit dem Wort „agricultural" - als Gruppentitel und fand drei Resultate/ Results:

2123 - Agricultural Representatives, Consultants and Specialists
2222 - Agricultural and Fish Products Inspectors
8252 - Agricultural and Related Service Contractors and Managers

Die Suche wurde bei 2123 fortgeführt und dort war unter Classified elsewhere der Link zu Agricultural engineers (in 2148 Other Professional Engineers, n.e.c.). In dieser Gruppe „Other Professional Engineers, n.e.c." werden folgende Berufe erfasst: This unit group includes agricultural and bioresource engineers, biomedical engineers, engineering physicists and engineering scientists, marine and naval engineers, textile engineers and other specialized engineering occupations which are not classified elsewhere.

Bei den dort aufgeführten Example Titles (Beispiele von Berufsnamen) war der Beruf agricultural engineer als erster gelistet. Da stehen dann auch die Main duties: The following is a summary of the main duties for some occupations in this unit group: Agricultural and bio-resource engineers design and develop machinery, structures, equipment and systems related to agriculture and food processing.

Und ebenfalls bei „Employment requirements" stehen die Bedingungen, unter denen ein Kanadier diesen Beruf ausüben kann:

Employment requirements
A bachelor's degree in an appropriate engineering discipline is required.
A master's degree or doctorate in a related engineering discipline may be required.
Licensing by a provincial or territorial association of professional engineers is required to approve engineering drawings and reports, and to practise as a Professional Engineer (P. Eng.).
Engineers are eligible for registration following graduation from an accredited educational program, and after three or four years of supervised work experience in engineering and passing a professional practice examination.

Ich zitiere dies so ausführlich, weil genau hier steht, unter welchen Bedingungen auch ein ausländischer Arbeitnehmer diesen Beruf ausüben darf. Es kann also keiner sagen: „Mir hat niemand etwas gesagt!" Was hier steht gilt praktisch für alle regulierten Berufe ob im Handwerk, Gewerbe, Industrie oder im Dienstleistungssektor (Einwanderungsberater, Juristen, Makler, ...) . Die unterschiedlichen Anforderungen sind jeweils genau beschrieben. (Siehe: Immigranten ohne richtige Informationen.)

Büro, Handel und Dienstleistung

Es wollen ja nicht nur Handwerker, Trucker oder Ingenieure nach Kanada. Auch wenn zeitweise in einigen Foren der Eindruck entsteht, dass nur diese Berufe auswandern wollen oder planen dort als Gastarbeiter ihr Geld zu verdienen. In anderen Foren entsteht der Eindruck, dass nur Unternehmer, Farmer oder Selbständige in Kanada eine Chance haben. Tatsächlich hat man aber mit jedem Beruf die Möglichkeit in Kanada Erfolg zu haben!

Die Berufsnamen sind aber ebenso kompliziert zu finden, wie bereits für die anderen Berufe beschrieben. Im Prinzip geht es immer um die „Duties", also um die Aufgaben, die man im derzeitigen, sowie früheren Beruf, zu erledigen hat. Nur darüber kann man seine NOC Nummer definieren, wenn man diese nicht auf Anhieb findet. (Siehe weitere Information unter Skill Level & Duties.)

Wichtig ist dabei immer darauf zu schauen, dass man eine NOC Nummer findet, die eine Einstufung in „Skill Level" 0, A oder B der NOC Liste zur Folge hat. Das ist ja für die Punkte bei der Bewertung der Berufserfahrung wichtig. Wer bereits Manager-Positionen ausübt, die in Skill Level „0" eingestuft sind, der braucht darauf nicht Acht zu geben. Aber man hat darauf zu achten, wenn man einwandern oder ein Visum als Temporary Worker will.

Grundsätzlich ist eine Ausbildung von drei Jahren oder mehr (auch wenn sie verkürzt wird) mindestens in Skill Level B eingestuft. Da aber in Kanada in vielen Berufen die Arbeitskräfte nur angelernt werden, sind solche angelernten Bürohelfer / Clerks oder Verkäufer / Seller (brit.) unter Skill Level C oder D klassifiziert.

Mit Seller gesucht ist die Antwort mal wieder: There are no matching results for your query. Please try again - Das selbe Problem wie oben beschrieben. In Kanada ist ein Seller als Salesperson bekannt. Unter folgenden Begriffen kann jeder versuchen seinen gerade ausgeübten und erlernten Beruf zu finden:

0611 - Sales, Marketing and Advertising Managers
6221 - Technical Sales Specialists - Wholesale Trade
6232 - Real Estate Agents and Salespersons
6411 - Sales Representatives - Wholesale Trade (Non-Technical)
6421 - Retail Salespersons and Sales Clerks
6433 - Airline Sales and Service Agents
6623 - Other Elemental Sales Occupations

Nicht jeder dieser Berufe setzt Skill Level B oder höher voraus und wenn der Beruf nur unter Skill Level D oder C eingestuft wird, dann hat der Antragsteller keine Möglichkeit unter Berufserfahrung auch nur einen Punkt für die Einwanderung zu erhalten. Ebenso werden von HRSD üblicherweise keine Work Permits für diese Skill Level ausgestellt.

Es ist also gerade bei all diesen Berufen wichtig auf die richtige vierstellige NOC Nummer zu achten. Das gilt auch für Administrative Support Clerks (NOC 144).

Example Titles - administrative clerks:
administrative clerk (1441)
by-law clerk
customs clerk
documentation clerk
import clerk
licence clerk
passport clerk
ward clerk
warranty clerk
personnel clerks (1442):
human resources clerk
personnel clerk
staffing clerk
court clerks (1443):
court clerk
judicial clerk
provincial court clerk

Nicht jeder dieser Berufe mit dem Titel Clerk erfordert eine lange Ausbildung, wie es in Deutschland üblich ist. Wie bereits gesagt reicht oft eine Einarbeitung und darum sind einige Büroberufe nur unter Skill Level D oder C eingestuft. Bei personel clerks (1442) und court clerks (1443) ist beispielsweise eine längere Ausbildung oder sogar ein BA Zertifikat erforderlich. Die Einstufung ist entsprechend in Skill Level A oder B. Für die folgenden Berufe wird normalerweise eine Ausbildung in Office Administration an einem University College vorausgesetzt. Wie in Kanada üblich werden Ausbildungen selten in den Unternehmen durchgeführt.

Example Titles: Secretaries, Recorders and Transcriptionists
general secretary (1241):
executive secretary
general secretary
technical secretary
legal secretary (1242):
estate secretary
legal secretary
litigation secretary
real estate secretary
medical secretary (1243):
medical office assistant
medical secretary
ward secretary
court recorders and medical transcriptionists (1244):
court recorder
court reporter
court stenographer
Hansard court reporter
medical transcriptionist
transcriptionist
Education & Training

Das wird dann noch weiter aufgeteilt und so findet man seinen Beruf möglicherweise unter folgenden Berufsbezeichnungen.

Related Occupations - general secretaries:
clerical occupations, general office skills (141)
administrative support clerks (144)
executive assistants (1222)
office manager (in 1221 administrative officers)
legal secretaries and court reporters:
by-law clerk (in 144 administrative support clerks)
paralegal and related occupations (4211)
medical secretaries and medical transcriptionists:
medical records clerk (in 141 clerical occupations, general office skills)
ward clerk (in 144 administrative support clerks)
dental assistants (3411

Das sind nur einige der Möglichkeiten und es bedarf einer intensiven Beschäftigung mit der NOC Liste, um die richtige Berufsbezeichnung zu finden. Für Verkäufer jeder Art ist der Ausgangspunkt Retail and Wholesale Buyers (NOC 6233) - Example Titles:

assistant buyer
buyer - retail and wholesale
chief buyer
clothing buyer
food buyer
produce buyer
merchandiser

Unter purchasing agents and officers (1225) gibt es weitere Informationen für diese Berufe in der NOC Liste. Einige hilfreiche Links über die man Informationen zu allen Provinzen und weiteren Berufen findet:
Purchasing Management Association of Canada - http://www.pmac.ca
British Columbia Institute - Purchasing Management Association of B.C. -
http://www.bci-pmac.bc.ca/
Business Council of British Columbia - http://bcbc.com/
Education Planner - http://www.educationplanner.bc.ca
http://www.workfutures.bc.ca -

Anmerkung: Ob alle Berufsbezeichnungen korrekt in Kanada-Englisch geschrieben sind, wird von meinem Korrekturprogramm bezweifelt. Da ich sie aber aus der NOC Liste kopiere, ändere ich sie nicht. Über das „Kreuzworträtsel" NOC Liste wird noch an einigen anderen Stellen informiert.

Skill Levels & Duties

Das die Kanadier ausgefuchste Bürokraten sein können, das wird beispielsweise an der NOC Liste deutlich. Die Aufteilung der Berufe in immer weitere Untergruppen, sowie die anglokanadische Sprache, verwirrt die Besucher dieser Webseite regelmäßig.

Hinzu kommt dann die Forderung von CIC und HRSD Skill Levels & Duties für die Anträge zu beschreiben. „Was sind Duties und warum wollen die Kanadier das so genau wissen?" ist eine Frage der Antragsteller und die nächste „Wieso reicht denen mein Gesellen- Meisterbrief oder Diplom nicht aus, um mich richtig klassifizieren zu können?"

In Kanada hat immer noch jeder die Chance vom Laufburschen, Tellerwäscher, der ungelernten Verkäuferin oder der Barmaid (in Kanada braucht man dafür keine Ausbildung zu machen) zum Manager oder Managerin aufzusteigen.

Aus einem britischen Forum: „*And I know a lot of Canadians without degrees. I know a lot of Canadians without a high school diploma! But they're doing alright. Actually the wealthiest (financially) man I know left school in grade 6 (11 years old) - and he's filthy stinkin' rich wealthy. Thinking further.... the financially worse off person I know has a Ph.D. So there you go!*"
(Siehe: Learning by doing.)

Der reiche Mann musste sicherlich früh die Schule verlassen, weil ihn seine Familie Arbeiten schickte. In ihrem eigenen Business oder bei anderen, das war noch in den Fünfzigern und Sechzigern des letzten Jahrhundert oft üblich.

Zum Start einer erfolgreichen Karriere braucht man als kanadischer Staatsbürger keine abgeschlossene Schulausbildung - also keinen Hauptschulabschluss zu haben. In der NOC Liste steht dazu „Completion of secondary school may be required." Hat man diesen Schulabschluss nicht, dann reicht ein „On-the-job training" in der Firma oder in dem Geschäft aus. Ob dieses Training nun eine Stunde oder einige Monate dauert ist dabei unerheblich. Diese Berufsqualifikation wird als Skill Level D bezeichnet. Das ist auf der Webseite der NOC Liste unter „NATIONAL OCCUPATION CLASSIFICATION MATRIX 2001" beschrieben. Der Link dorthin ist MATRIX.

Verkäufer im Einzelhandel und überall dort wo etwas verkauft wird, werden unter der Berufsgruppe „Retail Salespersons and Sales Clerks 6421" klassifiziert. An dieser Berufsgruppe stelle ich das System der Skill Level dar.

SKILL LEVEL D
On-the-job training is usually provided for occupations.

Major Group 66
ELEMENTAL SALES AND SERVICE OCCUPATIONS
661 Cashiers
662 Other Sales and Related Occupations
664 Food Counter Attendants, Kitchen Helpers and Related Occupations
665 Security Guards and Related Occupations
666 Cleaners
667 Other Occupations in Travel, Accommodation, Amusement and Recreation
668 Other Elemental Service Occupations

Für die nächste Stufe auf der Karriereleiter hat man dann in der Regel einen Schulabschluss vorzuweisen -aber nicht immer.

SKILL LEVEL C
Occupations usually require secondary school and/or occupation-specific training.

Major Group 64
INTERMEDIATE SALES AND SERVICE OCCUPATIONS
641 Sales Representatives, Wholesale Trade
642 Retail Salespersons and Sales Clerks
643 Occupations in Travel and Accommodation

644 Tour and Recreational Guides and Casino Occupations
645 Occupations in Food and Beverage Service
646 Other Occupations in Protective Service
647 Childcare and Home Support Workers
648 Other Occupations in Personal Service

Man steigt mit einem Schulabschluss also bereits eine Stufe höher in den Beruf ein. Das bedeutet meistens eine bessere Bezahlung und schnelleren Aufstieg. Es bedeutet ebenfalls in der Regel, andere und qualifiziertere Duties / Aufgabenbereiche. „In der Regel", meint, dass natürlich auch jemand von Skill Level D zu Skill Level C und sogar weiter zu Skill Level 0 aufsteigen kann - kann aber auch bedeutet, dass der Arbeitgeber jemand von Skill Level C auf D zurückstuft.

Wie aber zu sehen ist wird für diesen Skill Level immer noch keine Ausbildung oder Lehre verlangt, wie sie in Deutschland und anderen europäischen Ländern üblich ist. Ein Training oder kurze Kurse reichen zur Ausübung dieser Berufe aus.

ACHTUNG
Ich wiederhole, das Problem mit diesen beiden Skill Levels ist, dass eine Berufserfahrung in diesen Bereichen von CIC und HRSD normalerweise nicht bei der Punkteberechnung für die Einwanderung und die Ausstellung eines Work Permits anerkannt wird! Die Ausnahme, wie gewöhnlich, ist bei den Provincial Nominee Programs gegeben. Auch wenn CIC und HRSD nicht wollen, müssen sie diese Ausnahmen gewähren, wenn die betreffende Provinz dem Antragsteller als Einwanderer oder Worker eine Genehmigung dazu ausstellt. Wer also als Immigrant nach Kanada will, der sollte darauf achten, dass seine Duties beweisbar sind und so präzise beschrieben, dass die Officers ihn mindestens unter Skill Level B einstufen können. Aber in Berufen mit diesen niedrigen Skill Levels gibt es besonders beim YWEP und bei Temporary Worker große Probleme, wenn diese länger in Kanada bleiben wollen. (Siehe: Falle Work Permit und Falle YWEP)

Bei den nun folgenden Skill Level 0, A und B existiert dieses Problem nicht, da die Berufserfahrung von CIC und HRSD voll bei der Bewertung anerkannt wird.
SKILL LEVEL - B
Occupations usually require college education or apprenticeship training.
Major Group 62
SKILLED SALES AND SERVICE OCCUPATIONS
621 Sales and Service Supervisors
622 Technical Sales Specialists, Wholesale Trade
623 Insurance and Real Estate Sales Occupations and Buyers
624 Chefs and Cooks
625 Butchers and Bakers
626 Police Officers and Firefighters
627 Technical Occupations in Personal Service

Es sind unter Skill Level B alle Berufe klassifiziert, die in Deutschland als Lehr- und Ausbildungs-berufe anerkannt werden. Dazu gehören auch die Ausbildungen an Fachhochschulen. Wenn hier steht „Occupations usually require ...", dann heißt dies, dass man in diese Positionen eventuell auch ohne „college education or apprenticeship training" aufsteigen kann. Selbstverständlich braucht ein

Sales and Service Supervisors ein höheres Fachwissen und andere Qualitäten als ein Verkäufer in Skill Level C oder D. Wie er sich diese aneignet, durch „learning by doing", in Abendkursen oder Weiterbildung gesponsert von der Firma, das ist dabei unerheblich. Entscheidend ist, dass er oder sie die geforderten Aufgaben / Duties zur Zufriedenheit des Chefs erledigen.

Und das ist der Grund, warum CIC und HRSD nach den Duties fragen!

Wer als Laufbursche seine Laufbahn begann, aber die letzten Jahre vor dem Antrag auf Immigration oder Work Permit berufliche Aufgaben erfüllte, die nach der Klassifikation der Duties zu Skill Level B gehören (oder auch A und 0), der erhält diese Zeit als Berufserfahrung anerkannt - einerlei ob er einen Hauptschulabschluss hat oder nicht. Es zählt also nicht nur das Zeugnis, der Gesellenbrief oder das Diplom (z. B. Taxifahrer mit Diplom kennen wir auch in Deutschland), sondern die beruflichen Aufgaben / Duties zum Zeitpunkt des Antrages und davor.

Bei Skill Level A sind in der Matrix von NOC für diese Karriere keine Berufe aufgeführt. Dieser Level setzt eine Ausbildung an einer Universität voraus.

SKILL LEVEL A - Occupations usually require university education.
Aber auch hier ist „Occupations usually require ..." zu beachten.

Manager der folgenden Gruppe können Angestellte von Global Playern oder ihrer eigenen kleinen Firma sein. Ob sie diesen Beruf mit einer akademischen Ausbildung oder ganz unten als Laufbursche starteten, dass spielt keine Rolle.

SKILL LEVEL 0
MANAGEMENT OCCUPATIONS

061 Sales, Marketing and Advertising Managers
062 Managers in Retail Trade
063 Managers in Food Service and Accommodation
064 Managers in Protective Service
065 Managers in Other Services
Wie bereits gesagt, man hat die Möglichkeit von Skill Level D zu Skill Level 0 aufzusteigen. Die dafür benötigten Konditionen bestimmt jedes Unternehmen für seine Angestellten selbst oder die zuständige Berufsorganisation. Die Aufgabenbereiche - also die Duties - sind auf jeder Stufe der Karriereleiter unterschiedlich und daran orientieren sich die kanadischen Bürokraten.

Besonders wichtig wird die Beschreibung der Duties beispielsweise bei der Einwanderung als Investor, Unternehmer oder Selbständiger. Nur bei entsprechendem Nachweis ihrer Managertätigkeit oder Selbstständigkeit an Hand der Duties, plus der anderen Nachweise, wird CIC den Antrag genehmigen.

Achtung - In Ontario wird für die Truck Driver jetzt eine Lehre gefordert. Das ist neu und diese Ausbildung erfüllt dann Skill Level B. („truck driving is now an apprenticeable and therefore skilled trade" schrieb die Ontario Trucking Association im Dezember 2005.)

Sonderprogramme: HRSD und Regierungen

Für alles gibt es Ausnahmen oder die Ausnahme bestätigt die Regel, sagt man. Beim Immigrations- und Worker-Programm der Kanadier trifft das besonders oft zu.

Die Sonderprogramme sind zum einen die Provincial Nominee Programs für Immigranten und Skilled Worker und zum anderen die vom HRSD, beim Work Permit, für verschiedene Berufsgruppen von den Life-in Caregivers bis zu den Akademikern. Hinzu kommen die zwischenstaatlichen Vereinbarungen der kanadischen Bundesregierung mit anderen Staaten, wie beispielsweise das Young Worker Exchange Program. Das neueste Sonderprogramm stellt die Provinz Ontario vor, wenn dort das Provincial Nominee Program im Parlament verabschied ist.

Gerade die Sonderprogramme der Provinzen sind so unterschiedlich, dass jeder sich das Programm seiner Wunsch-Provinz sehr genau ansehen sollte. Das Quebec Nominee Program wird im Allgemeinen als beste Lösung für Skilled Worker und ebenfalls für Investoren betrachtet und insbesondere Manitoba hat sich daran orientiert - ohne es zu kopieren. Im Gegensatz dazu hat Alberta ein Programm, das den Arbeitnehmer erst einmal der „Gnade" des Arbeitgebers ausliefert. Die Politik in Alberta ist unverfälscht Konservativ und damit Arbeitgeber orientiert. Auch in B.C. erwarten Arbeitgeber, das der interessierte Mitarbeiter erst mal ein Jahr mit einem Work Permit für sie arbeitet. Das ist zwar nicht im Sinne des PNP in der Provinz, da aber so viele „die schöne Aussicht" dort lieben, können die Arbeitgeber ihre Wünsche durchsetzen. (Solche Informationen findet man nur in britischen und nicht in deutschen Foren!)

Zu beachten ist: Die Provinzen haben Listen, in denen sie dringend gesuchte Berufe für das Provincial Nominee Program aufführen. Diese Listen sind von Provinz zu Provinz unterschiedlich. Diese Listen kann aber jeder ignorieren, der über das Federal Program in eine der Provinzen immigrieren will und genügend Punkte (derzeit 67) erreicht, um das Permanent Residence Visa zu erhalten!

Wer beispielsweise nach Alberta, B.C., Manitoba oder Nova Scotia einwandern oder dort arbeiten möchte, der kann natürlich einen Antrag auf Work Permit oder Permanent Residence Visa über das Federal Program stellen. Man muss sich dann um nichts kümmern, was mit dem jeweiligen PNP zu tun hat! Die Voraussetzung dazu ist, er und sein Arbeitgeber erfüllen die Bedingungen von HRSD und CIC für Immigration und Temporary Work Permit im Rahmen des Federal Programs. Das ist darum wichtig, da die PNP nur eine sehr begrenzte Anzahl an Bewerber pro Jahr zulassen!

Das Sonderprogramm von Manitoba wurde vor allem von Adele Dyck mitgeformt. Sie lebt in Mennonite-Country südlich von Winnipeg. Dort gab es in den Neunzigern des letzten Jahrhunderts eine Arbeitslosenquote, die um 1 Prozent und darunter lag. Es wurden von den Unternehmen darum Menschen gesucht, die bereit waren nach Manitoba einzuwandern und sich in der Region niederzulassen - und zwar für immer. Die Arbeitgeber der Region fragten Adele Dyck ob sie etwas in Gang setzen könne. Das tat sie dann auch und 1996 erhielt sie als Erste die Erlaubnis für ein Pilot-Projekt, um Immigranten nach Manitoba zu holen. Die Regierung von Manitoba hatte nach langen Diskussionen ein Programm beschlossen, dass die Priorität auf die schnelle Einwanderung der Skilled Worker mit ihren Familien als Permanent Resident in Kraft setzte. Die Arbeitgeber der Region waren auch bereit zu warten, bis die Anträge ihrer neuen Arbeitnehmer von den Behörden in Manitoba und danach von CIC bearbeitet und genehmigt wurden. Das dauert auch heute, je nach Fall, sechs bis zwölf Monate - ist also schneller als das normale (Bundes-) Federal - Programm.

Im Gegensatz dazu ist das Programm der Provinz Alberta darauf aufgebaut, dass der Skilled Worker zuerst als Gastarbeiter mit einem zeitlich begrenzten Work Permit von 3, 6 oder 12 Monate die Arbeit bei seinem neuen Arbeitgeber beginnt. Das hat für den Arbeitgeber Vorteile, aber massive Nachteile für den Arbeitnehmer, wenn nicht alles nach Plan läuft. (Siehe: Falle Work Permit) Der Vorteil für den Arbeitgeber und am Anfang auch für den Arbeitnehmer ist die Kürze der Zeit, die es braucht, um einen Work Permit zu erhalten. In der Regel dauert dies weniger als vier Monate, wenn der Arbeitgeber die Abwicklung entsprechend gut vorbereitet hat. Die Programme der anderen Provinzen werden fast jährlich geändert, zuletzt das von Nova Scotia. Wer eines dieser Programme nutzen will, hat fast immer einen Berater einzuschalten. Allerdings kann man die Immigration oder den Work Permit auch erfolgreich alleine beantragen.

Bei den Provincial Nominee Programs ist die Einwanderung für Arbeitnehmer mit Skill Levels C + D prinzipiell möglich - aber nicht in jeder Provinz.

Generell sollte jeder, der plant für immer oder viele Jahre in Kanada zu bleiben, direkt darauf bestehen als Permanent Resident seine Arbeit beim neuen Unternehmen in Kanada zu beginnen. Das ist eindeutig die bessere Lösung als sich den Unwägbarkeiten eines Work Permits auszusetzen.

Die dafür notwendigen Informationen stehen bei HRSD auf der Webseite unter: *Find out what you, as an employer, must do if you are interested in hiring skilled workers and supporting their permanent immigration to Canada.* Das ist auf derselben Webseite, wo auch die Informationen für die Sonderprogramme stehen. Das sollte jeder Arbeitnehmer genau lesen, da seine Verhandlungsposition sich dadurch verbessert.

Die direkte Immigration wird aber für den einen oder anderen nicht immer der richtige Weg nach Kanada sein. Besonders nicht in die Provinz Alberta, möglicherweise auch nicht nach Manitoba oder in die anderen Provinzen. Darum hat man sich schon vorher sehr genau zu erkundigen, wie es weiter geht, um in Kanada als Skilled Worker mit einem Temporary Work Permit schnellstens Permanent Resident zu werden.

Die Sonderprogramme von Human Resources and Social Development / HRSD

Die folgenden Informationen zu den Ausnahmen, die HRSD im Programm hat, findet man auf der Webseite www.hrsdc.gc.ca unter BUSINESS - dort zum Link: *Human Resources* und dann zum Link: *Foreign Worker Program.* Da diese Ausnahmen sich immer wieder ändern sollte jeder dort regelmäßig vorbei schauen, um die aktuellen Sonderprogramme und ihre Bedingungen kennen zu lernen. Im folgenden Text ist dann der Link zu den Sonderprogrammen zu findet: Note : *Please be aware that there are also specific processes for employers planning to hire foreign workers in a number of industry sectors and occupations with special requirements.*

The following occupations and industry sectors have specific processes for employers planning to hire foreign workers in Canada:

Academics
Seasonal Agriculture
Seasonal Agriculture in British Columbia
Film and Entertainment
Information Technology
Live-in-caregivers
Live-in-caregivers for the province of British Columbia
Oil Sands Construction Projects in Alberta
Pilot Project for Occupations requiring at most a High-school Diploma or Job-specific Training

Früher gab es auch andere Programme, die inzwischen aber ungültig sind. Man hat also immer darauf zu achten, wann ein Programm in Kraft gesetzt wurde und wie lange seine Laufzeit ist.

Die Problematik dieser Programme lässt sich derzeit am besten am „Pilot Project for Occupations requiring at most a High-school Diploma or Job-specific Training" darstellen. Hier handelt es sich um Jobs für die nur ein Skill Level von C + D erforderlich ist. Vor diesem Sonderprogramm gab es für Arbeitnehmer mit diesen Skill Levels keine Work Permits - Ausnahmen waren Saisonarbeiter in der Landwirtschaft - Seasonal Agriculture.

Das folgende wurde bereits zum Teil unter Skill Level und Duties beschrieben aber ich wiederhole es hier, da es für zukünftige Provincial Programs, wie beispielsweise das von Ontario, wichtig ist. Es geht hierbei also wieder um die NOC Liste und die Skill Levels, die ja von HRSD festgelegt werden. Und dort steht in der Beschreibung für Jobs, die in Kanada keine Lehre oder Ausbildung benötigen, unter Skill Levels:

SKILL LEVEL - C
Occupations usually require secondary school and / or occupation-specific training.

SKILL LEVEL - D
On-the-job training is usually provided for occupations.

Zu Skill Level C zählen beispielsweise folgende Berufe und viele mehr:

Major Group 14 - CLERICAL OCCUPATIONS / Büroberufe

141 Clerical Occupations, General Office Skills
142 Office Equipment Operators
143 Finance and Insurance Clerks
144 Administrative Support Clerks
145 Library, Correspondence and Related Information Clerks
146 Mail and Message Distribution Occupations
147 Recording, Scheduling and Distributing Occupations

Major Group 34 - ASSISTING OCCUPATIONS IN SUPPORT OF HEALTH SERVICES

341 Assisting Occupations in Support of Health Services

Major Group 64 - INTERMEDIATE SALES AND SERVICE OCCUPATIONS

641 Sales Representatives, Wholesale Trade
642 Retail Salespersons and Sales Clerks
643 Occupations in Travel and Accommodation
644 Tour and Recreational Guides and Casino Occupations
645 Occupations in Food and Beverage Service
646 Other Occupations in Protective Service
647 Childcare and Home Support Workers
648 Other Occupations in Personal Service

Major Group 74 - INTERMEDIATE OCCUPATIONS IN TRANSPORT, EQUIPMENT OPERATION, INSTALLATION AND MAINTENANCE

741 Motor Vehicle and Transit Drivers
742 Heavy Equipment Operators
743 Other Transport Equipment Operators and Related Workers
744 Other Installers, Repairers and Servicers
745 Longshore Workers and Material Handlers

Major Group 84 - INTERMEDIATE OCCUPATIONS IN PRIMARY INDUSTRY

841 Mine Service Workers and Operators in Oil and Gas Drilling
842 Logging and Forestry Workers
843 Agriculture and Horticulture Workers
844 Other Fishing and Trapping Occupations

Major Group 94/95 - PROCESSING AND MANUFACTURING MACHINE OPERATORS AND ASSEMBLERS

941 Machine Operators and Related Workers in Metal and Mineral Products Processing
942 Machine Operators and Related Workers in Chemical, Plastic and Rubber Processing
943 Machine Operators and Related
Workers in Pulp and Paper Production and Wood Processing
944 Machine Operators and Related Workers in Textile Processing
945 Machine Operators and Related Workers in Fabric, Fur and Leather Products Manufacturing
946 Machine Operators and Related Workers in Food, Beverage and Tobacco Processing
947 Printing Machine Operators and Related Occupations
948 Mechanical, Electrical and Electronics Assemblers
949 Other Assembly and Related Occupations
951 Machining, Metalworking, Woodworking and Related Machine Operators

Warum drucke ich hier die gesamte Matrix für Skill Level C ab?

Weil genau für diese Berufe Arbeitskräfte in der Zukunft mehr und mehr gesucht werden. Ontario wird demnächst ebenfalls sein Provinzial Nominee Program verabschieden und die Wahrscheinlichkeit, dass diesen Berufsgruppen die Einwanderung dadurch ermöglicht wird ist relativ groß. Allerdings werden die Risiken für Arbeitnehmer in diesen Berufen nicht geringer, da sie in der Regel zuerst fast ausschließlich über Temporary Work Permits im Land arbeiten und leben dürfen. Was aber genau möglich ist, dass wird man erst in der Zukunft sehen.

Die Problematik dieser Gruppe mit diesem Sonderprogramm wurde mir bei den LKW-Fahrern bewusst, die ab Sommer 2005 verstärkt in den Foren mit ihren Berichten, Diskussionen und Fragen auftraten. Truck Driver nennen sie sich in Kanada und in den Staaten, aber bei der Behörde werden sie als Motor Vehicle and Transit Drivers unter der NOC Nummer 741 in der Matrix klassifiziert.

NOC hat hier auch wieder Probleme bei der Suche. Ersten sind die drei Nummern in der Matrix keine aktiven Links und können nicht zur schnellen Suche genutzt werden, da die vierte Ziffer fehlt, Zweitens kommt man mit den Suchworten „Motor Vehicle and Transit Drivers" auch nicht weiter. Erst die Reduzierung der Suche auf das Wort „Driver (s)" führt zu folgenden Ergebnissen:

1463 Couriers, Messengers and Door-to-door Distributors
7361 Railway and Yard Locomotive Engineers
7411 Truck Drivers
7412 Bus Drivers, Subway Operators and Other Transit Operators
7413 Taxi and Limousine Drivers and Chauffeurs
7414 Delivery and Courier Service Drivers
7422 Public Works Maintenance Equipment Operators
8241 Logging Machinery Operators

Dieses Sonderprogramm enthält eine böse Falle. Diese Falle wird auf der Webseite von HRSD herausgehoben - sie ist also bekannt - und lautet: JOB TIME LIMIT: Please be aware that foreign workers filling NOC Skill Levels C&D occupations can work in Canada for no more than 12 months. The worker must return to their home country for four months before applying for another work permit.

Das heißt, nach 12 Monaten muss der Arbeitnehmer für vier Monate nach Deutschland oder Europa zurück - keine andere Möglichkeit steht ihm offen! Er kann erst wieder nach vier Monaten in Europa einen Antrag stellen, was ja auch wieder einige Monate dauert! (Siehe: Falle Work Permit)

Nun sind die meisten Arbeitnehmer, die unter diesem Programm ein Work Permit erhielten, mit der Absicht nach Kanada gegangen, für immer zu bleiben. Das Problem ist hier: Die Berater und Agenten der Unternehmer haben weder die Unternehmer noch die Arbeitnehmer auf diese Problematik / Falle aufmerksam gemacht - so die Berichte in den Foren. Also auch die Unternehmer, die oft langjährige Arbeitsverträge angeboten haben, werden von ihren eigenen Beratern (Rechtsanwälten) nicht korrekt informiert. Ich kann mir nicht vorstellen, dass Unternehmer, die dringend Mitarbeiter für mehrere Jahre suchen selbst auf die Idee kommen solche Tricks mit ihren Arbeitskräften zu machen. Ist aber auch möglich und entsprechende Berichte liegen mir vor.

Zu beachten ist: Dieses Programm gilt derzeit für alle Provinzen aber es wurde als zwei Jahres Programm bereits 2003 installiert. Wie lange es noch in Kraft bleibt, kann nicht vorausgesagt werden. Derzeit wird es noch fortgeführt und das bleibt sicher solange der Ölboom weitergeht.

Jeder dieser Sonderprogramme hat seine eigenen Fallen - eine davon ist immer der zeitbegrenzte Work Permit. Auch für Akademiker und Manager gibt es die Fallen - sie sind anders versteckt. Mit dem Spruch „Adlerauge sein wachsam" kann ich am besten umschreiben, wie man als Skilled Worker - gleich welchen Skill Level er oder sie hat - darauf zu antworten hat. Das Ziel muss sein, so schnell wie möglich Permanent Resident zu werden, wenn man nicht nach Europa zurück will.

Dieselbe Wachsamkeit ist ebenfalls bei den Sonderprogrammen für junge Menschen absolut erforderlich - wenn man in Kanada bleiben will. Das gilt vor allem für das Young Worker Exchange Program, das Working Holiday Program und alle Programme für Studenten. Nur wer hier vor Beginn seiner Reise nach Kanada alle Möglichkeiten überprüft und sich entsprechend darauf vorbereitet, wird es schaffen für immer in Kanada zu bleiben. OK, auch wenn man dann doch zurück muss, der Weg nach Kanada ist durch solche Aufenthalte leichter geworden.

Wer allerdings erst im neunten Monat der Gültigkeitsdauer seines Permits darüber nachdenkt, wie es weitergeht, der wird in der Regel erst einmal nach Europa zurück müssen.

Man hat die Informationen von CIC und besonders von HRSD genau zu lesen. Wer die Bedingungen und Vorschriften der Behörde nicht perfekt versteht, der sollte lieber rechtzeitig einen seriösen Berater einschalten - denn auch der kanadische Arbeitgeber versteht die Regeln nicht immer oder hat keine Lust sich damit zu beschäftigen. Er schaltet deshalb Berater oder Rechtsanwälte ein deren Kosten er am liebsten auf die neuen Mitarbeiter abwälzt - das ist die Realität, wie sie in den Foren berichtet wurde.

Temporary Work Permit

Als Gastarbeiter auf Zeit, zieht der Arbeitnehmer nach Kanada, erhält er von CIC ein Temporary Work Permit. Er hat also nur die Sicherheit eines Zeitarbeiter-Vertrages in der Tasche, wenn er seine Koffer packt und seine „Zelte" in Deutschland abbricht.

Geht er allerdings bewusst nur für einige Jahre nach Kanada, dann wird er nicht alle Zelte abbrechen, da seine Rückkehr fest geplant ist. Hofft er aber über diesen Weg die Einwanderung nach Kanada zu schaffen, dann sind Faktoren zu beachten, die in der ersten Hochstimmung oft aus dem Blick geraten. (Siehe: Falle Work Permit)

Was ist ein Skilled Worker - wie wird dies definiert?
Entsandter / Expatriates in Kanada
Was ist der Unterschied zwischen einem Work / Study Permit
und einem Temporary Resident Visa?
Antrag auf Temporary Work Permit für Skilled Worker
Kann man den Work Permit verlängern lassen und wie lange kann man als Temporary Worker in Kanada bleiben?
Was muss man beachten wenn man den Job wechseln will?
Gekündigt! Muss man das Land verlassen?
Kann man als Temporary Worker in Kanada studieren?
Kann man ohne Work Permit in Kanada arbeiten?
Work Permit für Studenten und Schüler
Au Pair und Live-in Caregiver
Kann man als Tourist einen Work Permit beantragen?
Was bedeutet „no re-entry" beim Work Permit?
Kann man mit kanadischem Work Permit in USA arbeiten?

Was ist ein Skilled Worker - wie wird dies definiert?

Jeder Arbeiter in Kanada ist ein Worker, und wenn er eine gute Ausbildung (post secondary) oder ein entsprechendes Training hat, dann wird er als „Skilled Worker" klassifiziert. Im Sprachgebrauch von CIC und HRSD sind damit alle Berufe gemeint, die eine längere Ausbildung voraussetzen. Das heißt, jeder ist ein Skilled Worker, ob Top-Manager, Professor, Doktor, Ingenieur, Inhaber eines akademischen Titels oder Facharbeiter vom Automechaniker über die Krankenschwester bis zum Werkzeugmacher und Zugführer, der in Kanada arbeitet. Dies ist der Grund für den Gebrauch der Worte „Arbeitnehmer" oder „Skilled Worker" in diesem Buch. Es würde in Deutschland Niemandem in den Sinn kommen, einen Top-Manager oder Akademiker als Facharbeiter zu bezeichnen. Dabei ist dies die korrekte Übersetzung von Skilled Worker. Das Ministerium HRSD klassifiziert die Skilled Worker in der NOC-Liste nach der Ziffer „0" und den Buchstaben „A, B, C und D.

Entsandter / Expatriates in Kanada

Skilled Worker, die von ihren Unternehmen in Deutschland, Europa oder in anderen Ländern, für längere Zeit nach Kanada geschickt (entsandt) werden, brauchen ebenfalls einen Work Permit. Solange sie für ihr Unternehmen in Kanada als „intra-company transferees" arbeiten benötigen sie dazu aber keine Bestätigung vom HRSD. Der Work Permit wird in der Regel von der zuständigen Abteilung des Unternehmens beantragt und der Expat hat damit wenig Arbeit.

Dieser Work Permit richtet sich jedoch genauso nach den Richtlinien wie sie für alle Skilled Worker gelten. Der Work Permit muss also ebenfalls regelmäßig verlängert werden, hat auch nur eine maximale Laufzeit und man darf damit nur für das eingetragene Unternehmen arbeiten. Wer als Expat das Unternehmen verlassen will, um für ein anderes zu arbeiten, der hat die gleiche Prozedur zu bewältigen, wie jeder andere Temporary Worker auch. Das betrifft ebenso den Antrag auf ein Permanent Residence Visa, sollte der Expat beabsichtigen für längere Zeit oder immer in Kanada zu bleiben.

Was ist der Unterschied zwischen einem Work / Study Permit und einem Temporary Resident Visa?

Das Temporary Resident Visa erhält jeder, der nach Kanada als Tourist, Arbeitnehmer oder Student kommt. Europäische Touristen erhalten es automatisch bei der Landung ohne dafür einen Antrag stellen zu müssen. Die genehmigte Dauer des Aufenthalts in Kanada beträgt mit diesem Visum für den Touristen sechs Monate. Das Visum kann um weitere sechs Monate verlängert werden, aber diese Verlängerung ist in der Regel auf maximal ein Jahr Gesamt-Aufenthalt in Kanada begrenzt. Diese Verlängerung kann jedoch auch für einen kürzeren Zeitraum ausgestellt oder abgelehnt werden. Und diese kürzere Aufenthaltsgenehmigung für Kanada kann bereits bei der ersten Einreise verfügt werden.

Touristen aus vielen Ländern müssen erst einen Antrag auf ein Temporary Resident Visa stellen und dieses erhalten, bevor sie in Kanada landen können. Detaillierte Informationen zu allen Ländern der Welt stehen dazu auf den Webseiten von CIC.

Das Temporary Resident Visa ist keine Arbeits- oder Studien-Erlaubnis! Diese müssen zusätzlich beantragt werden. Es gibt für Touristen eine Ausnahme bei kurzzeitigem Studium in Kanada, aber keine Ausnahme bei der Arbeit. Ein Work Permit oder Study Permit enthält automatisch ein Temporary Resident Visa für die genehmigte Zeit.

Antrag auf Temporary Work Permit für Skilled Worker

Wie ebenfalls an anderer Stelle beschrieben (HRSD) erhält man einen Work Permit nach folgenden Schritten: Zuerst hat man einen Arbeitgeber zu finden und mit diesem einen korrekten kanadischen Arbeitsvertrag zu vereinbaren.

Der Arbeitgeber beantragt nun eine LMO beim HRSD und bittet um die Genehmigung einen Ausländer beschäftigen zu dürfen.

Sagt das HRSD dazu OK, dann erhält der Arbeitgeber die Genehmigung in schriftlicher Form.

Das Schreiben von HRSD sendet der Arbeitgeber als Kopie an seinen neuen Mitarbeiter.

Dieser stellt nun seinen Antrag auf ein Work Permit beim Ministerium CIC über die Botschaft in Berlin, Wien, Paris oder wo auch immer seine zuständige Botschaft ist.

Wird der Antrag von CIC positiv bewertet, dann erhält man nach einigen Wochen - selten mehr als ein Monat - ein Schreiben von CIC mit der Genehmigung für ein Work Permit.

Dieses Schreiben zeigt man nach der Landung in Kanada dem Immigration Officer am Flughafen vor und dieser stempelt es. Ohne den Vermerk des Officers im Pass ist der Work Permit nicht gültig!

Die Behörde richtet sich nicht nach dem Timing des Antragstellers, wie manch einer glaubt und darum seinen Flug zu früh bucht, sondern ausschließlich nach ihrem eigenen Zeitplan. Darum sollte man mit dem Arbeitgeber klar vereinbaren, dass man erst nach Erhalt des Work Permit mit der Arbeit beginnt und nicht zu einen Termin X, den er festlegen will.

Für das Young Worker Exchange Program ist zuerst die Arbeitsagentur zuständig, wenn man einen Arbeitgeber gefunden hat. Üblicherweise ist die Bearbeitungszeit für dieses Visa noch kürzer.

Kann man den Work Permit verlängern lassen und wie lange kann man als Temporary Worker in Kanada bleiben?

Ja. Aber nur bis zur maximalen Zeit, die für den jeweiligen Beruf erlaubt ist. Das können 3, 5 oder 7 Jahre sein. Dies hängt von der Qualifikation des Berufes ab. Facharbeiter können maximal 3 Jahre mit einem Work Permit in Kanada arbeiten und leben, während Manager bis zu 7 Jahre bleiben können. Die Einhaltung der Termine für den Antrag auf Verlängerung ist in diesen Fällen von Bedeutung. Das heißt, man hat sich als Arbeitnehmer selbst darum zu kümmern. Nur sehr selten hat ein Arbeitgeber genug Erfahrung mit diesen Anträgen, um seinem Arbeitnehmer dabei helfen zu können.

Aber, nicht jeder Work Permit kann so einfach verlängert werden. Es ist möglich, dass HRSD für eine erneute LMO nochmals den Beweis vom Arbeitgeber fordert, dass dieser keinen Kanadier für den Job findet. Kann der Arbeitgeber dies nicht erneut beweisen wird der Work Permit nicht verlängert und der Worker muss normalerweise wieder zurück nach Europa. Außer er findet einen neuen Arbeitsgeber zu dem das HRSD sein OK gibt.

Ebenso kann der Work Permit für Young Worker nicht verlängert werden. Dieser müsste dann in einen normalen Work Permit umgewandelt werden. Das bedeutet selbstredend, viel bürokratischen Stress für den Arbeitgeber. (Siehe: Falle YWEP)
Ein Work Permit gilt in der Regel zuerst für ein Jahr oder kürzer und muss danach verlängert werden - unabhängig davon wie lang der Arbeitsvertrag vereinbart wird. Die Kanadier erwarten, dass jemand mit einem Temporary Work Permit rechtzeitig einen Antrag auf Permanent Residence

stellt, wenn er länger oder für immer in Kanada leben und arbeiten will. Wird der Termin für einen Antrag auf PR überschritten hat der Skilled Worker in der Regel Kanada wieder zu verlassen.

Was muss man beachten wenn man den Job wechseln will?

Das wechseln eines Jobs ist kein Problem, wenn der bürokratische Weg eingehalten wird. Der neue Arbeitgeber muss aber ebenfalls die Kriterien von HRSD im vollen Umfang erfüllen, damit man bei ihm beschäftigt sein darf. Das gilt nur für Temporary Worker nicht für Immigranten, die mit einem Permanent Residence Visa gelandet sind. Der Prozess ist absolut derselbe wie beim ersten Arbeitgeber, nur das er innerhalb Kanadas abgewickelt wird. Zu beachten ist, dass man nicht vor Erhalt des neuen Work Permit beim nächsten Arbeitgeber beginnt zu arbeiten. Das wäre eine Verletzung des Gesetzes. Bei diesem Punkt verstehen die Kanadier keinen Spaß und eine Verletzung der Vorschriften kann zur Ausweisung führen. Für Worker unter dem Sonderprogramm YWEP gibt es da aber weitere Probleme. Das Programm WHP erlaubt dagegen den Wechsel der Arbeitgeber ohne vorher mit den Behörden darüber zu sprechen.

Wenn man gekündigt wird muss man dann das Land verlassen?

Wer von seinem Arbeitgeber nach wenigen Wochen oder Monaten gekündigt wird, hat vorerst weiter das Recht in Kanada zu bleiben. Man darf solange im Land bleiben, wie die Gültigkeitsdauer des aktuellen Work Permit besteht. In dieser Zeit kann man sich einen neuen Arbeitgeber suchen, und wenn das HRSD dazu sein OK gibt, bei diesem mit einem neuen Work Permit arbeiten. Es existiert aber auch die Möglichkeit ein Temporary Resident Visa als Tourist zu beantragen, um weitere sechs Monate in Kanada bleiben zu können. Ebenfalls ist es dann möglich, ein Study Permit zu beantragen, wenn man dafür die nötigen Voraussetzungen erfüllt. Zu beachten sind immer die Antragsfristen, damit man nicht ohne gültigen Status in Kanada bleibt.

Kann man als Temporary Worker in Kanada studieren?

Ja, das kann man. Es gibt zwei Wege. Wer ein Studium oder eine Weiterbildung besucht, welche sechs Monate oder kürzer ist, braucht dafür keinen Study Permit zu beantragen. Das sind beispielsweise Sprachkurse oder Fachkurse für alle Berufe oder so genannte „non-credit special interest studies". Ebenso gehören Kurse an Universitäten dazu. Diese Kurse müssen aber innerhalb der Zeit beendet werden, die man berechtigt ist in Kanada zu bleiben. Einen Study Permit müssen aber alle beantragen, die sich bei Kursen und Studien einschreiben wollen, die länger als diese sechs Monate dauern. Es ist dann notwendig den Antrag bei einem Büro von CIC im Ausland zu stellen, auch wenn man weiterhin in Kanada arbeitet. Die dafür benötigten aktuellen Informationen erhält man über das CIC Call Center seiner Region und von den Colleges und Universitäten.

Kann man ohne Work Permit in Kanada arbeiten?

Nicht jeder benötigt eine Erlaubnis des Ministeriums HRSD, aber jeder der in Kanada arbeiten will oder tätig wird, benötigt einen Work Permit. Nur in ganz wenigen Fällen, die alle in der Regel zeitlich sehr kurzfristig sind, wird von CIC und HRSD keine vorherige Bestätigung benötigt. (Siehe: Wann braucht man keine Genehmigung von CIC und HRSD?)

Abgesehen von diesen wenigen Ausnahmefällen, spielt es keine Rolle ob man als Freiwilliger ohne Bezahlung für eine karitative Organisation, für Kost und Logis auf einer Ranch arbeitet oder als gut bezahlter Manager und schlecht bezahlter Praktikant bei Unternehmen beschäftigt ist.

Es ist auch nicht erlaubt als Tourist an seinem eigenen Ferienhaus größere Arbeiten selbst auszuführen! Die folgende Frage eines Ferienhaus-Besitzers, der als Tourist nach Kanada reist, beschreibt sehr gut, wie die Verkäufer oder Bauträger von Häusern ihre Kunden im Dunkeln lassen oder sie direkt falsch informieren. Die Fragestellung in den Foren lautet meistens so: *„Was ich wissen möchte ist folgendes: Darf man auf seinem eigenen Grundstück arbeiten? Mit arbeiten meine ich natürlich am Grundstück (Garten oder Bäumen fällen, nur als Beispiel) oder am Haus (Aufbau, Ausbau, Reparaturen, usw.) arbeiten. Nichts Gewerbliches oder gegen Geld.“*

Normale Gartenarbeit: Blumen pflanzen, Rasen mähen und besprengen sind noch im „Grünen Bereich", aber Bäume fällen oder sogar Bauarbeiten sind es nicht mehr. Zu Bauarbeiten gehören auch Reparaturen. Das Beispiel eines Deutschen der sein Dach reparierte und dafür einen Ausreiseaufforderung / Deportations-Befehl erhielt, wurde schon an anderer Stelle besprochen. Die Antwort muss also lauten: Nein, keine dieser Arbeiten darf man ohne Work Permit ausführen.

Anzeigen und Anfragen wie beispielsweise die folgenden sind in den meisten Fällen eine Aufforderung oder Anfrage zur Schwarzarbeit und damit illegal.

- Wer hätte Lust, den Sommer in Canada zu verbringen? Wir suchen Leute, die auf der Durchreise sind und evtl. mal ein paar Wochen bei uns Station machen wollen. Gegen Ihre Mithilfe gibt's Kost und Logis, Ausflüge, Grillfeste und alles was mit farmlife und canadian friends zu tun hat.

- Hallo ich suche für nächstes Jahr so für drei Wochen oder mehr einen Ort in Canada wo ich Ferienarbeit machen kann für Kost und Logis

- Ich W/25 möchte unbedingt im Jahr 2005 für sicher 6 Monate auf einer Ranch ohne viel Tourismus arbeiten. Wer einen Tipp hat oder meine Hilfe gegen Kost und Logis gebrauchen kann bitte melden!

Man kann natürlich solche Arbeiten ausführen, wenn man über eines der Programme für Junge Leute, Praktikanten oder Studenten ein Open Work Permit erhalten hat. Allerdings hat man dann die Bedingungen dieser Programme zu erfüllen, bevor man ein gültiges Visa erhält. Man kann diese Arbeiten aber nicht als Tourist ausführen. Es ist illegal und auch wenn jeder denkt: „Mich erwischt keiner!", so sollte man das damit verbundene Risiko klar sehen. Derzeit werden rund 10.000 illegale Arbeiter pro Jahr von den kanadischen Behörden deportiert. Das heißt, sie erhalten einen Ausreisebefehl und müssen kurzfristig das Land verlassen. Hinzu kommt, dass sie für längere Zeit nicht nach Kanada einreisen dürfen.

Achtung Falle: Es wird Touristen und auch Skilled Worker mit Work Permit immer wieder gesagt:

„Ja, das ist kein Problem, du kannst das ruhig machen - ein wenig Schwarzarbeit oder arbeiten bei zwei oder drei Firmen gleichzeitig geht ohne Schwierigkeiten." Auch von Beratern werden die Gesetze manchmal sehr freizügig ausgelegt.

OK, das kann gut gehen, aber das hängt immer vom Officer vor Ort ab! Der hat eine Entscheidungsbefugnis per Gesetz erhalten, die es ihm erlaubt großzügig zu sein oder extrem streng. Meiner Ansicht nach sollte jeder davon ausgehen, dass der Officer die gesamte Strenge des Gesetzes anwendet. Beispiele dafür gibt es genug und ich könnte damit mehrere Seiten füllen.

Es gibt allerdings eine Ausnahme, wenn man Geld bezahlt, um Arbeiten zu dürfen! Das heißt, ein Tourist, der auf einer Ranch einen Urlaub bucht, um dort mitzuarbeiten - dafür bezahlt, dass er dort arbeiten darf - kann natürlich dort auch arbeiten. Er darf aber nicht beim nächsten Rancher arbeiten, auch wenn sein Gastgeber dies erlauben würde. So sagt es das Gesetz.

Work Permit für Studenten und Schüler

Im Study Permit ist nur ein sehr begrenzter Work Permit enthalten. Die einzige präzise Antwort dazu ist derzeit: „On-Campus Employment" ist weiterhin möglich. Ausländische Studenten brauchen für eine Arbeit On-Campus keinen extra Work Permit. Welche andere Gelegenheiten für Arbeitsstellen tatsächlich bestehen, kann nur die jeweilige Universitätsverwaltung genau sagen, da dies von Uni zu Uni anders ist. Weiterhin besteht aber die Forderung der Kanadier: You must come to Canada with enough money to live and pay your bills while you are studying, without needing to work.

Aber „Working Off Campus" während des Studiums ist ein Pilot-Projekt, dass je nach Provinz bereits im Frühjahr 2006 endet. Das Programm wird vorerst weitergeführt, bis der neue Minister dazu eigene Ideen entwickelt hat und sich darüber mit den Provinzen einigen konnte. Für dieses Programm muss der Student aber einen Work Permit beantragen und darf mit der Arbeit erst nach Erhalt des Permits beginnen. Dieses Programm variiert von Provinz zu Provinz und ebenso innerhalb der Regionen in den Provinzen.

Was möglich ist oder was nicht, kann darum immer nur die Verwaltung der jeweiligen Universität dem Studenten zum Zeitpunkt seines Antrages, an der Universität zu studieren, sagen. Auf der Webseite von CIC stehen zwar alle derzeitigen Informationen unter „Studying in Canada" aber der wichtigste Satz ist: „Check back regularly for updates posted on the CIC Web site."

Ein weiterer sehr wichtiger Satz ist: **„Do not work without being authorized to do so. If you do, you may be asked to leave Canada."** Besonders sollte man diesen Satz beachten, wenn man vorhat nach dem Studium als Immigrant in Kanada zu bleiben.

Um nach dem Studium eine Arbeit von bis zu zwei Jahren anzunehmen, die dem Studium entspricht, kann einen Work Permit unter dem „post-graduation work program" beantragen. Dafür braucht man keine Bestätigung von HRSD. In der Information schreibt CIC dazu „... you do not have to get a labour market opinion from Service Canada". Zu beachten ist hier mal wieder das Wording, denn Service Canada ist nichts anderes als HRSD. Arbeitet man aber länger als zwei Jahre muss man eine positive LMO von HRSD erhalten. www.servicecanada.gc.ca/

Wird dieser Weg gewählt, um danach einzuwandern, hat man die Fallen auf dem Weg zu sehen. Diese stecken in den Vereinbarungen zwischen der Regierung in Ottawa und den Provinzen. Als Beispiel für diese Fallen ist Nova Scotia besonders gut geeignet. Es wird überall verlangt, dass der Student nach erfolgreichem Studium in der Provinz, in der er studierte, in seinem Fach eine Arbeit findet. Da selbst die Kinder, der seit Generationen in Nova Scotia beheimateten Familien nur selten einen Job in der Provinz finden, dürfte dies für Ausländer noch schwieriger sein. Die Kinder der Einheimischen wandern dann beispielsweise von Nova Scotia nach Québec, Ontario oder Alberta aus - sie sind Migranten im eigenem Land. Diese Migration ist in Deutschland ebenfalls üblich. Die Chance über diesen Weg die Einwanderung zu schaffen ist darum sehr gering. Das hat man rechtzeitig und sehr genau auch für die anderen Provinzen zu recherchieren, denn das Studium kostet darüber hinaus in Nova Scotia oft mehr als in anderen Provinzen, wo der Arbeitsmarkt normalerweise besser ist.

Für alle anderen Programme, wie beispielsweise „co-op or internship program" oder im medizinischen Bereich ist zwar ein Work Permit erforderlich, aber dafür braucht man kein OK vom HRSD. Aber, dies gilt in der Regel nur bei kurzfristiger Arbeit im Rahmen des Studiums, wie beispielsweise für „health-care students", wo die Dauer der Tätigkeit maximal vier Monate betragen sollte.

Wie beschrieben kann jeder Lebenspartner, verheiratet oder nicht, eines Workers oder Studenten einen Open Work Permit erhalten, wenn die geforderten Voraussetzungen erfüllt werden. Der Antrag dazu kann bei Studenten bereits mit dem Antrag auf Study Permit eingereicht werden.

Wenn CIC über „Minor Children Studying in Canada" schreibt, dann sind damit alle Kleinkinder und Jugendliche gemeint, welche unter 18 beziehungsweise 19 Jahre alt sind. (Wieder: Es existieren Unterschiede von Provinz zu Provinz.) Wer also als Temporary Worker mit seinen Kindern nach Kanada kommt, der braucht auch ein Study Permit für die Kinder.

Eltern, die als Temporary Worker mit Jugendlichen nach Kanada ziehen, sollten sich immer ausführlich über die aktuellen Bedingungen informieren lassen. Das heißt, solange die Jugendlichen von den Eltern abhängig sind - für die Zeit ihrer Ausbildung - können sie mit den Eltern auf deren Visum einreisen. Eine Arbeit im Rahmen von on-campus und off-campus ist dann also nach den Regeln möglich. Ist der Jugendliche aber vor der Einreise nach Kanada mit 18 oder 19 bereits selbst am arbeiten - finanziell nicht mehr von den Eltern abhängig - dann muss er oder sie einen eigenen Antrag als Temporary Worker oder Immigrant stellen.

Au Pair und Live-in Caregiver

The Live-in Caregiver Program - http://www.cic.gc.ca/english/work/index.html
Den Kanadiern ist bewusst, was das für ein harter Job sein kann, wenn man als Kindermädchen oder Pfleger/in im Haushalt seines Arbeitgebers zu leben hat. Da diese Worker - die in die Klassifizierung der NOC-Liste oft nicht unter 0, A oder B fallen - aber dringenst gebraucht werden, damit Mann und Frau einer erfolgreichen kanadischen Familie den ganzen Tag zur Arbeit gehen können, gibt es für sie ein Sonderprogramm. Als Belohnung für ihre Arbeit wird ihnen nach zwei Jahren die Einwanderung von innerhalb Kanadas sehr leicht gemacht. Antragsteller dieser Worker Class erhalten also direkt ein Work Permit mit dem Versprechen der Regierung, dass sie einwandern dürfen. Sie

müssen dazu zwar einige Bedingungen erfüllen - aber im Gegensatz zu normalen Skilled Worker sind diese einfacher. Der Antrag auf Permanent Residence darf von dieser Gruppe von innerhalb Kanadas gestellt werden. Wie auch bereits öfter erwähnt, wird diese Gruppe der Worker von den Behörden besonders gut beschützt, wenn es zu Problemen mit Arbeitgebern kommen sollte. Für keinen anderen Beruf hat CIC darum auf der Webseite so umfangreiche Informationen bereitgestellt. Nur einige der Punkte auf der Seite von CIC für diese Gruppe:

The contract
How are contracts enforced?
You are protected
Know your rights
Hospital and medical care insurance
Workers' compensation
Other benefits:
Employment Insurance, Canada Pension Plan and Old Age Security
Other deductions from your pay
Other working conditions
Studying in Canada
If you need help
What is abuse?
Changing jobs
Thinking about quitting?
Breaking the contract
If you lose your job
Applying for permanent residence in Canada
Open employment

Auf den Punkt „Know your rights", sind auch von anderen Webseiten der Skilled Worker Class Links gesetzt. Jeder Temporary Worker, gleich welcher Qualifikation oder aus welcher Branche auch immer, findet über diese Webseite der Live-in caregiver wichtige Informationen für seine Karriere in Kanada. Anzumerken ist, dass über dieses Programm noch vor kurzem mehr Menschen nach Kanada kamen als über die Provinzial Nominee Programs aller Provinzen - mit der Ausnahme von Québec, wo alle Einwanderer Provincial Nominees sind.

Für junge Menschen, die als Au Pair arbeiten wollen, gibt es ein Problem: Die Arbeitgeber wollen sehr häufig, dass die Au Pairs den Job als Schwarzarbeiter machen. Sie haben kein Interesse daran, den Forderungen der Behörden nachzukommen, können sie nicht erfüllen oder wollen diese Arbeit nicht korrekt bezahlen. Das passiert besonders häufig unter Landsleuten.

Wer als junger Mensch bereit ist die damit verbundenen Risiken einzugehen sollte diese kennen. Ausbeutung jeglicher Art ist möglich. Das muss zwar nicht sein ist aber nicht ungewöhnlich, denn sonst hätte CIC nicht so ausführliche Informationen bereitgestellt. Ein wichtiger Punkt ist auch, dass diese Schwarzarbeit bei einer geplanten Einwanderung nach Kanada keine Punkte für Arbeitserfahrung bringt. Der sicherste Weg einen Au Pair Job zu suchen ist über Agenturen. Die Agenturen achten darauf, dass sich die Familien an die gesetzlichen Bedingungen halten. Ebenfalls können sie helfen, wenn es in den Familien zu Problemen kommt und eine neue Stelle gesucht wird.

Kann man als Tourist in Kanada einen Work Permit beantragen?

Inzwischen reisen Arbeitnehmer als Touristen nach Kanada, um vor Ort einen Arbeitgeber zu suchen. Die Chance auf Erfolg besteht bei dem einen oder anderen und die Frage ist dann: Kann man von Kanada aus einen Antrag auf einen Work Permit stellen?

Ja, dass kann man, allerdings sind dabei die Bedingungen von CIC genau einzuhalten. So darf man beispielsweise in Kanada nicht mit der Arbeit beginnen, bevor man den gültigen Work Permit in der Hand hat. Das heißt, man muss genug Geld besitzen, um notfalls einige Monate damit in Kanada wohnen und leben zu können. Der Antrag muss dann für Deutsche in Berlin gestellt werden, wenn vorher das HRSD sein OK gab. Die Botschaft schickt den Work Permit danach zwar an die private Adresse des Antragstellers in Kanada, aber dadurch ist er noch nicht gültig! Damit er gültig wird muss der Antragsteller das Land verlassen (in der Regel kurz in die USA fahren, „eine Runde um die Flagge" drehen) und bei der Rückkehr dem Immigration Officer den Work Permit vorlegen, damit dieser ihn als beglaubigt absegnet (signiert und stempelt).

Was bedeutet „no re-entry" beim Work Permit?

Das Temporary Work Visa enthält einen Satz in dem gesagt wird, dass der Inhaber des Visums nach verlassen des Landes kein Recht hat wieder nach Kanada einzureisen. Diese „no re-entry" Regel gilt aber nur für Bewohner von Ländern, die immer ein Temporary Resident Visa beantragen müssen, um Kanada zu besuchen. Für Europäer gilt diese Regelung darum nicht, außer kurz vor Ablauf des Work Permit. Wer also vier Wochen oder wenige Tage vor Ablauf noch kurz in die USA will, dem kann es passieren, das die amerikanischen Officers die Einreise verweigern, da der Reisende bei der Rückkehr möglicherweise - auch wenn er Europäer ist - nicht mehr nach Kanada einreisen darf! Man muss also unbedingt rechtzeitig eine Verlängerung des Work Permit beantragen. Wer als Temporary Worker in den ersten Monaten der Gültigkeitsdauer in die Staaten reisen will, im Urlaub zurück nach Europa oder wo auch immer hin, der kann ohne Probleme wieder einreisen. Der Work Permit verliert dadurch nicht seine Gültigkeit.

Kann man mit einem Work Permit für Kanada in USA arbeiten?

Ja, das kann man. Dies geht aber nur sehr begrenzt und man braucht dafür von den Amerikanern ein Visum, das vom zuständigen amerikanischen Konsulat ausgestellt sein muss. Die Frage tauchte in den Foren bei Truck Drivern auf, die von ihren Firmen in die Staaten geschickt werden. Es funktioniert aber genauso für alle anderen Berufe vom Manager bist zum Techniker. Man hat dazu die aktuellen Bedingungen der Amerikaner zu beachten. Das sind beispielsweise, der Arbeitgeber muss eine kanadische Firma sein, die Bezahlung erfolgt in Kanada und der Aufenthalt in den Staaten ist nur relativ kurz. Von Vorteil ist in diesen Fällen, einen deutschen Pass mit den neusten biometrischen Kennzeichen zu haben (ab Frühjahr 2007), der noch viele Jahre gültig ist.

Open Work Permit für den Partner

Zu diesem Permit gibt es widersprüchliche Aussagen in den Foren. Selbst Anwerber / Agenten kanadischer Arbeitgeber haben keine genaue Vorstellung davon und geben falsche oder nur halbrichtige Auskünfte. Von CIC wird man bei Anfragen meistens nur auf die „Oberfläche" hingewiesen und nicht auf die Informationen, die sich in den Tiefen der Manuals / Handbücher befinden.

CIC schreibt: Spousal Program
Spouses (wife, husband or common-law partner) and dependants who come to Canada with a foreign worker need to have their own work permit if they want to work in Canada.

Auf diesen Satz beziehen sich die meisten Antworten, auch die der Anwerber. Das bedeutet jeder Begleiter des Hauptantragstellers braucht normalerweise einen eigenen Work Permit. Aber danach kommen die Ausnahmen (schon wieder Ausnahmen).

Your spouse (husband, wife or common-law partner) may qualify for a work permit without the need for a job confirmation from Human Resources and Skills Development Canada (HRSDC).

Die erste Ausnahme besagt, dass Lebenspartner einen Work Permit auf Antrag erhalten können ohne von HRSD ein OK zu benötigen. Dieses Permit wird als Open Work Permit bezeichnet, da man dafür auch keinen Arbeitgeber beim Antrag haben muss.

Allerdings erteilt CIC diesen Permit nur unter folgenden Bedingungen: Der Hauptantragsteller erhält einen Work Permit für mindestens sechs Monate und dieser Permit ist für einen Job erteilt, für den ein Skill Level von 0, A oder B erforderlich ist. In diesem Fall kann also jeder Partner einen Open Work Permit erhalten.

Wer aber als Hauptantragsteller einen Work Permit erhält, der unter dem Sonderprogramm für Skill Level C und D erteilt wird, dessen Lebenspartner erhält keinen Open Work Permit.

Aber auch hier gibt es eine weitere Ausnahme: Wer unter einem Provinzial Nominee Program seinen Work Permit in Skill Level C und D erhält, kann für seinen Partner in der betreffenden Provinz einen Open Work Permit beantragen und weder HRSD noch CIC erheben dagegen Einwände. Dazu muss der Work Permit des Hauptantragstellers aber die Mindestzeit von sechs Monate gültig sein.

Alles klar?

Dazu schreibt CIC in dem betreffenden Manual, als Information für die Officers: Wenn eine Provinz meint, dass sie diesen Worker, der nur Skill Level C oder D hat, für den Arbeitsmarkt der Provinz braucht, dann sollte der Officer von CIC dem Lebenspartner ein Open Work Permit ausstellen. Es gehe ja darum, dass sich seine Familie schnellst möglich in der Provinz integriert, da sie vorhat dort einzuwandern, schreibt CIC weiter. Das Provinzial Nominee Program von Alberta ist dafür das beste Beispiel, da dieses die Einwanderung in den Schritten 1. Work Permit und 2. Antrag auf Permanent Residence vorsieht.

Die Anträge für Skill Level 0, A und B können in Berlin gestellt werden, wo der Open Work Permit aber nicht immer ausgestellt wird. Die einfachere Lösung ist es, dies nach der Landung in der jeweiligen Provinz zu tun. Ob man dies bereits am Flughafen tun kann, hängt davon ab ob die erste Landung beispielsweise in Calgary ist. Der Officer in Toronto wird dies sicherlich nicht so ohne weiteres tun, wenn die Reise nach Alberta weitergeht, da ihm die Bedingungen von Alberta nicht vertraut sind - oder er dazu nicht berechtigt ist.

Das kann sich für Worker mit Skill Level C und D aber auch für die anderen Provinzen ändern. Man hat hier immer wieder die Aktualisierungen auf der Webseite von CIC zu beachten. Was heute gültig ist, kann morgen geändert sein und darauf weist CIC ausdrücklich hin.

Studenten und Lebenspartner

Bei Studenten an anerkannten Universitäten und Ausbildungsstätten ist die Sache einfacher. Da sie nach ihrem Studium mit einem Diplom in der Tasche unter Skill Level A klassifiziert werden, können sie direkt beim Antrag auf Study Permit für ihren Lebenspartner einen Open Work Permit in Berlin beantragen. Aber auch in diesem Fall kann es sein, dass der Open Work Permit erst in Kanada ausgestellt wird.

Das gilt auch für Studierende, die eine technische oder handwerkliche Ausbildung nach Skill Level B absolvieren, wenn diese an anerkannten Ausbildungsstätten stattfindet. Man hat sich aber vorsichtshalber bei der jeweiligen Ausbildungsstätte genau zu erkundigen ob diese staatlich anerkannt ist und welche Erfahrungen in der Vergangenheit mit dem Open Work Permit für den Partner gemacht wurden.

Programme für junge Menschen

Kurz vor dem ersten Dezember eines jeden Jahres häufen sich die Anfragen in den Internet Foren zum Thema Working Holiday Program for Germany (WHP). Da man frühestens ab dem 1. Dezember den Antrag einreichen kann und jeder weiß, dass nur ein begrenztes Angebot an Visa vorhanden ist, herrscht unter den Antragstellern eine leichte Panik.

Working Holiday Program

Von allen Sonderprogrammen, die eine Arbeitserlaubnis in Kanada beinhalten, ist das Working Holiday Program am einfachsten zu nutzen. Hat man es erhalten, dann kann man bestimmen zu welchem Zeitpunkt man nach Kanada reist, kann sich dort vollkommen unabhängig eine Arbeitsstelle oder mehrere suchen und nach Absprache mit dem Chef sofort mit der Arbeit beginnen. Es handelt sich dabei um ein „offenes Programm" mit einem Open Work Permit und gilt ein Jahr. Dieses Programm ist ideal für alle, die mal hier oder dort auf einer Farm arbeiten wollen und auch mal in dieser oder jener Provinz. Ebenso kann man mit diesem Visum sein Praktikum absolvieren, wenn man die Kosten der Organisationen nicht bezahlen will, die sonst diese Praktika vermitteln. Man sollte also rechtzeitig alles vorbereiten, um seinen Antrag am 30. November abzusenden. Der Eingangsstempel der Botschaft zählt in diesem Fall und nicht der Poststempel des Absendetages. Da dieses Programm immer beliebter wird, wurde die Anzahl der Visa für 2006 von 500 auf 1.500 erhöht. Denn bereits in den ersten drei Tagen im Dezember 2005 gingen mehr als 500 Anträge ein. Ob die Zahl der Visa in den nächsten Jahren ebenso hoch bleibt, dass kann nicht vorausgesagt werden. Die Anzahl kann weiter erhöht, aber auch wieder gesenkt werden.

Auf den Webseiten der kanadischen Botschaft in Berlin, Wien und Paris findet man dazu die notwendigen Hinweise unter den Links „Studieren & Lernen" sowie „Kommen Sie nach Kanada". Diese Informationen und Programme gibt es auch für Niederländer, die ihren Antrag in Berlin stellen müssen. Antragsteller aus der Schweiz können dies in Paris oder Berlin tun und Österreicher selbstverständlich in Wien. Welche Bürger anderer Nationen ihre Anträge ebenfalls in Paris oder Wien zu stellen haben kann man auf der Webseite der jeweiligen Botschaft erfahren.

Young Workers Exchange Program (YWEP)

Das derzeit bevorzugt genutzte Programm für Arbeitnehmer bis 35 Jahre mit einer erfolgreich abgeschlossenen Ausbildung ist das Young Workers Exchange Program (YWEP). Früher gab es auch nur eine begrenzte Anzahl von Visa unter diesem Programm. Inzwischen wird das YWEP-Visa massiv genutzt, um dringend gesuchte Arbeitskräfte, beispielsweise für die Boom-Provinz Alberta ins Land zu holen.

Da für das Visum keine Genehmigung von HRSD notwendig ist, es nur ein Jahr gültig ist und auch nur einmal im Leben vergeben wird, hat es Nachteile im Vergleich zu einem Work Permit. Denn normalerweise dürfen die Lebenspartner und Kinder des Antragstellers nicht mit nach Kanada - so die Idee der Programmgestalter von deutscher und kanadischer Seite. Das Visum erhält man relativ schnell aber wer überlegt schon im Voraus, dass auch ein Jahr schnell vorbei ist? Wer nur für ein Jahr nach Kanada will, um dort mal gearbeitet zu haben ist bestens mit diesem Visum bedient. Wer plant über dieses Visum für immer in Kanada zu bleiben, hat die damit verbundenen Probleme rechtzeitig zu bedenken. Die Informationen zu diesem Programm erhält man von der Arbeitsagentur. Der Link ist auf der Webseite der Botschaft zu finden. Der Name des Programms sowie die Anforderungen können sich ändern, da dies bereits unter der letzten Regierung von Kanada geplant war.

Programme für Akademiker

Die akademischen Austauschprogramme sind ausführlich auf den Webseiten der Botschaft für Studenten, Doktoranden, Mediziner und Rechtsanwälte beschrieben. Zu allen Programmen gibt es weiterführende Links und darum wird dies hier nur kurz angesprochen. Wie man als Student nach dem Studium in Kanada arbeiten darf und es bewerkstelligt ein Permanent Residence Visa zu erhalten, sollte man auf der Webseiten der Provinz nachlesen - jede hat da ihre eigenen Regeln.

Au-Pair, Live-in Caregiver / Aides familiaux résidants

Für diese Gruppe gibt es nicht so einfach ein Work Permit Visa, wie in anderen Ländern. Kanada hat zum Schutze dieses Personenkreises, vor Ausbeutung und Missbrauch, strenge Regeln eingeführt. Natürlich versuchen Arbeitgeber immer wieder die jungen Menschen zur Schwarzarbeit zu überreden, aber das Risiko liegt dann ausschließlich bei diesen, nicht beim Arbeitgeber. Mit einem Visum der anderen Programme, wie beispielsweise Work and Holiday darf man nicht als Au Pair arbeiten!

Auf der Seite der Botschaft steht dazu: Einen Au-Pair Aufenthalt, wie er beispielsweise in den USA möglich ist, gibt es in Kanada nicht. Stattdessen bietet Kanada das Programm „Live-in Caregiver" / „Aides familiaux résidants" an. Kandidaten müssen eine Ausbildung oder berufliche Erfahrungen im Pflegebereich nachweisen. Detaillierte Auskünfte erhalten Sie direkt bei der Regierungsbehörde Citizenship and Immigration Canada / Citoyenneté et Immigration Canada (CIC). Die Informationen dazu findet man direkt auf der ersten Seite von CIC unter dem Link „to Work".

Karitative Arbeit und Workcamps

Das ist ebenfalls eine Möglichkeit in Kanada zu arbeiten. Besonders für junge Menschen, die ein Praktikum im sozialen Bereich suchen besteht hier eine gute Möglichkeit. Die Webseite der Botschaft listet eine ganze Reihe von Organisationen auf, die dafür in Frage kommen. Beispielsweise diese Organisationen, die zum Teil von Küste zu Küste Arbeitsplätze anbieten:
Maison Emmanuel (Working with handicapped people)
Ll`Arche Associations
(Working with people with special needs and handicaps)
Camphill Village Ontario
(Life-sharing Community including Adults with Special Needs)
Chantiers Jeunesse (Manual work, short-term stays)

Wer ein schriftliches Angebot von einer dieser Organisationen erhält, der kann eine temporäre Arbeitserlaubnis beantragen. Dabei muss man nachweisen, dass man für die Dauer des Aufenthaltes finanziell abgesichert ist. Diese Arbeiten sind ja in der Regel Volunteer Work und darum unbezahlt.

Ebenfalls besteht die Möglichkeit in einem Workcamp / Chantier mitzuarbeiten. Informationen

erhält man beispielsweise über folgende internationale Organisationen:
Volunteers for Peace www.vfp.org
International Volunteer Service Canada www3.sympatico.ca/hybridpro/ivs
Service civil international www.sciint.org
Our kids go to camp www.ourkids.net

Das Deutsche Jugendherbergswerk Exchange Program - Tourisme Jeunesse - soll nicht vergessen werden. Ebenfalls von der Botschaft erwähnt, kann man auch darüber für kurze Zeit in Kanada arbeiten.

Nach der Arbeit in den Urlaub geht natürlich bei allen Programmen. Dazu hat man aber beispielsweise beim YWEP rechtzeitig vor Ablauf des Visums von innerhalb Kanadas einen Antrag auf ein Touristen Visum zu stellen. Dazu kontaktiert man frühzeitig das nächste Canada Immigration Centre (CIC) und stellt dort einen Antrag auf ein Temporary Resident Visa - das ist dann der Status eines Besuchers in Kanada, der weder arbeiten noch studieren darf. Es gibt aber die Ausnahmen für ein kurzfristiges Studium.

Falle: Work Permit

So schnell wie möglich raus aus Deutschland ist der Wunsch vieler Auswanderer. Kanada, als wunderschönes Reiseland bekannt, bietet auch Arbeit für viele Immigranten. Insgesamt wandern rund 240.000 Menschen jedes Jahr nach Kanada ein. Hinzu kommen rund 100.000, die mit einer befristeten Arbeitserlaubnis ins Land kommen. Viele von ihnen planen von Anfang an über die Arbeitserlaubnis - den Temporary Work Permit - einzuwandern. Auf sie warten aber einige Fallen und die sollte der Would-be Immigrant bereits vor der Abreise nach Kanada beachten.

Im Gegensatz zu Deutschland kann ein Gastarbeiter / Temporary Worker mit einem Work Permit nur maximal drei, fünf oder sieben Jahre als Temporary Worker bleiben, wie bereits erwähnt. Diese Zeitspanne ist abhängig vom Beruf und jeder sollte sich darüber beim HRSD, seinem Anwerber oder Berater rechtzeitig erkundigen. Wage Versprechungen sind da sehr beliebt, nützen aber nichts, wenn es um Fakten geht.

Noch extremer ist die Situation bei den Programmen für Young Worker. Bei diesen ist ja festgeschrieben, dass das Visum nur für ein Jahr gilt und nicht verlängert werden kann. Viele weichen dann für ein zweites Jahr auf das Programm „Working Holiday Program" aus. Auch bei den übrigen Sonderprogrammen für Akademiker, wie beispielsweise das „Student Work Abroad Program", ist die Arbeits- und Aufenthaltsdauer begrenzt.

Die erste Falle: Man denkt überhaupt nicht über das Problem nach. In dem Hochgefühl in Kanada leben und arbeiten zu können reist man alleine oder als Familie, mit einem Koffer oder allen beweglichen Besitztümer in einen Container gepackt, nach Kanada.

Die zweite Falle: In Kanada angekommen kauft man sich sofort ein Haus, und denkt: Man bleibe für immer in Kanada.

Die Hilfeschreie in den Foren oder in privaten Emails hören sich dann gekürzt wie folgt an:

Situation 1 - *„Helft mir, ich habe meinen Job nach drei Monaten bei einem Deutsch-Kanadier verloren, aber bereits ein Haus gekauft. Was muss ich tun, um einen neuen Job zu bekommen und wenn ich umziehen muss?"*

Situation 2 - *„Ich war für ein Jahr mit einem YWEP Permit in Vancouver, habe dort noch alle meine Möbel aus Deutschland stehen (er hatte einen Container voll Zeug rübergebracht) und bin jetzt wieder in Deutschland. Wie lange dauert nun der Einwanderungsprozess und wieso brauche ich ein Führungszeugnis aus Kanada?"*

Situation 3 - *„Ich bin mit einem sechsmonatigen Work Permit in Alberta und habe mir bereits ein Haus gekauft. Nun muss ich mein Berufs-Examen im regulierten Beruf als „Pipefitter" machen und was ist, wenn ich das nicht in dieser Zeit bestehen werde? Muss ich dann zurück nach Europa?"*
(Aus einem britischen Forum)

Das nordamerikanische Prinzip „Hire and Fire" ist in der ersten Situation die Falle und die zweite Falle ist zu glauben ein Deutsch-Kanadier würde so etwas Brutales mit einem Landsmann nie machen.

Im nächsten Fall ist es eine totale Falscheinschätzung der Situation. Wie kann jemand davon ausgehen, dass ein YWEP Visa für ein Jahr die Möglichkeit eröffnet genug Zeit zu haben ein weiteres Visa zu erhalten oder sogar in dieser Zeit seinen Antrag auf Permanent Residence genehmigt zu bekommen?

Im dritten Fall ist die Kürze der Arbeitserlaubnis das Problem. Die Ursache dafür kann sein, dass der Pass des Antragstellers nicht länger gültig war, oder dass der Work Permit nur für die sechs Monate der Probezeit genehmigt wurde. Allerdings sind die 6 Monate in Alberta die Regel, wenn jemand in einem lizenzierten Beruf eine Prüfung als Journeyman zu machen hat.

Was im ersten Fall zu tun ist, das wird auf der Webseite von CIC am Beispiel der Life-in caregiver ausführlich beschrieben. Man hat dann sofort mit dem örtlichen HRSD Büro Kontakt aufzunehmen und mit den Officers dort zu besprechen, wie man schnellstens einen neuen Job findet und ob man dafür auch erneut das OK von HRSD bekommen wird. Genauer gesagt, ob der neue Arbeitgeber dafür das OK bekommt. Das HRSD vermittelt ja auch Jobs und der Officer vor Ort weiß am besten wo dringend Arbeitskräfte gesucht werden. Ob das im erlernten Beruf ist, dass sollte niemanden in diesem Augenblick interessieren. Empfiehlt der Officer diesen Job, dann kann man sicher sein den neuen Work Permit zu erhalten und das alleine zählt in einer solchen Situation.

Das Problem mit der einjährigen Begrenzung des YWEP hatte auch eine junge hoch qualifizierte Sekretärin aus England in Vancouver. Ihr Chef wollte, dass sie weiter für die Firma arbeitet und stellte einen Antrag ans HRSD, um dafür die Erlaubnis zu erhalten. Diese wurde mit der Begründung abgelehnt, dass es in Kanada genug Kanadier/innen mit derselben Qualifikation gäbe und er darum eine kanadische Sekretärin einzustellen hat. Das Thema wurde ausführlich in einem britischen Forum besprochen. Die Engländerin musste also wieder nach Europa zurück.

Das kann aber auch Skilled Worker in allen anderen Berufen passieren - ob mit normalem Work Permit oder mit dem YWEP Permit spielt keine Rolle bei den Entscheidungen von HRSD. Stellt das HRSD beim Neuantrag fest, dass es inzwischen qualifizierte Kanadier für diesen Job gibt, dann wird keine Verlängerung erteilt.

Die Problematik beim Pipefitter (Pipe fitter) kann mehrere Ursachen haben. Es kann das Ablaufdatum des Passes oder die zu kurze Arbeitserlaubnis sein. Ein Work Permit wird in höchsten Fall nur bis zum Ablaufdatum des Passes ausgestellt. Man sollte deshalb rechtzeitig vor der Reise nach Kanada einen neuen Reisepass mit der maximalen Laufzeit von 10 Jahren beantragen. Das gilt auch für Babys, kleine und große Kinder, wenn diese mit den Eltern nach Kanada ziehen.

War der erste Work Permit nur für sechs Monate, dann ist das Problem einfach zu lösen - oder auch nicht. Man hat innerhalb der Fristen eine Verlängerung des Work Permits zu beantragen. Eine zu bestehende Prüfung, die beim ersten Mal nicht bestanden wird, ist für HRSD im Prinzip kein Argument die Verlängerung zu verweigern - wird sie Termin gerecht beantragt.

Achtung: Ob diese Aussage so noch stimmt, kann derzeit nicht garantiert werden, da durch neue Verordnungen, die besonders Alberta betreffen, der erste Work Permit auf drei Monate begrenzt wurde. Das betrifft aber nur Skilled Worker, die in regulierten Berufen eine Prüfung als „Journeyman" abzulegen haben. Wie das aber demnächst in der Praxis umgesetzt wird, kann erst in den nächsten Monaten genauer gesagt werden. Diese Verordnung wurde im August 2006 erlassen und die Folgen sind darum erst ab Dezember 2006 zu beobachten.

Wer unter diesen Bedingungen nach Kanada übersiedelt, der sollte darum besser nicht direkt mit der Familie und einem Container voll Hausrat nach Kanada umziehen. Wenn er die Prüfungen bestanden hat, kann er ohne Probleme seine Familie und alles andere nachkommen lassen. Allerdings sind dafür bereits die ersten Anträge entsprechend zu stellen.

In Kanada ist immer wieder zu beachten: Zuerst HRSD dann CIC - man muss also immer zwei Anträge genehmigt bekommen. Dabei ist der erste an HRSD das Problem des Arbeitgebers - indirekt natürlich auch das Problem des Arbeitnehmers. Der zweite Antrag an CIC ist ausschließlich Sache des Skilled Workers. (Siehe: Warnungen)

Es gibt inzwischen in den Foren verschiedene Berichte, dass einige kanadischen Arbeitgeber (auch Deutschkanadier) sich einen „Dreck" darum kümmern, wie es ihren angeworbenen Arbeitnehmern geht. Versprechungen und Zusagen, die in Deutschland gemacht wurden werden nicht eingehalten und ob es der Neuling schafft Permanent Resident zu werden kümmert sie „nicht die Bohne". Ein Beispiel:
„Das canadische Arbeitsamt wollte da schon einschreiten wegen:
- Nicht einhalten von Gehaltsabsprachen.
- Bonuspaket Versicherungen (Krankenversicherung usw.) nicht wie im Vertrag Bonus, sondern die Fahrer zahlen die KV.
- Versprochenes Sponsorship kann nicht getaetigt werden, weil die Firma keine Lizenz dafuer hat. "

Die kniffligste Falle ist der Auftrag des Ministeriums HRSD für kanadische Staatsbürger und Permanent Residents zu sorgen. Vereinfacht ausgedrückt: Auch wenn HRSD den Temporary Workers hilft, so will es diese doch so schnell wie möglich wieder aus Kanada raus haben. Das ist der Auftrag der Gesetzgeber an HRSD! Darum sollte diese Falle niemand unterschätzen.

Alberta ist dafür derzeit ein gutes Beispiel. Durch den Boom entsteht ein sehr großer Bedarf an Arbeitskräften. Was passiert aber, wenn in einigen Jahren auf den Ölsandfeldern rings um Fort McMurray alle Anlagen gebaut sind und zu deren Bedienung, Wartung und Organisation nur noch ein Bruchteil der heutigen Arbeitskräfte gebraucht werden? Die Menschen müssen wieder weiterziehen, dem nächsten Boom folgen und da und dort werden „Geisterstädte" zurückbleiben.

Diese Situation wird derzeit bereits für den Bausektor in Ontario von Analysten vorausgesagt. Auch dort herrschte ein Boom, der nun langsam oder schneller zu Ende geht, allerdings werden dort keine Geisterstädte entstehen. Darum ziehen die Arbeiter nach Westen und die Illegalen deportiert man nun massenhaft.

In einer solchen Situation wird das HRSD seine Sonderprogramme streichen und wer bis dahin nicht seine Einwanderung als Permanent Resident geschafft hat, der wird es dann sehr schwer haben seinen Work Permit verlängert zu bekommen. Oder es wird sogar für viele dann unmöglich sein rechtzeitig den Permanent Residence Antrag einzureichen - denn sie haben dafür ja eventuell keinen festen Arbeitsvertrag mehr.

Die Schnelligkeit, mit der man den Work Permit erhielt, kann sich dann als Nachteil herausstellen. Wer im Gegensatz dazu direkt auf die Einwanderung setzte, also länger auf sein Permanent Residence Visa in Deutschland wartete, der ist dann eindeutig im Vorteil.

Ebenso sind die oben aufgeführten Problematiken für einen Permanent Resident kein Problem. Er muss nicht nach Deutschland oder Europa zurück, wenn er gekündigt wird, auch läuft sein Visum nicht ab. Ob er die Prüfungen beim ersten oder siebten Mal schafft, ist ausschließlich sein Problem. Direkt ein Haus gekauft zu haben ist natürlich ein anderes Problem. Diese Vorgehensweise wird von seriösen Beratern nicht empfohlen.

Die gefährlichste Falle ist aber der „liebe und freundliche Boss". Den alten Spruch abgewandelt „Trau keinem über Dreißig" kann man sagen: „Trau keinem kanadischen Boss". Es gibt sicherlich viele positive Beispiele, wo man sich 100-prozentig auf seinen kanadischen Boss verlassen kann. Über die wird auch immer wieder in den Foren oder Gesprächen berichtet. Trotz der Guten sollte man die Augen aufhalten, um nicht in die Falle einer Liebenswürdigkeit zu treten, die man hinterher als verlogen erlebt. Vom Work Permit zum Permanent Residence Visa kommt man nur mit einem Boss, der seine Mitarbeiter schätzt und sie behalten will.

All diesen Fallen kann man nur ausweichen, wenn man gut vorbereitet nach Kanada zieht. Denn wer einmal in einer solchen Falle steckt erlebt Kanada als Alptraum.

Zu der Falle gehört auch das Timing für die Anträge auf Verlängerung oder Änderung des Work Permits. Wer seinen Work Permit für ein Jahr erhalten hat, der denkt sicherlich, das hat noch Zeit. Ganz problematisch ist es aber für Temporary Workers, die nur ein dreimonatiges Visum erhielten, um ihre Prüfungen in lizenzierten Berufen zu bestehen. Praktisch müssen diese Skilled Workers die Prüfung in den ersten 4 bis 6 Wochen ablegen! Der Antrag auf Verlängerun soll ja in der Regel vier Wochen vor Ablauf des alten Work Permits gestellt werden. Man hat hier unbedingt darauf zu achten, dass der Arbeitgeber ja keine Fehler macht. Auch sollte man eine Kopie der alten LMO einreichen - im Kapitel „Warnung" ist eine Story zu diesem Thema. Im Regelfall wird der Arbeitgeber, wegen der Kürze der Zeitspanne, keine neue LMO beantragen müssen.

Falle: YWEP

„Eine Sache hat mich und die kanadischen Arbeitgeber geärgert. In den Gesprächen mit den Arbeitgebern wurde die Rede vom Chef der Arbeitsagentur kritisiert: >Er würde sich freuen wenn genügend Arbeitskräfte nach Kanada gingen und mit neuen Ideen nach einem Jahr wieder in Deutschland eine Perspektive finden würden.<

Haha wer will zurück? Ne im Ernst, die Arbeitgeber sind an einen dauerhaften Arbeitnehmer interessiert…
… Nun mal im Ernst, die Arbeitgeber, mit denen ich sprach, waren alle an permanent residence visa interessiert. Und nicht das man in einem Jahr wieder nach Hause fliegt.“

Dies schrieb ein Besucher (jünger als 35 Jahre) der Job-Messe, die von Kanadiern und der Arbeitsagentur gemeinsam Anfang 2006 organisiert wurde, im Forum. Er wollte nicht mehr zurück nach Deutschland und die Arbeitgeber wollten nicht bereits nach einem Jahr ihre mühsam angeworbenen Mitarbeiter verlieren. (Es gibt Ausnahmen!)

Aber genau hier liegt das Dilemma aller Programme für junge Menschen. Die Kanadier senden ihre jungen Leute ins Ausland, damit die dort etwas lernen, und im Gegenzug lassen sie junge Ausländer nach Kanada, damit diese ebenfalls etwas lernen können. Nach dem gleichen Prinzip arbeitet das ZAV. Spätestens nach einem Jahr sollen diese jungen Menschen aber selbstverständlich wieder in die Heimat zurückkommen, sagen die verantwortliche kanadischen und deutschen Behörden. Darum sind diese Visa auf der einen Seite so leicht zu erwerben, aber auf der anderen so rigoros in ihren Bedingungen.

Die Falle dieses Young Worker Exchange Program (YWEP) sehen die kanadischen Arbeitgeber zuerst selbst nicht. Ihre Rechtsanwälte, die Bescheid wissen sollten, scheinen es ihnen oft zu verschweigen, um später durch Beratung bei den verunsicherten Young Workers Aufträge zu erhalten. So die Berichte von einigen Betroffenen aus B.C. und Alberta. Es ist auch für den Arbeitgeber nicht auf den ersten Blick erkennbar, dass dieses YWEP nur für ein Jahr gilt. Auf den Seiten von HRSD wird darüber nicht berichtet. Das ist ja auch logisch, da HRSD keine Genehmigung zu erteilen hat, beschreiben sie dieses Programm auch nicht. Denn in der Regel werden von den Arbeitgebern immer Arbeitsverträge über zwei oder drei Jahre angeboten. Der Young Worker aus Europa sollte diese Falle aber sehen - sie zu übersehen oder sie als unwichtig zu betrachten, bringt nur Kosten und Nachteile, da man zurück nach Europa muss.

Nur in bestimmten Berufen und nur bei Einhaltung eines Zeitplans kann es einem Arbeitgeber und Young Worker gelingen dieser Falle zu entgehen. Wie bereits am Beispiel der jungen englischen Chefsekretärin unter „Falle: Work Permit“ geschildert, erhält niemand die Genehmigung für einen normalen Work Permit, wenn HRSD feststellt, dass es für diesen Job auch Kanadier auf dem Arbeitsmarkt in Kanada gibt.

Bei dem Arbeitsangebot einer deutschen Bäckerei in Alberta für eine Verkäuferin ist mit 99,99 Prozent davon auszugehen, dass sie ihr YWEP Visa nicht in ein normalen Work Permit umschreiben kann. Diese Sackgasse besteht praktisch für alle Berufe, die derzeit nicht dringend in den Provinzen gesucht werden. Alle die im Büro oder Handel arbeiten stehen bereits mit „einem Fuß" in dieser Falle, bevor sie nach Kanada reisen. Allerdings auch Akademiker, Handwerker und Truck Driver haben unter diesem Programm das Problem: Nur ein Jahr in Kanada arbeiten zu dürfen.

Als Beispiel ein Stellenangebot für eine/n Kaufmann/-frau im Einzelhandel (Fleisch- und Backwaren), das über ZAV Bonn geschaltet wurde. Die gesuchte Einzelhandelskauffrau wird in Kanada-Englisch in der NOC Liste unter der Nummer 6421 als „Retail Salespersons and Sales Clerks" bezeichnet. In Fleischgeschäft ist sie ein „Meat counter clerk" und in einer Bäckerei ein „Bakery counter clerk".

Das Versprechen von Arbeitgeber und ZAV in der Anzeige: „...Nach Absprache mit dem Arbeitgeber ggf. Verlängerung möglich." ist die Falle.

In der Matrix der Berufsqualifikationen/ Skill Level von HRSD ist dieser Beruf unter „D" gelistet. Bisher wurden alle Anträge für Skill Level D automatisch von HRSD abgelehnt. Der Arbeitgeber kann also nur über das YWEP Arbeitnehmer aus Deutschland anwerben, da für einen Arbeitsvertrag unter diesem Programm ja keine Genehmigung von HRSD erforderlich ist. Nach einem Jahr muss darum die Einzelhandelskauffrau in der Regel zurück nach Deutschland.

Das nun doch noch eine 0,01-prozentige Chance auf einen Wechsel in das normale Work Permit Programm besteht, liegt einmal an dem bereits erwähnten Sonderprogramm von HRSD für Berufsgruppen mit Skill Level D und C - das gilt aber nicht für alle Provinzen - und zum anderen an einem sehr guten Zusammenspiel von Arbeitgeber und -nehmer. Hier kommt es auf den Zeitplan an und der Bereitschaft des Arbeitgebers seine neue Arbeitskraft tatsächlich behalten zu wollen.

Denn der Arbeitgeber hat nun rechtzeitig - das heißt, nach dem der Mitarbeiter drei Monate bei ihm arbeitete - zu entscheiden ob er sich die Mühe macht und die Kosten trägt, einen Kanadier für diesen Job zu finden - also die deutsche Einzelhandelskauffrau zu ersetzen! Es kann ja sein, dass er tatsächlich jemanden findet und das bedeutet auch wieder für die junge Frau: Zurück in die Heimat.

Findet er niemanden, dann hat er nach sechs monatiger Suche den Antrag für seine/n Mitarbeiter/in an die Behörde HRSDC zu stellen, damit diese möglicherweise gnädig ist und seinem Wunsch zustimmt. Das möglicherweise bezieht sich darauf, dass der Arbeitgeber ernsthaft und unter Beachtung der Regeln von HRSD diese Suche betreibt. Kann er die Ernsthaftigkeit der Suche nicht beweisen, dann wird sein Antrag abgelehnt. Ein Arbeitnehmer hat in dieser Situation keine Chance einen regulären Work Permit zu erhalten. Die Officers von HRSD halten sich bei ihrer Bewertung sehr genau an den Wortlaut des Gesetzes. Es wird darum in englischen wie auch deutschen Foren über Ablehnungen berichtet.

Das kann jedem passieren, auch wenn sein Beruf dringend gesucht wird, da dies in der Hand des Arbeitgebers liegt und vom Mitarbeiter nur schlecht oder gar nicht beeinflusst werden kann. Es wird in den Foren von allen möglichen „dummen" Ursachen berichtet, für die der Arbeitgeber die Verantwortung trug, die dann zu einer Ablehnung des Antrages auf die Umschreibung des Work Permit bei HRSD führten. Es sind also weder Handwerker, Facharbeiter noch Akademiker auf der sicheren Seite mit dem YWEP Visa, da der Arbeitgeber jederzeit diesen Prozess direkt oder indirekt fehlerhaft abwickeln und sogar sabotieren kann.

Die negative Ausnahme sind Arbeitgeber, die fest damit rechnen, dass ihre Mitarbeiter wieder zurück nach Europa müssen. Der Vorteil für sie ist, sie erhalten erneut billige Arbeitskräfte aus Europa und müssen den nach einem Jahr routinierten Mitarbeitern keine Lohnerhöhung bezahlen. Solches Verhalten wurde berichtet. Diese Arbeitgeber versprechen alles und halten nichts. Sobald man dies bemerkt sollte man schnellsten einen neuen Arbeitgeber in Kanada suchen.

Wer darum mit einem Young Worker Visa nach Kanada zieht, in Deutschland alle Zelte abbricht, eine Containerladung Möbel mitnimmt, direkt in den ersten Wochen ein Haus kauft, der ist bei einer Chance von 0,01 Prozent bereits mit beiden Beinen in der Falle „zurück nach Deutschland". Es ist dann nur noch eine Frage der Zeit bis sie zuschnappt. Besonders risikoreich ist es, wenn man verheiratet ist und auch seine Frau und Kinder mitnimmt.

Was man selber tun kann, um aus dieser Falle wieder heraus zu kommen, das ist unter „Falle: Work Permit" beschrieben. Ebenso sind die Informationen von CIC zu den Live-in Caregiver hilfreich, wie bereits gesagt. Tauchen Probleme auf, auch wenn sie auf dem ersten Blick noch so unbedeutend erscheinen, dann sollte man sich sofort einen neuen Arbeitgeber suchen, der bereit ist einen Vertrag anzubieten, der vom HRSD genehmigt wird. Dies kann man als „Rettungsring" betrachten, den man nicht braucht oder aber im Notfall zur Hand hat. Oder aber, man startet beim neuen Arbeitgeber mit der Arbeit erst nach Erhalt der Permanent Residence Visa, da in diesem Fall der Arbeitgeber keinen Kanadier für den Job suchen muss.

Eine Voraussetzung, um in Kanada zu bleiben ist, man setzt sich selbst ausgiebig mit den Verordnungen und Gesetzen von CIC und HRSD vor der Einreise auseinander. Dass dazu eine gute Sprachkenntnis erforderlich ist versteht sich von selbst. Weder der Arbeitgeber noch Rechtsanwälte (warum auch immer) kennen anscheinend alle Möglichkeiten. Die Ausnahmen sind Berater und an diese sollte man sich frühzeitig beim auftauchen von Problemen wenden.

Wie bereits beschrieben ist ein weiteres Problem die derzeit noch gültige Regelung von CIC, dass nur derjenige ein Skilled Worker ist, der mindestens Skill Level 0, A oder B erreicht. Nur ein Skilled Worker nach der Definition von HRSD und CIC kann einen Antrag auf ein Permanent Residence Visa oder Work Permit stellen. Das heißt, die Einzelhandelskauffrau oder ein entsprechender Kaufmann sind unter Skill Level D klassifiziert und damit nicht berechtig als Skilled Worker einzuwandern oder zu arbeiten - so sah es noch 2005 und 2006 aus. Die Informationen im Text „Skill Level und Duties" können helfen, dass man von CIC unter Skill Level B eingestuft wird. Im Rahmen von Provincial Nominee Programs ist aber auch mit dem Skill Level C und D die Einwanderung möglich - wie immer wieder gesagt, das gilt nicht in allen Provinzen. Seit das Sonderprogramm für Skill Level D und C existiert kann sich auch die Einstellung von CIC geändert haben. Aktuelle Entwicklungen kennt in solchen Fällen nur der Consultant / Einwanderungsberater.

Um es nochmals auf den Punkt zu bringen: Keine Berufsgruppe, ob Handwerker, Facharbeiter, IT-Spezialist, Akademiker oder Verkäuferin ist mit dem YWEP Visa vor dieser Falle sicher.

Es besteht zwar die Möglichkeit über das Working Holiday Program ein weiteres Jahr in Kanada zu bleiben, aber danach muss man entweder ein Temporary Work Permit für Skilled Worker erhalten oder der Antrag auf Permanent Residence ist bis dahin genehmigt worden, um länger oder für immer in Kanada bleiben zu dürfen.

Permanent Resident oder Temporary Worker?

Schnell, schneller, am schnellsten - will man nach Kanada. Das ist immer wieder zu hören und zu lesen, wenn Menschen über ihre Zukunftspläne in Kanada berichten. Und danach erzählen sie, dass sie natürlich für immer im Land bleiben wollen.

Am schnellsten geht es als Tourist. Man braucht nur ein Ticket zu kaufen und kann mit dem nächsten Flugzeug nach Kanada reisen. Der Nachteil ist aber, dass man nach der Landung nicht arbeiten und nicht für immer bleiben darf.

Genauso schnell geht es für Geschäftsleute und in einigen Sonderfällen, wenn beispielsweise ein Notfall die Einreise eines Fachmannes erfordert. Aber auch für diese Personengruppen ist es nicht möglich für mehrere Jahre oder immer in Kanada zu bleiben, ohne einen Antrag auf Work Permit oder Permanent Residence zu stellen.

Schneller kommt man in alle Provinzen von Kanada, über den Temporary Work Permit. Solange man Single ist, machen sich die meisten kaum Sorgen um die Zukunft. Ob man PR wird oder nicht, dass steht hinter dem Wunsch zurück, schnell nach Kanada zu kommen und dort eine Arbeit zu haben. Und in diesen Fällen ist der Work Permit der schnellste Weg, wenn man eine Arbeitsstelle gefunden hat. Das gilt ebenso für Familien mit Kindern, auch wenn diese sich mehr Gedanken über die Zukunft machen. Die Suche nach einem Unternehmen, das bereit und berechtigt ist einen Arbeitsvertrag zu vereinbaren, dauert natürlich auch Zeit. Diese Zeit wird üblicherweise nicht mit einkalkuliert, wenn berichtet wird, wie schnell Anträge bearbeitet wurden. Dauert die Suche ein Jahr oder mehr und kommt dann noch die Bearbeitungsdauer des Antrags hinzu, dann hat man auch 14 oder 18 Monate gebraucht, bis man ins Flugzeug steigen kann.

Schnell geht es ebenfalls über die Provincial Nominee Programs, wie beispielsweise in Manitoba oder Quebec, wenn man direkt einwandern will. Aber auch hier dauert es mit allen Vorbereitungen fast immer 18 bis 24 Monate, selbst wenn die Bearbeitung des Antrages weniger als 12 Monate oder sogar weniger als 6 Monate in Anspruch nimmt. Selbst in der Investor Class, die ja besonders gerne von den Kanadiern gesehen wird, dauert es nach Erfahrungsberichten bis zur Abreise oft auch zwei Jahre, vom Zeitpunkt der Antragsstellung gerechnet. Normal sind in diesem Fall zwar 12 Monate, jedoch durch Rückfragen der Botschaft und der Einsendung angeforderter Dokumente verlängert sich die Zeit bis das Visum vom Postboten gebracht wird.

Die übliche Bearbeitungszeit für ein Permanent Residence Visa liegt in Berlin bei 14 bis 20 Monaten. Es werden aber rund 50 Prozent der Anträge innerhalb von 15 Monaten bearbeitet.

Der Vorteil eines Permanent Residence Visa über das Federal Programm oder die PNP von Manitoba und Québec liegt eindeutig auf der Hand. Man ist unabhängig vom Unternehmen und kann jederzeit eine neue Arbeitsstelle annehmen, sobald man gelandet ist. Wenn man gekündigt wird - was öfter passiert als mancher denkt - kann man sich in Ruhe einen Job suchen und hat nicht die ganzen Probleme mit den erneuten Anträgen auf einen Work Permit. Man braucht nicht zu befürchten, dass der Work Permit nicht verlängert wird und man kann jederzeit in eine andere Provinz umziehen. Wer bei der Bewertung als Skilled Worker mit Sicherheit 67 oder mehr Punkte erzielt, der sollte direkt diesen Weg gehen. Parallel zum Antrag auf ein PRV kann man einen Arbeitgeber suchen, bei dem man bereits vorher mit einem Work Permit arbeitet. Das heißt, die Anträge können parallel zur selben Zeit oder zu verschiedenen Zeiten gestellt werden! Es gibt dadurch keine Probleme mit CIC.

Es ist natürlich besser einen PR Antrag zu stellen und dabei nicht auf das Wohlwollen des Arbeitgebers angewiesen zu sein, wie es beispielsweise beim PNP von Alberta der Fall ist.

Der Vorteil des Work Permits ist auch klar: Man kommt sehr schnell nach Kanada und hat auch gute Chancen von Kanada aus seinen Antrag auf ein Permanent Residence Visa zu stellen. Besonders dann, wenn durch die Arbeit in Kanada die Punktehürde von derzeit 67 Punkten überwunden wird. Wer diesen Weg geht und fest vorhat nach Kanada einzuwandern, der hat den Bürokratismus der Einwanderung und die Problematiken beim Arbeitgeber in der ersten Euphorie nicht zu übersehen. (Siehe: Falle Work Permit und Falle YWEP.)

Um dies entsprechend gut machen zu können, hat man sich als zukünftiger Zeitarbeiter / Temporary Worker in Kanada von Beginn an genauso intensiv mit dem gesamten Permanent Residence Antrag zu beschäftigen, wie jemand der diesen Antrag von Europa aus stellt.

Ich gehe zwar davon aus, dass dies kaum einer so sieht und darum sich diese Arbeit auch nicht macht, am wenigsten ein Single. Aber ich halte dies für einen sehr wichtigen Punkt, um seinen Status erfolgreich vom Zeitarbeiter zum Einwanderer in Kanada verändern zu können.

Die aktuelle Information für die Bearbeitungszeit der verschiedenen Anträge findet man bereits auf der ersten Webseite von CIC über den Link „Application Processing Times". In der Tabelle werden die Bearbeitungszeiten für alle Visum-Anträge aufgeführt.

Die Bearbeitungszeiten der Anträge werden in den Schritten 30 % - 50 % - 70 % angezeigt und die Anträge werden beispielsweise in Berlin zu 30 % in 13 - 50 % in 15 - und 70 % in 25 Monaten bearbeitet. Das heißt, 30 % der Anträge werden in 13 Monaten komplett bearbeitet und man erhält in diesem Zeitraum sein OK oder NO. Nach den Informationen von CIC und aus den Foren, betrifft dies vor allem Anträge, denen ein Work Permit beiliegt. In 15 Monaten sind dann 50 % bearbeitet und der Rest der Anträge braucht länger.

Beispiele von Bearbeitungszeiten von Januar bis Juli 2006.

Application Processing Times / Bearbeitungszeit der Anträge
Permanent Residence Visa für Skilled Worker
Berlin 14 - 15 - 17 - 19 Monate
Wien 5 - 9 - 18 Monate
London 24 - 28 - 46 Monate
Paris 47 - 50 - 53 Monate
Zum Vergleich in Buffalo 19 - 25 - 37 Monate

Provincial Nominee Skilled Worker - Quebec
Berlin 6 - 7 - 9 Monate
London 6 - 7 - 10 Monate

Paris 5 - 7 - 8 Monate
Wien 2 - 4 - 5 Monate

Provincial Nominee Skilled Worker der anderen Provinzen
Berlin 5 - 6 - 7 Monate
London 5 - 6 - 8 Monate
Paris 4 - 6 - 8 Monate
Wien 3 - 4 - 6 Monate

http://www.cic.gc.ca/english/department/times-int/02a-skilled-fed.html

Die Bearbeitungszeit für Temporary Worker wird in Tagen gemessen. Von 2 Tage bis 28 Tage dauert die Bearbeitung von 84 % der Anträge in Berlin. In Buffalo, USA sind nach 28 Tagen erst 56% der Anträge bearbeitet. Es wurde berichtet, dass man bei diesem Visa Office bis zu 4 Monate auf seinen Work Permit zu warten hat. Als Europäer sollte man immer den Antrag in seinem Heimatland stellen, beispielsweise bei den Botschaften in Berlin, Wien oder Paris, auch wenn man bereits in Kanada als Tourist lebt.

Anträge: Work Permit - Permanent Residence

Wer sucht der findet, sagt der Volksmund. Wer das Glück hat einen Arbeitgeber in Kanada gefunden zu haben, der einen auch beschäftigen darf, steht nun vor der Frage: Wie kompliziert ist der Antrag für ein Work Permit oder ein Permanent Residence Visa?

Praktisch auf allen Webseiten der kanadischen Regierungen der Provinzen und bei CIC steht: Es ist sehr einfach und sie brauchen dazu keinen Berater / Consultant / Agenten. Dass es trotz dieser Aussagen ein gut funktionierendes und reguliertes Beratersystem in Kanada gibt bedeutet nur, dass es tatsächlich für viele so einfach ist wie beschrieben wird, aber für andere nicht. (Siehe: Berater)

Aber, wenn ein Groß- und Außenhandelskaufmann, der nach eigenen Angaben sehr gut Englisch kann, folgendes schreibt, dann muss es da doch Probleme geben: *„....Ich habe bereits den Test mehrfach gemacht und komme leider nicht ueber 63 Punkte hinweg, da mir einfach der zugesichterte Job bzw. meine doch recht schlechten Franzoesischkenntnisse nicht wirklich weiterhelfen. Ich beabsichtige demnächst zu heiraten, meine Freundin hat in Montreal Verwandtschaft, was auf jedenfall helfen wuerde, nichts desto trotz wuerde ich gerne mal wissen, was genau ich brauche. Es ist wirklich schwierig sich auf der offiziellen Website der Einwanderungsbehoerde zu recht zu finden. Ich bin schier am verzweifeln weil ich nicht mehr weiss, was ich noch tun soll. Es faengt bei den einfachsten Dingen an, wie z.B. mein Beruf im Englischen genau beschrieben wird. ... Wie gesagt, ich habe mich durch diverse official sites gekaempft und muss sagen, im Endeffekt bin ich leider so schlau wie vorher.“*

Die Regierung unter Prime Minister Stephan Harper plant bis Ende des Jahres 2006 sowie Anfang 2007 durch neue Verordnungen, Formulare und Regeln das Einwanderungsgesetz zu modifizieren. Das heißt, das Gesetz als Ganzes wird nicht verändert aber das „Kleingedruckte“, zur Auslegung des Gesetzes, wird da und dort anders definiert. Prinzipiell ändert sich dadurch nichts an der Grundform der derzeitigen Anträge. Vermutlich wird sich ihr Design aber ändern, um es den Officers zu ermöglichen noch schneller die Anträge zu bearbeiten - so das derzeit formulierte Ziel.

In diesem Buch werde ich darum nur auf die Schwerpunkte, der am häufigsten vorkommenden Fehlerquellen, der Anträge eingehen. Zu dieser Thematik ist ein neues Buch bereits in Vorbereitung.

Die Anträge an das HRSD hat ja der Arbeitgeber und nicht der Arbeitnehmer zu stellen. Dies wird darum hier nicht beschrieben. Ob der Antrag für einen Work Permit oder für Permanent Residence ist, die hier gegebenen Informationen treffen generell für beide Anträge zu.

Basis-Probleme die zur Ablehnung führen.

Immer wieder wird als Hauptgrund einer Ablehnung die mangelnde Beweisführung zu den behaupteten Faktoren angegeben. Das betrifft zu allererst die Beweise für Ausbildung, Berufserfahrung und Sprache. Diese drei Punkte bringen im besten Fall, bei perfekter Beweisführung, für die Ausbildung 20 - 25 Punkte, Berufserfahrung 21 Punkte und Sprachkenntnisse 16 - 24 Punkte, was maximal bereits 70 Punkte sind! Minimal sind es immer noch 57 Punkte plus 10 Punkte für das Alter des Antragstellers = 67 Punkte. Und mit der Punktzahl von 67 kann man einwandern.

Ausbildung

Bei diesem Punkt fällt auf, dass die Beweisführung oft nicht ausreicht, damit der Officer die benötigten Punkte vergeben darf. Das passiert auch Antragstellern mit einem Universitäts-Diplom! In diesem Fall wurde sogar ein sehr guter Einwanderungsberater von dem Antragsteller falsch informiert und darum scheiterte der Permanent Residence Antrag an wenigen Punkten. Die Problematik war, der Antragsteller hatte gegenüber dem Berater behauptet, dass sein Diplom natürlich einem Master Diplom gleichkommen würde. Unter dieser Voraussetzung reichte der anglokanadische Berater den Antrag in Berlin ein und kalkulierte für die Ausbildung 25 Punkte der geforderten 67 Punkte. In Berlin kamen die Officer von CIC aber zu der Überzeugung, dass dieses Diplom nicht einem Master entsprechen würde. Das Resultat war darum nur 20 Punkte und so wurde die benötigte Gesamtzahl nicht erreicht - Antrag abgelehnt. Dies wurde von den Betroffenen berichtet.

Was an Ausbildung anerkannt wird, das steht wie vieles andere auch genau auf der Webseite von CIC. Zuerst, es werden nur erfolgreich beendete Ausbildungen anerkannt! Das gilt zum einen für die Schulausbildung und zum anderen für alle Ausbildungen nach der Schulzeit. Die letztere ist in Kanada als Post Secondary Education bezeichnet und umfasst alles vom Training für einen Beruf über die Lehre bis hin zum Doktortitel einer Universität.

Die Zeit der gesamten Ausbildung spielt ja eine wichtige Rolle. Egal wie lange jemand studiert oder die Schulbank drückt - es wird nur die Regelzeit einer erfolgreichen Ausbildung anerkannt. Wer beispielsweise 15 Jahre bis zum Abitur braucht, der erhält trotzdem nur 12 oder 13 Jahre anerkannt. (Je nach Bundesland ist dies in Zukunft unterschiedlich.) Bricht er die Schule vor dem Abitur ab, so werden nur 10 Jahre angerechnet. Und wer 8 Jahre studiert, wo die Regelzeit 3 Jahre ist, dem werden ebenfalls nur diese Drei angerechnet.

Es wird auch die Berufsschule während einer Lehrzeit nicht extra gerechnet. In Kanada dauert eine Lehre / Apprenticeship bis zu 4 Jahren und dazu gehört ebenso Schulzeit an einem College wie Arbeit in den Unternehmen.

Die Frage, wie berechnet wird, wenn die Ausbildung, beispielsweise eine Lehre in 2 Jahren statt in 3 Jahren beendet wird, kann nicht generell beantwortet werden. Prinzipiell müsste die Regelzeit der Ausbildung anerkannt werden. Man sollte dies besser in einem extra Schreiben zum Antrag den Officers erklären. Der Begriff der Gleichwertigkeit / Equivalence kommt hier zur Wirkung. Wer unbedingt auf diese Punkte angewiesen ist, um den Permanent Residence Antrag erfolgreich stellen zu können, der sollte prüfen einen Berater einzuschalten - da diese den Beweis der Gleichwertigkeit / Equivalence besser führen können - in der Regel - als man selbst.

Zu beachten ist, CIC erkennt nur staatlich anerkannte Ausbildungen an. Damit sind Ausbildungen von Unternehmen, die nur Betriebs-Diplome ausstellen, nicht zur Ausbildungszeit zu rechnen.

Berufserfahrung und Aufgaben / Duties

Für den Work Permit wird auf dem Antragsformular nur nach der Berufsbezeichnung für den Job in Kanada und einer kurzen Beschreibung der Position (description of your position - Punkt 15) gefragt. Wer beispielsweise ein Heavy Equipment Mechanic ist, der braucht dort nur kurz seine

Hauptaufgaben / Duties zu beschreiben wie „perform repair work on heavy trucks". Diese Information kann man aus der NOC Liste übernehmen, wo dies zu der Beschreibung des Berufes gehört.

Das hat seinen Grund zum einen darin, dass dieser Nachweis bereits gegenüber dem HRSD zu führen ist und zum anderen, dass dies von CIC in der Form eines „Resume" erwünscht ist. Und das steht in der „Dokumenten Checkliste" für ein Work Permit unter „Proof indicating you meet the reqirements of the job being offered.", und nicht bereits im Formular. Die Arbeitsagentur verlangt das Resume für Vermittlung nach Kanada mit folgenden Worten: Bitte übersenden Sie eine Kurzbewerbung mit ausführlichem tabellarischen Lebenslauf in englischer Sprache..."

Sehr präziese beschreib CIC es mit den Worten: „Evidence that you meet the requirements of the job, possibly including specific educational requirements or past work experience possibly outlined in a resume, ...". Das steht in der Basisinformation für einen Work Permit: IMM 5487E - Applying for a Work Permit outside Canada unter der Überschrift: What documents do I need to apply for a work permit?

Ich beschreibe dies hier deshalb so detailliert, weil jeder aber auch jede Seite der Informationen von CIC zu seinen beantragten Visa genau lesen sollte. Mal steht die Anforderung nur in verschlüsselter Form da und mal findet man sie präzise beschrieben. Das Wort Resume taucht nur an dieser Stelle auf. Der Officer erwartet aber, dass man diese gelesen hat und danach handelt. Bürokratie in Kanada existiert natürlich auch beim Kleingedruckten.

Bei Arbeitstellen, die über die Arbeitsagentur vermittelt werden, reicht in den meisten Fällen der Muster-Lebenslauf der Arbeitsagentur für eine Beschreibung der beruflichen Laufbahn aus. In allen anderen Fällen ist es empfehlenswert sich an die Form der kanadischen Resumes zu halten. Das liegt vor allem an der Beschreibung der „Duties" auf die die Kanadier so viel Wert legen. So hatte ein deutscher Mechaniker für Heavy Equipment berichtet, dass er diesen Job in Dubai ausübte und sich von dort für Kanada beworben habe. Dem Officer von CIC in Berlin war der Gesellenbrief nicht genug und er hatte den Mechaniker aufgefordert seine augenblicklichen Duties zu beschreiben. Dieser berichtete dann, dass er verwundert war, denn seine eigene Beschreibung der aktuellen Aufgaben / Duties reichten dem Officer aus, um den Work Permit auszustellen. Aber genau das ist ja mit „Proof indicating you meet the reqirements of the job being offered." gemeint. (Siehe: Skill Level und Duties)

Die Beschreibung der Duties wird selbstverständlich vom Officer genutzt, um den Skill Level des Antragstellers an Hand der NOC Liste feststellen zu können - und zwar den aktuellen sowie den der letzten Jahre.

Sprachtest

Dieser Punkt ist bei einem Work Permit nicht von entscheidender Bedeutung aber beim PR Antrag kann die Beweisführung durch einen der anerkannten Sprachtests bedeuten, dass man die notwendige Punktzahl erreicht. Legt man nur Beweise bei, von denen man glaubt sie reichen aus, dann gibt es keine Garantie, dass man die für sich addierte Punktzahl auch tatsächlich vom Officer angerechnet bekommt. Beurteilt dieser die Sprachkenntnis aber geringer, besteht die Gefahr, dass der

Antrag unter Umständen wegen „eines fehlenden Punkts" abgelehnt wird. Auf der Webseite von CIC findet man dazu die die aktuellen Informationen. Der TOEFEL Test gehört derzeit nicht zu den anerkannten Tests. (Siehe: Sprachen in Kanada.)

Es ist keine theoretische Aussage, dass „ein fehlender Punkt" zur Ablehnung des Permanent Residence Antrags führt - es wurde öfters in den Foren von Betroffenen darüber berichtet.

Übersetzungen

„Muss man das alles in Englisch oder Französisch einreichen (in Berlin) oder reicht einfach eine Kopie in Deutsch?" Eine typische Frage aus den Foren. Manchmal kommt die Antwort: „Es reicht die Unterlagen in Deutsch einzureichen, wir haben das auch so gemacht." Diese Antwort kam von jemandem, der unter dem Sonderprogramm für Skill Level C + D seinen Work Permit erhielt. Da dieses Programm nur eine maximale Laufzeit von einem Jahr hat ist es dem Officer in Berlin möglicherweise unwichtig, wenn er gut gelaunt ist, die angeforderten Unterlagen und Beweise in einer der kanadischen Landessprachen zu erhalten. Er muss damit aber nicht einverstanden sein und kann darum die Beweise übersetzt und beglaubigt anfordern - was die Bearbeitungszeit verlängert - oder er lehnt den Antrag wegen mangelnder Beweise in „geforderter Form" direkt ab. Der Officer hat die volle Freiheit so oder so zu entscheiden - und darüber sollte man sich klar sein.

Wer allerdings vorhat über den Work Permit einzuwandern, der sollte unbedingt alle Dokumente direkt so einreichen, als wenn er einen Antrag auf Permanent Residence stellt. Also sie übersetzt und beglaubigt nach Berlin senden. Man sollte sich bewusst sein, dass diese Dokumente in den Computer unter der File-Nummer des Antragsstellers eingegeben und abgespeichert werden - und zwar für die nächsten Jahrzehnte. Officers, die später auf Basis dieser Dokumente, Entscheidungen über den Verbleib des Antragsstellers in Kanada zu treffen haben müssen nicht Deutsch können - sie sind ja der beiden Landessprachen Kanadas mächtig.

Was zu Verzögerung bei den Anträgen führen kann beschreibt CIC:

The following factors may delay the processing of your application:

unclear photocopies of documents
documents not accompanied by a certified English or French translation
verification of information and documents provided
a medical condition that may require additional tests or consultations
a criminal or security problem
family situations such as impending divorce, or custody or maintenance issues
completion of legal adoption
consultation is required with other offices in Canada and abroad
you are not a permanent resident of the country in which you currently live

Die folgenden Faktoren können die Bearbeitung Ihrer Bewerbung verlängern:
Unklare Fotokopien von Dokumenten

Dokumente zu denen keine beglaubigten englische oder französische Übersetzungen beiliegen
Nachweise von Information und Dokumenten sind nachzuliefern
Eine Krankheit, die zusätzliche Tests oder Beratungen erfordern kann
Ein Verbrecher- oder Sicherheitsproblem
Familiensituationen, wie bevorstehende Scheidungs- , Aufsichts- oder Alimente-Angelegenheiten
Fertigstellung legaler Adoption
Beratung ist mit anderen Büros in Kanada und im Ausland erforderlich
Sie sind kein permanenter Bewohner des Landes, worin Sie gegenwärtig leben.

Ein Ausländer muss mindestens ein Jahr legal in Deutschland leben, um seinen Antrag in Berlin einreichen zu können.

Beweise fehlen, was kann man tun?

Nichts, wenn es um die Ausbildung geht. Hat man die Beweise (Zeugnisse, Diplome, Zertifikate, etc.) wird sie anerkannt. Hat man keine Beweise wird auch nichts anerkannt.

Zum Beweis der Sprachkenntnisse kann man immer die entsprechenden Tests machen, um die benötigten Punkte anerkannt zu bekommen.

Bei der Berufsanerkennung akzeptiert CIC nicht nur die Zeugnisse / Referenzen der Arbeitgeber, sondern auch alternative Beweise. Beispielsweise werden Steuererklärungen, Belege über Arbeitszeiten von den Rentenanstalten, Arbeitsverträge, und sogar Veröffentlichungen in Zeitungen oder Fachmagazinen akzeptiert. Dazu gehören unter Umständen auch private Referenzen von ehemaligen Kollegen und Vorgesetzten, wenn es die Firma nicht mehr geben sollte. Ein gutes kanadisches Résumé ist in solchen Fällen ebenfalls nützlich.

Änderung des Einwanderungsgesetzes

Es gibt noch keine Änderungen des Gesetzes - es wurde nur der Verwaltungsweg vereinfacht. Das ist der Stand der Dinge im September 2006. Das heißt: CIC „has introduced a new simplified application process for federal skilled workers". Ziel dieser Verordnung ist es, die Bearbeitung der Anträge für ein Permanent Residence Visa weltweit zu vereinfachen und zu beschleunigen.

Alle Antragsteller in der „Federal Economic Class", die nicht zu den Ausnahmen gehören, brauchen nur noch wenige Formulare auszufüllen, die Gebühren zu bezahlen und können dann ihre Anträge abschicken. Damit sind sie in der Warteschlange der Behörde registriert. Vergleichbar zu einer Bearbeitungsnummer, die man beim Besuch von Ämtern in Deutschland erhält, damit sich keiner vorpfuschen kann. Zu diesem Zeitpunkt braucht noch niemand die gesamten Unterlagen einzuschicken. Erst wenn der Antrag tatsächlich bearbeitet wird fordert der Officer alle Unterlagen an. Es handelt sich also nur um eine organisatorische Verbesserung, und nicht um eine Änderung der Voraussetzungen für die Genehmigung der Anträge.

Diese Prozedur hat aber eine Falle, für alle, die es sich zu leicht machen wollen. CIC fordert eindeutig, dass zum Zeitpunkt des Antrages alle Bedingungen erfüllt sind, damit dieser genehmigt werden kann. Das steht auf dem Antragsformular IMM 0008SW für Skilled Worker und für Business Immigrants im Formular IMM 0008BU direkt ganz oben und extra hervorgehoben:

**„You must meet all criteria
At the time you submit your application"**

Diesen Satz sollte niemand auf die leichte Schulter nehmen und denken: Die Officers merken es doch nicht, wenn man zu diesem Zeitpunkt versuche zu mogeln. Beispielsweise dadurch, dass man noch nicht die geforderte Summe Bargeld hat oder diese nur für 2 Tage von Freunden ausleiht, etc. Die Versuchung, zu diesem Zeitpunkt zu mogeln, ist sicher bei dem einen oder anderem vorhanden - das Risiko der Ablehnung des Antrages auf Grund der Mogeleien aber auch.

Das Motiv für diese Verordnung liegt in der Tatsache begründet, dass rund um die Welt die Bearbeitung von Permanent Residence Anträge inzwischen 1,5 bis 6 Jahre dauert. In dieser Zeit kann natürlich eine Menge geschehen. Der Antragsteller kann heiraten, Kinder bekommen, umziehen, einen anderen Beruf ergreifen oder was sonst so alles im Leben möglich ist. Er oder sie können ja auch ihre Situation zur Einwanderung verbessern, beispielsweise durch lernen von Englisch und Französisch, ein weiteres Studium oder mehr Berufserfahrung.

Allerdings steckt hier wieder ein weiteres Problem unter der Oberfläche: Zum Zeitpunkt des Antrages muss man die Bedingungen erfüllen (67 Punkte) aber auch zum Zeitpunkt an dem der Antrag bearbeitet wird, hat man alle Bedingungen zu erfüllen! Der Immigrant sollte darum in der Wartezeit sehr genau die Veränderungen der Vorschriften beobachten. In zwei oder fünf Jahren können die Bürokraten eine Menge neuer Verordnungen erlassen und diese hat der Immigrant zu kennen und zu erfüllen. Wie bereits gesagt: Vorschriften werden von heute auf morgen in Kraft gesetzt und müssen bereits am nächsten Tag von den Officers angewendet werden.

Zu dieser „Federal Economic Class", wie sie nun bezeichnet wird, gehören Skilled Worker, Selbständige, Unternehmer und Live-in Caregiver. Die Ausnahmen sind aber gerade bei Skilled Worker zahlreich. Diesen neuen Weg der vereinfachten Antragsstellung (der aber derzeit nicht schneller ist) können nur Immigranten gehen, die einen ganz normalen Antrag auf Permanent Residence stellen und dies nicht über das Visa-Office in Buffalo, USA tun. Jeder Antragsteller der ein Work Permit hat, als Provincial Nominee sein OK erhielt oder bereits in Kanada lebt kann diesen Weg nicht gehen. Der Grund: Diese Anträge werden bereits beschleunigt bearbeitet und brauchen darum nicht 1,5 bis 6 Jahre, bevor sie entschieden werden.

Änderungen bei den Provincial Nominee Programs

Im November 2005 wurde zwischen den Regierungen in Ottawa und Toronto ein IMMIGRATION AGREEMENT vereinbart. Zu dem Gesamtpaket gehören auch die Entwicklung eines Provincial Nominee Program und ein Sonderprogramm für Temporary Foreign Workers in Ontario. Das sollte innerhalb von 12 Monaten geschehen, um dann dem Parlament als Gesetz zur Abstimmung vorgelegt zu werden. Es ist derzeit nicht abzusehen, wann es tatsächlich zu dieser Abstimmung kommt. Das kann genauso gut erst im Frühjahr 2007 geschehen. Ebenso kann nicht gesagt werden, was die Bürokraten in Ontario sich dazu einfallen lassen. Wer nach Ontario will sollte darum ab November 2006 öfter die Webseite der Provinz besuchen. (www.gov.on.ca) Auch bei den anderen Provinz Nominee Programs stehen Änderungen an. Nova Scotia hat bereits dieses Jahr für Skilled Worker die Einwanderung erleichtert und die anderen Provinzen werden folgen. Ein Schwerpunkt dieser Änderungen wird sein, dass man verstärkt Immigranten in kleinere Städte ansiedeln möchte.

Die Immigration-Gesetze im historischen Rückblick

Immigration Act, 1869
Immigration Act, 1906
Immigration Act, 1910
Immigration Act, 1952
Immigration Act, 1976
Immigration and Refugee Protection Act - Bill C-11, 2002
Bill C-11 galt ab November 2001

Vom Work Permit zum Permanent Residence Visa

„Ich heirate eine Kanadierin", sagt er und sie sagt: „Ich einen Kanadier". Dann kann ich für immer in Kanada bleiben, denken beide. Grundsätzlich möglich, aber wer als Arbeitnehmer mit seiner Familie schon in Kanada arbeitet und plant über die Skilled Worker Class einzuwandern hat diesen bürokratischen Weg bereits in Deutschland vorzubereiten.

Selbst ein Entsandter / Expatriate deutscher Unternehmen, der seine Rückkehr nach Deutschland fest einplante, kann ja daran Gefallen finden doch lieber in Kanada zu bleiben, als zurück in die Heimat zu gehen.

Jeder der dies auch nur im Entferntesten in Betracht zieht, sollte seine gesamten Unterlagen für einen Einwanderungsantrag bereits in Deutschland vorbereiten und sie gut archiviert mitnehmen. Das dies eine mühsame Arbeit ist, wie immer wieder berichtet wird, sollte keinen davon abhalten, es so genau und präzise zu tun, wie es derzeit von CIC gefordert wird. Die verbleibende Wartezeit zwischen Arbeitsvertrag, Genehmigung durch HRSD und Bearbeitung bei der Botschaft ist beim Work Permit relativ gering. Diese Zeit nicht konsequent dafür zu nutzen, oder auch bereits vor Beginn der Suche nach einem Arbeitsplatz damit zu beginnen, kann später viel Zeit, Geld und Nerven kosten.

Wie jeder andere Antragsteller hat man alles was man im Antrag behauptet zu beweisen. Die Beweisführung über die Ausbildung, die Berufserfahrung und die Sprachkenntnisse werden nicht dadurch überflüssig, dass man bereits in Kanada arbeitet. Auch wer von Kanada aus als Skilled Worker seinen Antrag stellt, hat die Punktehürde von derzeit 67 Punkten zu bewältigen.

Wenn ein deutsches Unternehmen ihren Entsandten für mehrere Jahre oder sogar für immer in Kanada beschäftigen will, dann ist dies sicherlich einer der leichtesten Wege. Will der Entsandte es aber auf eigene Faust machen, dann hat er möglicherweise die Firma zu wechseln oder es so lange zu verschweigen, bis er sein Permanent Residence Visa erhalten hat.

Für den Skilled Worker oder Entsandten mit einem Temporary Work Permit ist das zentrale Problem: Am Tag der Antragstellung von Kanada aus für ein Permanent Residence Visa muss man einen genehmigten Arbeitsvertrag haben, der mindestens ein weiteres Jahr gültig ist.

Nicht ausschlaggebend ist von wem der Arbeitsvertrag stammt. Den Vertrag kann also auch ein neuer Arbeitgeber anbieten. In diesem Fall sollte man sich auch genau anschauen, wie HRSD Arbeitsverträge bewertet, wo der Arbeitnehmer erst nach Erhalt des PR Visa beim neuen Arbeitgeber mit der Arbeit beginnt. Dieses Verfahren ist für den Arbeitgeber viel einfacher, da er nicht zu beweisen hat, dass er keinen Kanadier für diese Stelle findet.

Diesen Punkt sollte man vor allem dann im Auge behalten, wenn man über die Provincial Nominee seine Anträge auf Permanent Residence stellt. Gerade in Alberta muss ja eine Form des Sponsorship vom Arbeitgeber stattfinden. Der Arbeitnehmer kann den Antrag auf ein PR Visa über das PNP nicht ohne seinen Boss stellen - der Arbeitgeber hat vorher sein OK zu geben. Hier kann der Would-be Immigrant am besten auf das Federal Program ausweichen, wenn er dafür genug Punkte erreicht, da er für dieses Programm seinen Boss nicht mehr braucht.

Den Antrag reicht man derzeit als Europäer am besten bei seiner Botschaft in Berlin, Wien oder den anderen Botschaften ein. Bis der Antrag in Berlin bearbeitet und genehmigt wurde kann man in Kanada bleiben - vorausgesetzt man hat immer einen gültigen Status! Die Bearbeitungszeit von Anträgen ist über Buffalo, USA immer länger, als über die meisten europäischen Botschaften.

Solange der Work Permit verlängert wird, bis das Permanent Residence Visa kommt, hat der Skilled Worker keine Probleme. Wer aber keine Verlängerung erhält (YWEP und WHP), aber unter allen Umständen in der Wartezeit auf sein neues Visum in Kanada bleiben will - im Gegensatz zu dem Bewerben mit seinem Möbellager in Vancouver, der zuerst über das YWEP ins Land kam - der muss sich rechtzeitig Strategien ausdenken und vorbereiten. Ein Weg könnte der Study Permit sein, beispielsweise um an Universitäten oder Colleges ein einjähriges Studium zu beginnen. Das kann auch ein Studium sein, um den kanadische High School Abschluss zu machen! Ein anderer Weg ist ein Touristenvisum zu beantragen, da man ganz Kanada bereisen möchte. Voraussetzung für beide Wege ist aber, dass man genug Geld vorweisen kann, um in dieser Zeit in Kanada nicht arbeiten zu müssen. Zu beachten ist ebenfalls, dass der Open Work Permit für den Lebenspartner ausläuft.

Eine andere Alternative ist die Möglichkeit, dass der Lebenspartner einen Temporary Work Permit erhält und man nun selbst auf der Basis eines Open Work Permit weiter im Land arbeiten kann. Das kann auch beim Study Permit der Fall sein. Studiert die Frau an einem anerkannten Institut, dann kann der Mann ein Open Work Permit erhalten - oder umgekehrt.

Einen Study Permit gibt es auch für eine Lehrzeit / Apprenticeship an einem technischen Institut. In Kanada wird nicht nur an Universitäten „studiert".

Entscheidend ist aber immer ein korrekter Status in Kanada, um während der Wartezeit legal im Land leben zu können. Erspartes Geld ist dafür unbedingt erforderlich.

Vom Skilled Worker
zum Unternehmer oder Selbständigen

„Wir machen in Kanada ein B & B auf, ist unser Businessplan", kann man immer wieder in den Internetforen lesen. „Ich kenne sieben Deutsche Familien die mit einem B & B Geld verdienen wollten und alle sieben sind gescheitert!" antwortete darauf eines Tages ein Mitglied, welcher dies seit Jahrzehnten in Alberta und B.C. beobachtet.

Ein Bed and Breakfast (B & B) kann man natürlich versuchen zu etablieren und erfolgreich zu führen und dazu braucht man noch nicht einmal als Unternehmer nach Kanada einzuwandern. Eine zweite Idee, um als Immigrant nach Kanada zu kommen ist in dieser Anfrage formuliert:

Hallo,
Wer hat Erfahrung, Übernahme eines Unternehmens in Kanada?
Kann ich mit dem Erwerb sofort in Kanada einreisen und in meinem Betrieb arbeiten. Ich kann ein Unternehmen mit 20 Arbeitsplätzen übernehmen. Da der Besitzer, ein ehemaliger Deutscher, aufhören möchte und seine Werkstatt aber gerne weiter laufen soll.
Danke für jede Info.

Die Antwort muss in diesem Fall lauten: „Nein!" Es ist aber eine typische Frage, da der alte Betriebsinhaber vor vielen Jahrzehnten unter anderen Bedingungen nach Kanada einwanderte und denkt, dass diese Konditionen immer noch gelten. Darum gibt er diese unkorrekte Information an den Käufer seines Unternehmens weiter.

Der zukünftige Unternehmer hat zuerst nach Kanada einzuwandern und zwar unter den Voraussetzungen der Unternehmer-Klasse / Entrepreneur Class oder als Skilled Worker. Da dies aber heute nicht mehr so einfach ist wie früher - wegen den Bedingungen der Entrepreneur Class - besteht für den zukünftigen Unternehmer die Möglichkeit als Skilled Worker einzuwandern. Das heißt, jeder Skilled Worker in Kanada, der bereits mit einem Permanent Residence Visa gelandet ist, kann jederzeit beginnen als Unternehmer oder Selbständiger Geschäfte zu tätigen. Wer allerdings in Kanada als Skilled Worker mit einem Temporary Work Permit arbeitet, kann zwar auch ein Unternehmen gründen oder kaufen, aber er kann nicht so ohne weiteres für sein eigenes Unternehmen arbeiten.

Alternative: Er kann selbstverständlich versuchen zuerst einen Work Permit als Temporary Worker zu erhalten, um dann in Kanada seinen Antrag auf Permanent Residence zu stellen. Erfüllt der Verkäufer des Unternehmens und der Käufer alle Bedingungen von HRSD für ausländische Arbeitskräfte, dann kann der Käufer, als Angestellter des alten Unternehmers, in dem Unternehmen arbeiten.

Es gibt natürlich in Kanada sehr viele Berufe die nicht als „Regulated Occupation" eingestuft sind. In diesen „Non-Regulated Occupations" kann jeder Skilled Worker jederzeit, also auch bereits am Tag der Landung, sein eigenes Unternehmen gründen, kaufen und dafür arbeiten. Das gilt ebenfalls, wenn jemand als Selbstständiger mit einer Geschäftsidee seine Existenz in Kanada aufbauen will. In diesen Berufen ist es auch möglich ohne Einschränkungen von einer Provinz in die andere zu wechseln. Hat man aber ein Unternehmen, das unter die Regeln der Regulated Occupation fällt, dann hat man die dafür geltenden Bedingungen der jeweiligen Provinz zu erfüllen.

Das kanadische Einwanderungsgesetz berücksichtigt ausdrücklich diesen Weg für Unternehmer und Selbständige, die aus welchen Gründen auch immer, nicht die Bedingungen der Business-Klasse erfüllen können. Von vielen Immigrations-Beratern wird dieser Weg ebenfalls empfohlen. Ihr Argument für diesen Rat ist: Der Unternehmer oder Selbstständige kann nach Kanada immigrieren ohne irgendwelche Bedingungen erfüllen zu müssen. Die Bedingungen müssen ja vom Unternehmer eingehalten werden, um seinen Status als Permanent Resident zu behalten. Werden sie nicht eingehalten, kann dies im Ernstfall zu einer Ausweisung führen. Dieses Risiko besteht für den Skilled Worker mit PR Visa nicht.

Frage

Hallo,
wie groß müsste ein B & B sein, damit man davon leben kann?
Und gibt es auch schon Heuhotels in BC?

Antwort von Rockiesman, Fachmann für Tourismus und Hotelgewerbe in Alberta und B.C.:

Oh je, wenn das nur alles so einfach waere.

Wenn Ihr Euch schon ein paar Wunschorte ausgesucht habt, fahrt doch einfach mal hin und schaut Euch vor Ort nach Kontakten um. Sprecht mit den Baeckern ueber Eure Plaene und findet raus, ob da jemand verkaufen bzw. sich in absehbarer Zeit zur Ruhe setzen will. Findet auch raus, was in Kanada anders ist als in Deutschland (z. B. die Mehlsorten und welche Auswirkung das auf den Backprozess hat!), was die Kanadier kaufen bzw. ob ein Markt dafuer da ist, was Euch so vorschwebt. Da die Menschen in Kanada hilfsbereit sind, wird man Euch etliche wertvolle Informationen geben.

Vielleicht sprecht Ihr aber auch mit einem deutschen Baecker in einem anderen Ort ausserhalb Eurer Wunschregion, wo Ihr demzufolge nicht als neuer Wettbewerber angesehen werdet, und fragt offen nach den Schwierigkeiten und moeglichen Fehleinschaetzungen, die er zu ueberwinden hatte.

Fragt auch nach Fachzeitschriften und sammelt z. B. die deutschen Zeitungen, um dort ggf. entsprechende Anzeigen aufgeben zu koennen.
Sprecht auch mit den oertlichen „Economic Development Officers" (Wirtschaftsfoerderern). Die koennen Euch mit Informationen dienen, die von statistischen Daten ueber die Bevoelkerungs-(=Kunden)struktur bis hin zu all den Vorschriften reichen, die fuer einen solchen Gewerbebetrieb gelten. Die koennen Euch auch die Adressen der Arbeitgeberverbaende (Innungen) geben, die fuer Baeckereien und Cafes zustaendig sind. Dort wiederum koennt Ihr weiteres Informationsmaterial, und z.B. auch die Adressen von Maklern bekommen, die auf die Vermittlung solcher Gewerbeobjekte spezialisiert sind

Schaut auch mal in eine Buchhandlung. Es gibt Selbsthilfebuecher, wie man z.B. erfolgreich ein B & B oder ein Reisebuero startet. Wahrscheinlich gibt es so was auch fuer Baeckereien und Cafes.

Achtet aber auf das Herausgabedatum, denn in BC sind in den letzten Jahren jede Menge Vorschriften entruempelt worden. Veraltete Informationen in solchen Buechern waeren nicht sehr hilfreich.

All die Informationen lasst Ihr einfliessen in einen „Business Plan" (Muster in solchen Buechern und unter www.smallbusinessbc.ca/bizstart-bPlanning.php), der Eure Idee, Markteinschaetzung, Finanzierung, Umsatzprojektionen, Risikoeinschaetzungen und Gegenmassnahmen etc. enthalten sollte. Das ist nicht nur als Leitlinie fuer Euch wichtig, bevor Ihr Euch in den Tuecken des Alltags verliert, sondern dient auch bei der Einwanderungsbehoerde als Beleg, dass Ihr Euch serioes vorbereitet habt, und von den Banken wird er fuer die Bearbeitung von Kreditantraegen auch verlangt. (Als Neuankoemmlinge bekommt Ihr von den Banken nicht die besten Konditionen, aber es gibt die staatliche BDC Business Development Bank of Canada, falls alle Stricke reissen sollten.)

Am Besten waere es jedoch, wenn Ihr nicht sofort in die Selbstaendigkeit einsteigt, sondern zuerst einmal als Arbeitnehmer in solchen Betrieben Arbeit sucht, um die kanadische Arbeitsweise, Marktbedingungen, Produktionsmethoden, Lieferanten etc. kennen zu lernen. Auch ist die Einwanderung als „skilled worker' einfacher zu bewerkstelligen als die Einwanderung als „Entrepreneur", fuer die Ihr ja zum Beispiel schon unternehmerische Erfahrung in Deutschland nachweisen muesst. Auch als skilled worker koennt Ihr jederzeit ein Geschaeft eroeffnen oder uebernehmen, ohne Euch mit den zusaetzlichen Anforderungen / Auflagen / Nachweisen wie in der „Entrepreneur"-Klasse herumaergern zu muessen.

Frage

Hallo Allerseits,
Wir sind ein Junges Paar um die 30 und möchten ein Cafe mit Konditorei und Bäckerei in der Gegend von Vancouver, Whistler, Kelowna übernehmen und weiter ausbauen. Hat jemand Erfahrungen damit, Kontakte oder sucht einen Nachfolger ?

Antwort
Hallo, Ich kenne ein älteres Bäckerehepaar in der Peace Region B.C. die gerne verkaufen würden. (Ist allerdings 1450 km von Vancouver entfernt.)

Dieses junge Paar wird möglicherweise nicht das Geld und die Erfahrung haben, die von CIC für die Entrepreneurs Class gefordert wird. Aber, sobald sie als Immigranten gelandet sind - in der Skilled Worker Class - können sie selbstverständlich eine Bäckerei kaufen, und sie als Unternehmer führen. Einer der wichtigsten Faktoren für den Erfolg ist aber immer (früher wie heute), die Beherrschung der Landessprache von Kanada, die in der jeweiligen Provinz die Hauptsprache ist.

Teil vier: Karriere in Kanada

Weiterbildung in Kanada

www.deutschesaerzteblatt.de - Foren - Kanada - Beitrag eingesandt von Vrinnevi am 19.06.2005 17:05:31 als Antwort auf: Wundern von golgi.

„Mein ehemaliger Nachbar ist mit 52 als bestens ausgebildeter Chirurg nach Kanada/Quebec gegangen. Ehemaliger OA Uni Heidelberg, Praxis mit Belegbetten, absolut integer, versiert.

Um in Kanada arbeiten zu können hat er 3 Monate gebueffelt, um sowohl eine Sprachpruefung (englisch/französisch), als auch eine Pruefung seiner medizinschen Kenntnisse abgelegt. Dann durfte er in New Brunschweig anfangen zu operieren. Wo ist das Problem einer Sprach-/Medizinkenntnispruefung?"

Dieses Zitat könnte genauso gut an einer andren Stelle des Buches stehen. Das aber ein 52 jähriger Fachmann noch bereit ist für Prüfungen in Kanada Weiterbildung auf sich zu nehmen ist bemerkenswert. Für ihn war der Vorteil klar erkennbar.

Sollte man in Kanada Weiterbildungs-Kurse besuchen?
Zurück auf die „Schulbank".
Abend- und Fernkurse
High School - kostengünstige Alternative und Chance
Zusammenfassung
Achtung Falle

Sollte man in Kanada Weiterbildungs-Kurse besuchen?

Was bedeutet es, wenn eine Ausbildungsstätte für technische und sonstige Berufe, wie es das Northern Alberta Institute of Technology (NAIT) in Alberta ist, über die Job-Messen der Arbeitsagentur in Deutschland Arbeitskräfte für Arbeitgeber in Alberta sucht?

Lange Frage, kurze Antwort: Diese Arbeitskräfte haben in Alberta eine Prüfung zu bestehen und die Schulung dazu bieten NAIT an - damit wird das Institut also Geld verdienen.

In Kanada müssen Ausbildungsstätten wie dieses College oder Universitäten auch Geld verdienen und konkurrieren deshalb untereinander, um das Geld der Ausländer, die für ihren Job eine kanadische Lizenz benötigen. (Siehe: Berufsanerkennung.) In einer Email an Arbeitssuchende schreibt der Manager von NAIT: We are currently looking to recruit many occupations. Our critical areas of need are WELDERS, CARPENTERS, PIPEFITTERS, SHEET METAL WORKERS, MACHINIST, MACHINE TOOL FITTERS AND INSULATORS.

Das sind alles Berufe, die eine Weiterbildung in der betreffenden Provinz von Kanada voraussetzen, damit der Arbeitnehmer / Skilled Worker seinen Beruf auch im vollen Umfang ausüben darf und damit volles Geld erhält.

Der Pipefitter (Rohrschlosser) aus England wurde bereits erwähnt, der nun eine Prüfung zu absolvieren hat, die mehr in Richtung Heizungsbau geht. Ebenso hat der Elektriker aus England seine Probleme in B.C. arbeiten zu können, ohne erneut eine vierjährige Lehre / Apprenticeship zu absolvieren. Er darf beispielsweise nicht mal als „Helfer" eines Elektrikers arbeiten, bis er seine Prüfungen bestanden hat. Das gilt auch für einen Kanadier, der als Schweißer mit einer Lizenz aus Ontario in Alberta Arbeit sucht. Sollte er nicht bereits das Red Seal haben, muss er in Alberta erneut seine Lizenz machen. Bis dahin kann man in vielen Berufen unter der Aufsicht eines lizenzierten Journeyman / Supervisors zwar als „Helfer" arbeiten - aber für weniger Geld als ein lizenzierter Journeyman.

Wer also zu einer Job-Messe des Arbeitsamtes geht, um dort mit Kanadiern zu sprechen, der sollte sich unbedingt über die Kosten der Weiterbildung oder Berufsanerkennung informieren. Der Skilled Worker hat diese Kosten selbst zu tragen, denn weder die deutsche Arbeitsagentur noch der kanadische Arbeitgeber wird dies bezahlen.

Dabei ist allerdings ebenfalls zwischen Temporary Workers und Permanent Residents zu unterscheiden. Es gibt Arbeitgeber die bereit sind die Weiterbildung und das Training ihrer Arbeitnehmer zu bezahlen, aber nur dann, wenn dieser bereits als PR in Kanada lebt und arbeitet.

Zurück auf die „Schulbank"

Im englischen Forum gefunden: *Flying out on the 1st May, off to welding school for a week to catch up and then sit tests at the end of the week.*

Der Schweißer aus Großbritannien (UK) geht davon aus, dass er nur eine Woche Schulung braucht, um danach seine Prüfung zu bestehen. Er kann ja natürlich genug Englisch, um nicht über die Sprache zu stolpern. Wie ist es aber bei einem Schweißer aus Deutschland? Praktisch ist er genauso gut, aber wird er es schaffen den theoretischen Teil in einer Woche zu bewältigen? Wie lange er die „Schulbank" wieder drücken muss, dass wird von seinen Englisch Kenntnissen abhängen.

Aber nicht nur Handwerker werden in Kanada gesucht. Im März 2006 wurde in den Foren berichtet, dass ein weltweit operierendes Unternehmen per TV-Werbung in England folgende Berufe sucht:
Process Engineers
Project Engineers & Managers
Mechanical Engineers
Piping Engineers & Designers
Electrical Engineers & Designers
Control Systems Engineers & Designers
Estimators
Project Controls Specialists
Materials Management Specialists

Contracts Managers & Administrators
Civil Structural Engineers & Designers

Krankenschwestern aller Fachbereiche werden in B.C. gesucht und darum sind die Recruitment Specialists ebenfalls in UK unterwegs:
Pediatrics
Neonatal/Neonatal ICU
Perinatal/Obstetrics
Trauma
Intensive Care
Emergency
Operating Room
Infectious Diseases
Cardiac
Oncology
Organ Donation and Transplantation
Mental Health
Addiction
Renal
Gerontology
Other nursing specialties

Die Krankenschwestern können zu Beginn in B.C. eine „Temporary Registration" erhalten und damit arbeiten, wenn der Arbeitgeber damit einverstanden ist. In dieser Zeit müssen sie sich aber gleichzeitig auf ihre Prüfung als eine „Registered Nurse" vorbereiten und dann auch bestehen. Dazu gehört auch ein Sprachtest, wenn die Muttersprache nicht Englisch ist. Es wird mit einer Vorbereitungszeit von mehreren Monaten für die Prüfungen gerechnet und auch damit, dass sie nicht beim ersten Mal bestanden werden.

Und nicht nur in Westkanada sondern auch in Ontario, Québec und New Brunswick werden LKW-Fahrer in Massen gesucht. Die Truck Driver müssen nur ihren Führerschein in Englisch oder Französisch erneut machen. Das geht relativ schnell, sind genug Sprachkenntnisse vorhanden. In Ontario kann dies aber für Truck Driver in der Zukunft komplizierter werden, da in der Provinz seit 2006 dieser Beruf auch eine „Lehre" voraussetzt.

Für die hoch qualifizierten technischen Berufe und in Managerpositionen ist ebenfalls früher oder später der Besuch von „Schulen" zur Weiterbildung notwendig. Zu Beginn können die meisten Fachleute / Akademiker unter der Aufsicht eines Abteilungsleiters / Supervisor mit arbeiten. Um aber ein Zertifikat in den regulierten Berufen zu erhalten wird zumindest eine „Individual Assessment", mit einer anschließenden Prüfung von den Berufsorganisationen gefordert.

Zu beachten ist bei allen Berufen der Unterschied zwischen einem Arbeitnehmer / Skilled Worker, der aus dem Ausland direkt angeworben wird und Permanent Residents oder Kanadier, die in Kanada einen Job suchen. Das heißt, vor dem angeworbenen Ausländer stehen oft mehr bürokratische Hürden, als vor dem Kanadier oder Permanent Resident.

Abend- und Online-Kurse

Die Frage wird nun sein: Wo kann man diese Weiterbildung erhalten und was kostet sie? In B.C. ist beispielsweise das „British Columbia Institute of Technology" (BCIT - www.bcit.ca/) einer dieser Einrichtungen. Es gibt also nicht nur diese Ausbildungsstätte für die Weiterbildung im eigenen Beruf in der Provinz. Die Bezeichnung ist auch „Polytechnic Institution" und dadurch entsteht bei Deutschen oft eine unklare Vorstellung darüber, was man dort alles lernen kann und welche Diplome man erhält. Man kann von einem Training über eine Lehre bis hin zum Master und Doktor dort jedes erwünschte Diplom oder Zertifikat erhalten. Auch wenn dort Lehrlinge ausgebildet werden ist BCIT ebenso eine Fachhochschule, die Diplome ausstellt. Original Text von BCIT: At BCIT we offer programs that lead to certificates, diplomas and degrees in technologies, business, health sciences and trades. Our many programs are available in part-time and online formats as well as through full-time study. As a polytechnic institute, we conduct applied research, technology transfer activities (the taking of ideas to the marketplace), and corporate and industry training and upgrading.

Das Northern Alberta Institute of Technology (NAIT) ist ebenfalls eine Polytechnic Institution und diese Institute gibt es in allen Provinzen mit entsprechenden Programmen. Auf den Webseiten der Institute findet man auch die Kosten für die Kurse und die Anforderungen an die Studenten, die von innerhalb und außerhalb Kanadas kommen.

Sehr viele Institute bieten heute Online-Kurse an, die auch als „Distance Education" oder „Distance Learning" bezeichnet werden. Üblicherweise sind diese Fernkurse nur für Kanadier oder Permanent Residents. Jedes Institut entscheidet aber selbst, ob es auch Studenten aus dem Ausland zu diesen Kursen zulässt. Es lohnt sich darum bereits von Europa aus danach zu fragen und eventuell mit entsprechenden Vorbereitungskursen zu beginnen. Das dürfte besonders für Immigranten interessant sein, die sonst in der Wartezeit auf ihr Visum nicht wissen was sie tun sollen - darum in den Foren ihre Nervosität beschreiben. (www.educationcanada.cmec.ca/EN/Distance.php)

High School - Kostengünstige Alternative und Chance

Warum nicht seinen High School Abschluss in Kanada machen? Unter der Forderung der heutigen Zeit: „Ein Leben lang lernen" ist dies eine der kostengünstigsten Wege, um zumindest gut bis sehr gut die beiden Landessprachen zu erlernen. Diesen Abschluss kann man, wie auch in Deutschland, auf Abendschulen machen. Da von der Regierung für Immigranten nur Basis-Kurse in Englisch oder Französisch angeboten werden besteht so die Möglichkeit seine Sprachkenntnisse auf ein hohes Niveau zu bringen.

Die Chance ist aber auch, dass man mit diesem Abschluss in Kanada jederzeit jedes Studium anfangen und erfolgreich beenden kann. Da bis zum High School Abschluss die Kosten von den Provinzen getragen werden fallen für Erwachsene oft nur geringe Einschreibgebühren an.

Zusammenfassung

Es wird von vielen gut etablierten Deutschkanadiern und ebenfalls von Einwanderungsberatern bemängelt, dass deutsche Immigranten nicht mehr weiterlernen wollen. „Wir haben das so in Deutschland gemacht und deshalb machen wir es auch so in Kanada", sagen sie. Wenn sie mit dieser Einstellung scheitern, schieben sie die Schuld selbstverständlich den Kanadiern in die Schuhe.

Es ist eines der Erfolgsgeheimnisse asiatischer und europäischer Immigranten, dass sie selbstverständlich Kurse zur Weiterbildung besuchen. Ebenso nehmen sie an Fortbildungen teil, die von der Regierung für Immigranten angeboten werden. Zum einen sieht der Arbeitgeber, dass sein neuer Mitarbeiter die Regeln und Vorschriften in Kanada kennt und zum anderen erfährt er dadurch, dass sein zukünftiger Mitarbeiter bereit ist sich weiterzubilden. Das Letztere ist in der sich rapid verändernden Arbeitswelt von heute eine Forderung des Arbeitgebers an seine Mitarbeiter.

Wer als Immigrant nicht sofort einen Arbeitsplatz bei der Ankunft hat, der sollte überlegen eine mehrmonatige Weiterbildung in seinem Beruf oder in von ihm bevorzugten neuen Fachbereichen zu absolvieren. Natürlich muss man diese immer selbst bezahlen, und darum sollte man sich bereits von zu Hause aus erkundigen, was das Studium oder die Weiterbildung in Kanada kostet.

Ebenso ist es für Temporary Worker interessant, die mit dem Gedanken spielen nach Kanada einzuwandern. Denn nichts zählt für einen kanadischen Arbeitgeber mehr als eine Aus- oder Weiterbildung in Kanada. Dies beruht auf einem sehr nationalen und provinziellen Weltbild mancher Kanadier, die nichts gelten lassen als Kanada und dann auch nur ihre Provinz. Das bezieht sich nicht nur auf Québec, sondern auf alle Provinzen, wie beispielsweise B.C. oder Alberta belegen.

ACHTUNG FALLE

„What's a college degree worth?
In his final year at Capilano College in North Vancouver, Dave Cryderman heard a troubling rumour in the school hallways: The degree he worked hard for -- and spent thousands of dollars to obtain -- wasn't necessarily a recognized credential for further study outside British Columbia. The Globe and Mail, Toronto, from Print Edition, 13/05/06

Was ist ein College Abschluss wert?
In seinem letzten Jahr auf dem Capilano College in Nordvancouver hörte Dave Cryderman ein beunruhigendes Gerücht in den Schulfluren: Der Abschluss, für den er hart arbeitete, und Tausende von Dollars ausgegeben hat, um ihn zu erhalten, würde nicht unbedingt für ein weiteres Studium außerhalb British Columbias anerkannt werden. "

Das ist mal wieder die Balkan-Situation in Kanada. Das wird nun auch in Deutschland, durch die neue Gesetzgebung zum Föderalismus zwischen Bund und den Bundesländer befürchtet.

Das Problem ist bereits mehrfach angesprochen worden und jeder sollte das sehr ernst nehmen. Niemand kann voraussehen in welcher Provinz er oder sie letztendlich die neue Heimat findet, um dann dort auch für immer zu bleiben.

Schule und Ausbildung in Kanada

Pisa Studie hin, Pisa Studie her - nach der Schule beginnt die Ausbildung. In Kanada als „Post-Secondary Education" benannt, umfasst dies alle Ausbildungen vom Training als Küchenhilfe bis zum Doktor an einer Universität. Und diese Post-Secondary Education kostet in allen Provinzen immer Geld! Je nach Provinz kostet es mehr oder weniger.

Da das Schulsystem und die Weiterbildung in Kanada zu den Hoheitsrechten der Provinzen gehört, ist es zwar prinzipiell gleich organisiert, hat aber auf Grund der historischen Entwicklungen in den Provinzen doch Unterschiede und das bezieht sich nicht nur auf Québec. Diese sind heute nicht mehr so gravierend, wie zu früheren Zeiten, aber sie machen sich bei der Anerkennung von Ausbildungs-Zertifikaten oder Diplomen quer durch die Provinzen bemerkbar.

Das Schulsystem basiert auf dem britischen System von Elementary School (5-10 Jahre), Secondary School (11-14 Jahre) und High School (15-18 Jahre). Da diese Bezeichnungen dem einen oder anderen Ministerium nicht modern genug sind, hat man beispielsweise in Westkanada folgende Definitionen erfunden.

Die 5 bis 10 jährigen Kinder sind in der Stufe Early Years / Frühe Jahre, die 11 bis 14 Jährigen in Middle Years/ Mittlere Jahre und die 15 bis 18 Jährigen in den Senior Years/ Ältere Jahre unterteilt. Abhängig von der Provinz können die Jahresangaben schwanken.

Nach der Secondary School / Middle Years wird auf der High School / Senior Years in zwei Richtungen ausgebildet. Die eine bereitet die Schüler für College und Universität vor und die andere für eine Ausbildung an Fachschulen (community college or institute of technology / systems of publicly-operated post-secondary non-university institutions) oder eine Lehre / Apprenticeship für technische und handwerkliche Berufe sowie Skilled Trades.

Vereinfacht gesagt: Es ist nicht viel anders als in Deutschland. Was das verstehen des Schul- und Ausbildungssystems in Kanada zu Beginn so schwierig macht, sind die verwendeten Worte und ihre Zuordnung zu gewohnten deutschen Wortbedeutungen.

Post-Secondary Education - Ausbildung und Weiterbildung
Kinder und Schule

Post-Secondary Education - Ausbildung und Weiterbildung

Wie an einer deutschen Gesamtschule wird also in den letzten Schuljahren der Weg auf die Universitäten und Fachhochschulen oder der Weg direkt in den Beruf vorbereitet. Allerdings kann man je nach Provinz bereits mit einer Lehre / Apprenticeship auf der High School beginnen. Die Karriere über Universitäten und Fachhochschulen in Kanada ist vergleichbar zu einer Karriere in Deutschland. Hat man seinen Bachelor oder Master Abschluss bestanden erhält man ein Degree oder Diplom und sucht sich damit den ersten richtigen Job. Die weiter unten aufgeführte Webseite aus B.C. hat dazu umfangreiche Informationen.

Was ist aber, wenn ein Jugendlicher nur einen normalen Beruf ergreifen will, wie beispielsweise eine Lehre oder Ausbildung im Handel, Gewerbe oder Industrie, vergleichbar zu Deutschland? Gibt es das überhaupt in Kanada wird sich manch einer fragen, wenn er die Bemühungen betrachtet, mit der derzeit Fachkräfte aus Deutschland und aller Welt angeworben werden. Ja, das gibt es und auf der Webseite aus Alberta steht dazu für den Beruf des Blechschlossers: „Apprenticeship is one way of starting out in the construction industry. It involves both classroom studies and on-the-job training under the supervision of a certified sheet metal worker, called a journeyperson. „

Der Beruf des Blechschlossers / sheet metal worker kann also genauso erlernt werden wie in Deutschland Er ist übrigens derzeit in Kanada sehr gefragt. Die Ausbildung erfolgt in der Regel zu 80 % beim Arbeitgeber und zu 20 % durch Unterricht in den entsprechenden Schulen.

Auf der Webseite www.bced.gov.bc.ca/careers/planning/ aus B.C. werden sehr ausführlich und mit weiterführenden Links zu allen Provinzen, die beruflichen Ausbildungswege nach der High School für „Skilled Trades" dargestellt. Zu den Möglichkeiten zählen beispielsweise: High Tech Certification Programs, Short-term Training Programs und Secondary School Apprenticeship Programs für Berufe in Handel, Gewerbe und Industrie.

Die Apprenticeship Programs sind vergleichbar zu einer Lehre / Ausbildungen in technischen und handwerklichen Berufen in Deutschland. Diese Ausbildung dauernt in der Regel zwei bis fünf Jahre. In B.C. muss man diese Ausbildung absolvieren, damit man den „British Columbia Trade Qualification Status" erhält. Es handelt sich also um regulierte Berufe für die eine Lizenz notwendig ist.

Achtung Falle: Man sollte darauf achten, dass die Ausbildung mit einem Red Seal abgeschlossen wird, da sonst in anderen Provinzen erneut Prüfungen zu machen sind, die ebenfalls wieder Zeit und Geld kosten! Ebenfalls ist zu recherchieren ob die Ausbildung, wie beispielsweise in B.C. auch dazu berechtigt, in einer anderen Provinz weiter zu studieren. Das ist nicht immer garantiert und die Institute oder Schulen informieren ihre Studenten oft nicht von sich aus über diese Problematik!

Man kann diese Ausbildungsstätten auch mit Berufsschulen und Fachhochschulen vergleichen und ihre Bezeichnung in Kanada sind: Colleges, University Colleges und Institutes - dabei ist zu beachten, das ein University Colleges keine Universität ist. Ebenfalls werden auf der Webseite Informationen angeboten, wie man als junger Mensch sein eigenes Business gründet - sollte man den dafür notwendigen „entrepreneurial spirit" / unternehmerischen Elan haben.

Warum hat Kanada dann so wenig ausgebildete Fachkräfte in diesen technischen und handwerklichen Berufen, kann man nun zu Recht fragen. Die Antwort ist einfach: Die Ausbildung kostet auch für Lernende in diesen Berufen Geld - viel Geld! Nicht soviel, wie Studenten an Universitäten zu bezahlen haben aber in Kanada kostet jede Post-Secondary Education Geld. Der oder die Auszubildende haben Schulgebühren und auch ihre Werkzeuge selbst zu bezahlen! Die Ausnahme unter den Provinzen ist Québec, dort werden die Kosten dieser Form der Weiterbildung von der Provinz bezahlt. Es ist nur eine sehr geringe Einschreibegebühr erforderlich.

Um das zu verstehen hat man das Parteiprogramm der derzeitigen Regierung (2006) unter Premierminister Stephen Harper, Leader of the Conservative Party of Canada zu lesen. In der „CON-

SERVATIVE PARTY OF CANADA FEDERAL ELECTION PLATFORM 2006" (Programm der Konservativen Partei für die Bundeswahl 2006). Unter: www.conservative.ca/media/20060113-Platform.pdf steht, dass sie folgende Pläne haben, um den Nachwuchs für die „Skilled Trades" zu fördern: „Einführung eines $1000 Stipendiums für Lehrlinge, um jungen Menschen zu helfen die erforderlichen Werkzeuge, Kleidung und sonstigen Arbeitsausrüstung für den Berufsstart zu erwerben."

Im Original liest es sich so:
A Conservative government will: Implement a $1,000 Apprenticeship Incentive Grant to help new apprentices cover the high cost of tools, boots, and work accessories.

Das ich hier „boots" nicht als Stiefel sondern als Arbeitskleidung übersetzte liegt daran, dass Premierminister Harper aus Alberta kommt und zu erst an die Arbeiter auf den Ölfeldern denkt und ich eher an einen Kraftfahrzeugmechaniker- oder Chemielaborant-Lehrling in Toronto, die keine Stiefel aber Arbeitsschuhe und andere Berufskleidung brauchen.

Die „Skilled Trades" - also Handwerk, Gewerbe und Industrie - suchen händeringend Fachkräfte, da viele Schulabgänger in Kanada es sich nicht leisten können die Kosten der Ausbildung zu finanzieren. Dazu schreibt die Konservative Partei: „ *...many young Canadians find themselves stuck in low-paying work and are either not encouraged to consider the trades, or unable to do so because of financial barriers. ...* "

„…viele junge Kanadier finden sich in gering bezahlten Jobs gefangen und werden nicht ermutigt Ausbildungen in Handwerk, Gewerbe und Industrie (the trades) zu beginnen oder sind nicht in der Lage es wegen der finanziellen Barrieren zu tun …"

Wer mit seiner Familie und Kindern nach Kanada immigriert, der sollte diesen Punkt sehr genau betrachten. Eine langfristige Planung ist da von Vorteil. Die bereits erwähnte Webseite von B.C. bietet dazu auch den Eltern Hilfen an. Mit dem Link „Parents Helping Teens" findet man Informationen, wie man seinen Kinder bei der Planung einer Karriere helfen kann und wie man sie auch dazu motiviert.

Wer jetzt denkt: „Dann schicke ich meine Kinder nach Deutschland zurück, denn dort bekommen sie eine kostenlose Ausbildung", der hat folgende Probleme zu berücksichtigen.

Eine Ausbildung in Deutschland dauert in der Regel länger als drei Jahre und dadurch kann dem Kind der Status als Permanent Resident verloren gehen! Das beruht auf der Vorschrift das ein PR im Zeitraum von fünf Jahren maximal drei Jahre im Ausland sein darf. Ist der Jugendliche zu diesem Zeitpunkt kanadischer Staatsbürger und hat auch seine deutsche Staatsbürgerschaft behalten, dann ist dies natürlich kein Problem.

Die Ausbildung in Deutschland wird in Kanada nicht 1 zu 1 anerkannt Und das bedeutet: Nach der Rückkehr erneutes Lernen und Prüfungen in Kanada und erneute Kosten. Darüber hinaus fehlt die „Canadian Experience" im Beruf, die kanadische Arbeitgeber erwarten.
Der meiner Meinung nach wichtigste Punkt ist aber: Der oder die Jugendliche hat nicht gelernt „how to play the business game", mit seinen gleichaltrigen Gefährten in Kanada. Das heißt, ihm fehlt das

Network seiner Studenten und Ausbilder in Kanada und die Erfahrung, wie in Kanada die Arbeitswelt von Hire and Fire funktioniert. Anders gesagt: Wie man in einer solchen Welt am besten und erfolgreich überlebt. Der /die Jugendliche kann ebenfalls keine Lust mehr verspüren zurück nach Kanada zu kommen.

Die Ausbildung kostet also immer Geld, das zu Beginn die Eltern bereit zu stellen haben. In Kanada gibt es aber eine ganze Palette von staatlichen und privaten Hilfen, um die Ausbildung zu finanzieren. Eltern sollten sich darum frühzeitig erkundigen, welche Form der Finanzierung für ihre Kinder in Frage kommt, wenn sie nicht wohlhabend genug sind, dies aus eigener Tasche zu bezahlen. Da die Kosten eines Studiums als Rechtsanwalt oder Zahnarzt bis zu 100.000 CAD, die einer Lehre zwischen 5.000 bis über 10.000 CAD betragen können, sind frühe Recherchen in der jeweiligen Provinz notwendig.

Kinder und Schule

Aber, wie werden meine kleinen Kinder die Umstellung in die neue Schule bewältigen? Sie sprechen ja noch kein Englisch! Diese Fragen der Eltern beantwortet am besten ein Kind. Der Vater Tom schrieb: „Unsere Tochter, bei der Einwanderung 9 Jahre alt heute 10, hatte keinerlei Vorkenntnisse in der Sprache. Der ESL-Unterricht dauerte bei Ihr bis Ende des Schuljahres, dafür ist sie jetzt die Einzige in der Familie, die akzentfrei Englisch spricht. Sie fühlt sich hier sehr zu Hause, wie man ja in ihrem Bericht nachlesen kann." Inzwischen lernt sie auch noch Französisch, wie sie schreibt. Hier der Bericht der Tochter Marie (10), die 9 Jahre alt war und kein Englisch konnte, als sie in Kanada landete. (ESL-Unterricht - Englisch als zweite Sprache)

By line: Marie W.

In Germany I thought everybody in my new class would just stare at me and I would be alone at recess. But it wasn't like that. There were some German kids in my class they were really friendly they showed me my new school. I went to ESL with a girl in my class she told me when it was and where it was. In my first half year I didn't have any French and instead went to ESL. Church helped me too, I met a girl there called Grace and she helped me understand and I learned lots of new words from her.

When it was nearly Christmas we went and bought a Christmas tree, it was fun. When you go to get a Christmas tree the people who sell the trees give you a saw and a sleigh. You go into a forest, you look for the tree you want and then you cut it off, put it on the sleigh and then take it home.

January was cold. I and my brother had to walk to school but the walking held us warm. I was good at school by now; I had learned lots of English and had started French. I knew what went on in the morning. First we sang „ Oh Canada" the national anthem by now I knew all the words. School was always over at 3.45.

In April I moved to La Broquerie a French village. There I really like, the German kids picked me up and showed everything.

Meanwhile at home we got a dog Angus. He was really cute! I take care of him when I come from school.

At the end of summer holidays my Grandma came for a visit. We went to lakes, Provincial Parks, museums, beaches, and malls. Lots of stuff had changed at the museum. It was much better and I enjoyed it. The provincial Parks were cool; we saw turtles, dears, and even saw a young bear!! Our time with her was lots of fun!!!

When she was gone, my family and friends went to Camp Moose Lake for a weekend. We went kayaking, and canoeing, we saw squirrels, bluebirds, and even a bold eagle and our friend caught two fish while fishing.

Basically I love Canada with all the great wildlife, provincial parks and all the friendly people.

Marie W

Hier der Bericht einer Schweizer Mutter über den Start des Jüngsten im Kindergarten (Day care) in Ontario: „ ...*Umgezogen sind wir, damit unser Sohn Mischa bereits mit dem Kindergarten beginnen konnte. Nun haben wir da schon 2 Tage hinter uns (haette nie gedacht, dass ich nochmals im Kiga anfangen muss :-)))) aber ich habe es ueberlebt. Heute Nachmittag wurde ich vom Kiga-Dienst „entlassen" und Mischa schlaegt sich nun alleine durch. Kinder sind zum Glueck sehr anpassungsfaehig. Mischa spricht in bestem Schweizerdeutsch auf die englischsprachigen Kids ein und die geben in Englisch Antwort; das Beste daran, alle scheinen sich bestens zu verstehen. ...* "

Die Tagebücher von vier englischen Jugendlichen kann man auf der Webseite www.brits2bc.com/teendiaries.htm lesen. Der Vater ist aktiv in einem britischen Forum und hat darum auf Anfrage von Eltern folgendes geantwortet: „we have three daughters too (19,17,15) and a son (13). We live in West Vancouver. It might help you, or your girls, to have a look at the diaries our kids have on our web site.

They would be happy to e-mail your girls - that can be reassuring for them. We moved nearly 2 years ago and all have settled in very well. Would be pleased to answer any questions on life in Canada that might help you decide on where is best for you.

Warmly,
Frank

Learning by doing

In vielen Jobs konnte man früher - möglicherweise auch heute noch - in Kanada, ohne eine offizielle Ausbildung zu absolvieren, Karriere machen. Der Spruch „Vom Tellerwäscher zum Millionär" drückt dieses „Learning by doing" oder „Learning on the job" aus. Auch vom Laufburschen in Büros konnte man zum Manager oder Boss seiner eigenen erfolgreichen Firma aufsteigen, ohne je eine Post Secondary Education in Kanada oder sonst wo auf der Welt absolviert zu haben.

Das ist in Kanada allerdings nur ein Weg für in Kanada geborene Bewohner oder auch für die Kinder von Permanent Residents. Für den Auswanderer ist das heute in der Skilled Worker Class vor der Landung als Permanent Resident praktisch nicht möglich. Gleichwohl ist dieses learning by doing mit „lebenslang lernen" zu vergleichen und das gilt, wie bereits öfters dargelegt, besonders dann wenn man Karriere machen will.

Dass diese Art des Lernens aber auch massive negative Auswirkungen haben kann, soll nicht verschwiegen werden. Da Weiterbildung nach der Schule - Post Secondary Education - immer teuer ist, verweigern Eltern ihren Kinder die Lehre und Manager der Fähren in B.C. ihren Mitarbeiter rechtzeitig die Ausbildung an den neuen Navigationsgeräten der neuesten und teuersten Fähre. Das Resultat: Die Fähre „Queen of the North" lief auf Grund und sank. Kosten: Hunderte von Millionen durch den Verlust der modernsten Fähre, Kauf einer abgewrackten Fähre aus Spanien (!) und leider auch zwei Tote.

Der Bericht der Untersuchungskommission bestätigte, dass die Schuld beim Management liegen würde. (globeandmail.com : Ferry management gets blame -   POSTED ON 07/06/06) Die Manager hatten den Steuerleuten die Ausbildung an den modernen Navigationsgeräten, die erst drei Wochen vorher installiert wurden, vorenthalten. Da diese hoch komplizierten Instrumente nicht auf dem Weg Learning by doing zu bedienen waren, hatte die Schiffsbesatzung diese ausgeschaltet. Das im beliebten B.C. und mit Sitz der Verwaltung in Vancouver so etwas passieren kann, das ist wohl allen unverständlich. Die sparsamen Manager widersprechen selbstredend dieser Anschuldigung. (Siehe: Boom Time)

Auf dem Bausektor gab es vor Jahren ebenfalls eine Katastrophe, die dann der kleine Hausbesitzer ausbaden musste. Und auch schon wieder in B.C. und rund um Vancouver und der Küste entlang. Die Kosten dafür waren runde 2 Milliarden $ CAD. Es handelt sich dabei um die „Leaky Condo Crisis" - als Suchwort bei Google einzugeben. Angefangen hat es mit einem bürokratischen Verwaltungsakt - der als Hauptursache angesehen wird - und weiter von den Architekten zu den Bauarbeitern - in diesem Fall überwiegend Ungelernte, bis zu den geldhungrigen Bauträgern, waren sie alle beteiligt.

Sehr schön ist dies in dem Artikel „What is the Leaky Condo Crisis?" auf der Webseite http://islandnet.com/~conduit/conduitcrisis.htm beschrieben. Jeder der sich ein Haus in B.C. kaufen oder bauen will, sollte diesen Artikel vorher lesen. Das Problem scheint derzeit gelöst zu sein - das Thema ist nicht mehr aktuell - kann aber für „Greenhorns" immer wieder aktuell werden.

Dieses „learning by doing / learning on the job" hat aber auch eindeutig Vorteile. Der als Immigrant gelandete Skilled Worker kann selbstverständlich in Kanada jeden nicht lizenzierten Job auf diesem Weg erlernen und darin dann sein Glück machen. Es ist die bereits öfter erwähnte Flexibilität in der Arbeitswelt, die in Kanada möglich und notwendig ist, um über alle Hürden hinweg letztendlich zufrieden leben zu können.

Hire and Fire - Was der Chef kann, das kann jeder: Sofort kündigen.

Frage im Forum: Gültiges Workvisa umschreiben auf eine andere Firma. ??
Hi
Hab da ein Problem.
Besteht die Möglichkeit ein Workvisa auf eine andere Firma umschreiben zu lassen?? Da mein Arbeitgeber ungedeckte Schecks ausstellt, würde ich gerne für eine andere Firma in Kanada arbeiten. Arbeitsangebote sind da, kann man das Workvisa umschreiben lassen?
Besten Dank

Anfrage aus Kanada:
... Nun bin ich hier als Temporary Worker. Ich arbeite in einer kleinen Firma. Der Boss, eine Frau und ich. Jetzt gibt es aber noch einen 2. Deutschen im Spiel, der auch eingestellt werden soll. Das Problem ist nun, dass wir nicht viel zu tun haben und ich jetzt schon den 3. Tag zu Haus verbringe, was ja auch nicht so schlecht ist, wenn mein Boss nicht noch einen Deutschen einstellen will.

Ich habe heute mit meinem Boss gesprochen wie es denn nun aussieht, er meinte wenn er was hat würde er mich anrufen. Ich sprach ihn auf den anderen Deutschen an, was denn nun ist, wenn arbeit kommt, er meinte das könne er nicht sagen, aber so wie ich das rausgehört habe spiele ich jetzt die 2. Geige. Er würde wohl den andren bevorzugen. Der andere Deutsche hat, glaube ich, ein Young-Worker-Exchange Visa über 1 Jahr. Und das ist so wie meins auf eine feste Company ausgestellt, also darf er ja eigentlich nicht dort arbeiten oder? Na ja, auf jeden Fall hat er mir heut am Telefon auch noch gesagt, das ich nicht auf seinen Anruf warten soll, sondern mich in der Zeit schon mal nach was anderen umgucken soll. Wie gesagt, er hat mir eine Joboffer gegeben in der er mir 40 Std. und 17,76 $ zusicherte, diese Offer ging auch an das Government.

So, ich bin ziemlich platt im Moment and weis auch nicht wirklich was ich nun machen soll, darum hoffe ich, dass Sie mir ein bisschen weiterhelfen können. Da ich auch ein blauäugiger Deutscher war, der gleich ein kleines Haus gekauft hat und jetzt ziemlich Bammel hat. ...
Ich verbleibe mit freundlichem Gruß, M

Die beiden geschilderten Probleme und vergleichbare, dürften weit öfter vorkommen als man denkt. Was für kanadische Arbeitnehmer eine übliche Routine ist: Ungedeckte Schecks, Kündigung von heute auf morgen, trotz Jahresvertrag, ist für Deutsche überraschend. Die freundlichen Kanadier oder auch die deutschkanadische Chefin zeigten sich von einer negativen Seite, die man ihnen nicht zutraute. Es wird ja immer nur, von Urlaubern und Deutschkanadiern in Foren und bei Besuchen in Kanada, berichtet, wie lieb und freundlich die Kanadier sind. Dass in Kanada manche Chefs immer noch frühkapitalistische Arbeitsverhältnisse und Methoden bevorzugen und praktizieren, darüber spricht man nicht und man will es auch nicht sehen.

Dies ist übrigens einer der Gründe, warum die Regierung fordert, dass ein Permanent Resident einen Mindestbetrag mit nach Kanada bringt. Ein Temporary Worker ist gut beraten ebenfalls eine solche Geldreserve mit nach Kanada zu bringen.

Was aber der Boss kann, kann auch der Arbeitnehmer. Auch er kann von heute auf morgen kündigen und zu Hause bleiben oder bereits beim nächsten Unternehmen mit der Arbeit beginnen. Er hat dabei aber die 14 Tage Kündigungsfrist einzuhalten. Natürlich hat es dabei ein Permanent Resident leichter, als ein Skilled Worker mit einem Temporary Work Permit. Was ist also in solchen Fällen zu tun?

Der Temporary Worker hat als erstes mit dem örtlichen Büro von HRSD zu sprechen. Diese Behörde ist, wie bereits gesagt, für den Schutz des Arbeitnehmers zuständig. Das gilt auch für einen europäischen Arbeitnehmer, der mit einem Work Permit in Kanada beschäftigt ist. Diese Behörde ist in der Lage darauf zu achten, dass Schecks bezahlt und Verträge eingehalten, beziehungsweise korrekt aufgelöst werden. Der Arbeitgeber würde das Recht verlieren, Ausländer zu beschäftigen, da HRSD diese wegen bekannter Vertragsbrüche ablehnen würde. Solange die Firma nicht bankrott ist, kann HRSD auch beim eintreiben des Gehalts helfen. Bei der Beschaffung eines neuen Arbeitplatzes, kann dieses Amt ebenfalls als Vermittler auftreten und einen neuen Antrag auf Work Permit schneller genehmigen.

Bei einem Scheck ist folgendes zu beachten. Sagt der Boss am Freitag: „Hier hast du den Scheck, löse ihn aber erst am Montag ein oder zum angegebenen Datum.", dann sollte man dies auch so machen. Denn am Freitag ist der Scheck noch ungedeckt! Ist der Scheck dann aber am Montag oder Dienstag immer noch ungedeckt, sollte man sich von Kanadiern beraten lassen, wie man sein Geld eintreiben kann und der beste Helfer ist da das HRSD.

Als Herr M zum HRSDC ging, erhielt er sogleich gute Informationen. Auf seine Frage, ob er auch in einem anderen Job / Beruf arbeiten könne, sagte der Officer direkt „Ja". Bei seiner Anfrage an die Agentur, über die er nach Kanada gekommen war, hatte vorher die Antwort „Nein, niemals." gelautet. Ebenfalls erhielt er den Rat sich nun direkt als Permanent Resident zu bewerben. Seinen Einwand, dass er die benötigten 75 Punkte nie erreichen würde, korrigierte der Officer und sagte ihm, dass er ja nur 67 Punkte brauche. Seine Agentur hatte ihm dies nicht gesagt und ihn auch nicht auf die Möglichkeiten hingewiesen das Provinzial Nominee Program für die Einwanderung zu nutzen - der Officer tat es.

Arbeitsplatzwechsel

Jeder Arbeitnehmer, der nach Kanada zieht, sollte sich darüber im Klaren sein, dass er entweder freiwillig oder unfreiwillig seinen Arbeitsplatz in den ersten Jahren mehr als einmal wechseln wird. Dass es Ausnahmen gibt ändert nichts an dieser Tatsache. Nachdem es ja besser ist freiwillig zu gehen, da man dadurch seinen Karriereweg lohnender planen kann, sollte man die dafür notwendigen Voraussetzungen genau und rechtzeitig prüfen. Diese Recherche sollte man spätestens bei der Ankunft in Kanada beginnen, aber besser noch von Deutschland aus.

Eine Voraussetzung ist dafür die gute Kenntnis der Landessprache. Bei Herrn M waren seine mittlere /moderate Kenntnis von Englisch, wie er selbst sagte, ein Hauptproblem. Die beste Beschreibung, wie man seinen Arbeitsplatz wechseln kann, wenn es Probleme mit dem Arbeitgeber gibt, steht auf der Webseite von CIC unter dem Link „Live-in caregiver". Wie bereits erwähnt, steht dort alles was ein Arbeitnehmer zu tun hat, wenn er von seinem Arbeitgeber drangsaliert wird oder sich verbessern will, unter „Changing jobs" und den anderen Links. Auch die erste Webseite von HRSD hat weiterführende Links zu entsprechenden Informationen und auf andere Webseiten, die für die Jobsuche nützlich sind. Das Englisch auf all diesen Seiten ist recht einfach gehalten, damit auch Immigranten die Informationen leicht lesen können.

Da man für seine Steuererklärung oder die Arbeitslosenversicherung vom Arbeitgeber den „Record of Employment" (ROE) braucht, muss man darauf achten ihn auch zu erhalten. Also nicht einfach kündigen und die bürokratischen Regeln nicht beachten, sondern sich strikt an sie halten. Da ja ein Arbeitgeber aber diesen ROE auch verweigern kann, ohne dazu berechtigt zu sein, kann man sich ebenfalls an das HRSD um Hilfe wenden. Die Officer werden das Problem dann lösen. In Kanada-Englisch schreibt CIC dazu: „If you are having difficulty getting your ROE, contact your local HRCC and ask officials to follow up with your employer." Das hier noch HRCC statt HRSD steht, sollte niemand irritieren. Kommt eine neue Bundesregierung werden Ministerien geändert und umgetauft, aber auf der Webseite von CIC hat man vergessen dies zu ändern.

Die Prozedur für einen Arbeitsplatzwechsel ist also für Temporary Worker dieselbe, wie beim ersten Arbeitsvertrag und Work Permit. Unbedingt zu beachten ist, dass man nicht mit der Arbeit beim neuen Boss anfängt bevor man den neuen Work Permit in der Hand hat! Das wäre illegal und könnte unter Umständen zur Ausweisung aus Kanada führen.

Natürlich können auch junge Leute, die über das Sonderprogramm „Young Worker Exchange Program" für ein Jahr nach Kanada gehen, ihren Arbeitsplatz wechseln aber …! Wie auch an anderer Stelle beschrieben geht dies nur, wenn das HRSD einen normalen Work Permit positiv befürwortet und das ist eine sehr hohe Hürde. Nicht jeder Arbeitgeber kann die Behörde HRSD davon überzeugen, dass er keinen Kanadier oder Kanadierin sowie keine Permanent Residents für den Job findet. Siehe das Beispiel der englischen Chefsekretärin. Das gilt auch für alle anderen Sonderprogramme, die es ermöglichen zuerst einmal ohne Zustimmung von HRSD im Land zu arbeiten. Der Wechsel von diesen Programmen zu einem normalen Work Permit ist aber immer mit der Hürde HRSD für den Arbeitgeber und den Arbeitnehmer verbunden.

Dass dieser Wechsel nicht immer so unproblematisch geht, wie man erhofft, das musste Herr M erleben. Er schaffte es zwar, aber zum Schluss nur mit der Hilfe eines Beraters. Das Problem war, die Mitarbeiter des HRSD in der Provinz XX sagten ihm, dass der neue Arbeitgeber sich nicht einer Prüfung durch das HRSD zu unterziehen brauche, da er als Arbeitnehmer bereits im Lande sei. Es handelt sich bei dieser Prüfung um die erneute Labour Market Opinion (LMO) von HRSD. Sein Einwand, der Arbeitgeber müsse doch geprüft werden, wurde als falsch abgewiesen. Darauf reichte er den Antrag bei CIC ein und erhielt ihn nach drei Monaten mit der Begründung zurück, der neue Arbeitgeber müsse erst überprüft werden! OK, nach dem ersten Frust und einem erneuten Gespräch mit dem örtlichen HRSD schaltete sein neuer Arbeitgeber einen Berater ein und er hat dann nach weiteren drei Monaten endlich seinen neuen Work Permit erhalten. Derzeit stellt er selber einen Antrag auf Permanent Residence, da sein Englisch in der Zwischenzeit sehr gut geworden ist.

Was kann man daraus folgern? Zuerst, die Officers einer Behörde im Land sind nicht immer so routiniert, wie ihre Kollegen von CIC in den Botschaften. Sie können sich infolgedessen auch einmal irren. Auch die Arbeitgeber oder deren Angestellten können nicht die gesamte Prozedur kennen und darum hat HRSD auf seiner Webseite eine genaue Beschreibung des Ablaufes der Prozedur für einen

Work Permit bereitgestellt. Diese Beschreibung ist zwar für den Arbeitgeber, aber auch ausdrücklich für den Arbeitnehmer gedacht. Der zukünftige Mitarbeiter kann mit dieser Information überprüfen, ob auch alles korrekt abgewickelt wird - von seinem Boss oder auch vom örtlichen HRSD. Herr M hätte bereits beim ersten Antrag diese Informationen ausdrucken sollen, die ja den Briefkopf von HRSD im Internet tragen, und sie den Officers vorlegen können. Ein Schriftstück ist für alle Beamten der Welt immer mehr wert als alle mündlichen Argumente. Man hat hier aber auch zu sehen, dass die Officers es Herrn M leichter machen wollten, einen neuen Work Permit zu erhalten. Es war also eine gut gemeinte Information, die dann aber leider die Prozedur verlängerte.

Probleme mit dem Boss - 2

Wer als Temporary Worker mit einem Work Permit, der vom HRSD genehmigt wurde, in Kanada erfolgreich gelandet ist, der wähnt sich in der ersten Zeit oft wie im Paradies. So liest man es in den Foren. Was die Realität aber für den einen oder anderen mit sich bringt, steht danach nur selten in den Foren. Einer der seltenen und positiven Ausnahmen war der Thread von Papaya - dem Truck Driver in Alberta - der in dem alten Forum von cdn.de sehr ausführlich seine Ankunft auf dem Boden der kanadischen Tatsachen beschrieb.

Die nun geschilderten Situationen sind, wie die beiden vorherigen, nicht positiv. Diese und vergleichbare Storys wurden mir direkt über eine PN (persönliche Nachricht in den Foren) oder an meine Email-Adresse gesandt.

Nach 14 Tagen, 2 oder 6 Monaten beim neuen Arbeitgeber in Kanada stellt man fest, dass dieser einen betrügen will. Er zahlt das vereinbarte Arbeitsentgelt nicht komplet, sondern weniger und benutzt seine Position der „Stärke", um das Geld in seine Tasche zu bringen.

Oder er stellt alles an, um einen wieder los zu werden, was ja im Prinzip sehr einfach ist. Praktisch kann jeder Arbeitsvertrag mit 14-tägiger Frist (Notiz) gekündigt werden. Falsche Beschuldigungen oder an den Haaren herbei gezogene Argumente reichen zur Kündigung aus und gehören darum zum alltäglichen Verhalten der Bosse in Kanada.

Zahlt er die Abgaben an das Finanzamt und sonstigen Behörden nicht, was man meistens nach einem Jahr bei der Steuererklärung feststellt, bleibt das sein Problem. Man merkt aber daran, dass es bei diesem Arbeitgeber keine Zukunft geben kann.

Kommt dann hinzu, dass man gerade wegen der ersten großen Investitionen praktisch pleite ist, hat man einen kühlen Kopf zu behalten. Das erste Problem ist dann die eigene Leidenschaftlichkeit: Man will mit dem Kopf durch die Wand und es gibt Streit beim Arbeitgeber. Nach dem Prinzip hire and fire zieht man dabei sofort den Kürzeren. Einen Rechtsstreit kann der Skilled Worker nicht bezahlen und sowieso nur verlieren - Rechtschutzversicherungen gibt es praktisch nicht.

Es ist in diesem Fall besser so zu tun (Theater zu spielen), als wenn man darauf eingeht und ihn gewinnen lässt. Gleichzeitig hat man aber alles zu tun, hinter seinem Rücken, um doch noch sein Geld zu erhalten. Warum sollte man so spielen? Erstens braucht man erneut Geld für einen neuen Antrag auf Work Permit von CIC, da man den Arbeitgeber nun wechseln will und zweitens braucht man Geld für einen Umzug. Je nach Provinz bedeutet das ja auch eine hohe Kaution, wie beispielsweise in Alberta.

Wenn man also nun beim betrügerischen Arbeitgeber weiterarbeitet, dann kann man ihn natürlich wegen eines Vorschusses ansprechen. Der wird vermutlich einwilligen, da er ja denkt: Die „Beute" habe ich nun in der Tasche. Damit ist man nun zumindest wieder im Besitz von etwas Geld, mit dessen Hilfe die nächsten Schritte geplant werden können.

Die dann folgende Frage ist: Wie bekomme ich alles Geld, das mir gebührt? Wie bereits erwähnt kann dabei HRSD helfen. Siehe vorherigen Text. Eine weitere Möglichkeit ist mit den Settlement Organisationen der Stadt oder der Region zu sprechen, da diese kostenfreie Hilfen anbieten. Einen Rechtsstreit auf eigene Kosten mit dem Arbeitgeber zu starten macht keinen Sinn. Das ist in Kanada so teuer und dauert so lang, dass man alleine aus diesen Gründen selten Recht erhalten wird. Rechtschutzversicherungen sind darum in Kanada von Arbeitnehmer für solche Fälle nicht zu erhalten.

Man sollte sich darüber im Klaren sein, dass man bei diesem Arbeitgeber keine langfristigen Chancen hat. Er wird den Betrug bei nächster Gelegenheit wieder versuchen. Die einzige Chance ist, schnellstens einen neuen Arbeitgeber zu finden.

Besonders wichtig ist nun, auf die Hilfe seines eigenen Networks bauen zu können. Dabei kann man vermutlich eher von allen anderen Kanadiern und Immigranten aller Nationen Hilfe erwarten, als von einem deutschen Network - aber auch Deutsche in Kanada helfen!

Dass es auch gute Arbeitgeber gibt, die sich für ihre Mitarbeiter einsetzen und sich um sie kümmern, muss aber auch von mir erwähnt werden.

Boom Time - Die Blase platzt

„I work for food", stand auf dem selbst gemalten Plakat, das ein Mann an einer Straße in Toronto für die vorbei fahrenden Autofahrer hoch hielt. Das Bild druckte die Zeitung „The Globe and Mail", Toronto, Anfang der Neunziger des letzten Jahrhunderts ab, als in Kanada eine Rezession war.

Heute ist Alberta vom Boom fasziniert, der durch die Ölindustrie ausgelöst wurde. Gleichzeitig leiden heute die Farmer in Alberta unter diesem Boom und kämpfen seit einigen Jahren aus verschiedenen Gründen mit einer Rezession.

Wer erinnert sich noch an die tolle Zeit, als IT-Spezialisten gesucht wurden, wie die berühmte Stecknadel im Heuhaufen und Firmen sich überstürzten Leute einzustellen. Als dann der IT-Boom platzte war lange Zeit Ruhe auf diesem Markt und Leute wurden so schnell wie möglich entlassen. Auch der Bauboom der letzten Jahre in Ontario, besonders im Großraum Toronto, ist ein Beispiel für das auf und ab der kanadischen Wirtschaft. In Ontario werden heute - Sommer 2006 - die zur Boomzeit dringend gebrauchten illegalen Bauarbeiter deportiert. Damals drückte man beide Augen zu und da man sie derzeit nicht mehr so dringend braucht wird hart durchgegriffen.

Auch in B.C. und Vancouver ist, wie in Alberta Boom Time. Die Olympiade 2010 sorgt für einen Bauboom und eine Spekulationswelle in der Provinz. Übrigens steigt in der Provinz auch wieder der Bedarf an IT-Spezialisten. Natürlich gibt es in den Boomzeiten genug Arbeit und gutes Geld zu verdienen. Der Begriff „Hire" ist in allen Munden und überall sind Plakate zu sehen auf denen geschrieben steht: Wir stellen ein (hire). Wenn es dann zum „Fire" kommt, den Entlassungen, braucht man dazu keine Plakate.

Diese Realität sollte jeder Arbeitnehmer sehen und sich entsprechend darauf vorbereiten, um nicht beim platzen der Boom-Blase unvorbereitet da zu stehen.

Der Goldrausch ab 1896 in und um Klondik ist ein weiteres Beispiel - Jack Londons Bücher erzählen noch heute davon. Für die Touristen immer wieder eine Attraktion, auch einmal nach Gold zu schürfen, ist es aber ein längst vergangener Boom. Ein anderes Beispiel ist „der Brotkorb der Welt", wie Saskatchewan sich damals in den Zwanzigern des letzten Jahrhunderts stolz nennen konnte. Der Reiseschriftsteller A. E. Johann berichtete in seinen Büchern anschaulich über den Reichtum der Farmer bevor dieser sich in Staub auflöste - wörtlich zu nehmen, wegen der Dürrekatastrophen plus der Weltwirtschaftskrise der damaligen Jahre.

Es geht mir nicht um Schwarzmalerei, sondern um darzulegen: Kanada ist ein so großes Land, wo es in der einen Provinz bergab geht und in der nebenan bergauf. Es kann aber auch in der gleichen Provinz in einem Businesszweig bergauf und im anderen bergab gehen. Daraus folgen dann die für Kanadier normalen Reaktionen vieler Arbeitnehmer: Sie verkaufen ihr Haus und ziehen in eine Gegend, in der es erneut Arbeit gibt und ein Boom ansteht. Wenn sie kein Haus besitzen, dann fällt ihnen der Umzug umso leichter. So konnte sich vor Jahren kaum ein gutsituierter Mann in Toronto vorstellen, das er mal nach Calgary ziehen würde. Die Stadt im Westen war für ihn, den Weltmann, halt in der Provinz. Das sich das geändert hat konnte man in den Zeitungen nachlesen, die seitenlange Vergleiche über beide Städte anstellten und berichteten, warum Leute aus Toronto nun in Scharen nach Calgary oder Edmonton zogen.

Alberta kennt aber aus der Vergangenheit auch das platzen eines Ölbooms. Die Reizworte aus dieser Zeit sind für die Albertaner „Prime Minister Pierre Trudeau" und das „National Energy Program von 1980". Es wird sicherlich die nächsten Jahre, bis die großen Erschließungen und Bauarbeiten abgeschlossen sind, in diesem Industriebereich der Provinz weiter bergauf gehen. Wenn danach Zehntausende von Bauarbeitern gekündigt werden, endet mal wieder ein Boom. Natürlich endet damit nicht für alle die Möglichkeit in der Provinz und dieser Industrie und bei den Zulieferern weiterzuarbeiten, aber für viele Arbeitnehmer wird es dann heißen: Sachen packen und weiterziehen. Der nächste Boom wartet dann in einer anderen Provinz auf neue Arbeitskräfte.

Wer das Glück hat dann nicht weiterziehen zu müssen, hat eventuell seinen Platz in der Welt gefunden. Wer absehen kann, dass er weiterziehen wird, der sollte sich darüber nicht ärgern, sondern es als eine neue Chance für eine bessere Zukunft interpretieren. Sich rechtzeitig darauf vorzubereiten, dies auch als normale Lebenssituation einzuplanen, gehört in Kanada zu den Voraussetzungen, um erfolgreich und zufrieden leben zu können.

Das eine Rezession in Kanada nicht immer spektakulär ist, sondern kaum beachtet und regional stattfindet, zeigt sich bei den Problemen in den Regionen Cariboo Chilcotin Coast, Northern B.C. und Vancouver Island. Der Tourismus in einigen Ortschaften dieser Regionen ist massiv zurückgegangen, da wegen des reduzierten Fährbetriebes einfach weniger Touristen die Chance hatten diese Gebiete zu besuchen. Der Untergang der Fähre Queen of the North im März 2006 führte zu einer katastrophalen Touristensaison in diesen Gebieten. (Siehe: Learning by doing) Das wird sich auch so schnell nicht ändern. Natürlich sind dadurch Arbeitsplätze berührt und der eine oder andere Leidtragende wird zu einer neuen Arbeitsstelle in einem anderen Teil der Provinz oder in andere Provinzen zu wechseln haben.

In Ontario ist derzeit (Sommer 2006) ebenfalls eine bizarre Situation zu beobachten. Die Arbeitslosigkeit fällt, es werden full time Jobs im Dienstleistungssektor geschaffen (Versicherung, Finanzierung, Beratung, etc. / the largest job gains were in finance, insurance, real estate and leasing). Auf der anderen Seite hat die Provinz aber fast 150.000 full time Jobs im Herstellungsbereich (der Produktion von Gütern / in manufacturing) in den letzten Jahren verloren! Alleine im Mai gingen weitere 13.000 Arbeitsplätze in diesem Bereich verloren. Wer da seinen Job verliert, der kann dann von Ontario nach Alberta wandern oder er findet Arbeit in einem neuen Beruf - an den er oder sie vorher eventuell nie gedacht hat.

Umzug und erste Tage in Kanada

Was unterscheidet ein Umzug innerhalb Deutschland von Sassnitz nach Tiengen zu einem Umzug von irgendwo in Deutschland nach Vancouver? Die meisten Freunde der Immigranten haben zumindest eine Ahnung wo Vancouver auf der Karte zu finden ist, aber so gut wie niemand hat einen blassen Schimmer wo Tiengen zu finden ist.

Damit hören die Unterschiede aber bereits so gut wie auf. OK, es kommen der Zoll, eine neue Sprache, eine abweichende Stromspannung und sonstige Kleinigkeiten hinzu. Ansonsten kann der Kulturschock für die Familie von der Insel Rügen genauso groß im Süden des Schwarzwaldes sein, wie für die Familie in Vancouver. Die Anfragen in den Foren richten sich hauptsächlich um den Transport des Haushalts und um die Frage: Wie findet man eine erste Unterkunft, ein erstes Haus?

Mit dem Suchwort „relocation", plus den Namen der Stadt oder des Ortes und der Provinz in Kanada, findet man sehr viele Angebote an Mietwohnungen, vom kleinen Appartement bis zum großen Haus in der gewünschten Stadt. Über diese Webseiten erhält man auch alle sonstigen Informationen über den erwählten Ort in der neuen Heimat. Dies ist mit den Suchworten „Umzug Sassnitz" zu vergleichen, über die Ergebnisse findet man ebenfalls alles was man braucht.

Aber nicht nur diese for-profit Unternehmen bieten Informationen, sondern auch die non-profit Organisationen in allen Provinzen halten umfangreiche Informationen auf ihren Webseiten sowie Kontaktadressen bereit. Diese findet man beispielsweise mit den Suchworten „Immigration settlement Edmonton". Bei den aufgeführten Links ist es dann unter „Immigration and Settlement Services" oder auch IMMIGRANT SERVING AGENCIES zu finden. Zu beachten ist bei dieser Suche, dass man auf einer not-for-profit Webseite landet und nicht auf einer for-profit.

Die Webseite für Immigranten von Ontario www.settlement.org gehört zu den besten ihrer Art und über sie kann man so gut wie alle Informationen für den Umzug und den ersten Tagen und Wochen in der neuen Heimat finden. Die Informationen beziehen sich zwar vorrangig auf die Provinz Ontario, sie sind aber praktisch für alle anderen Provinzen nützlich. Sich mit dieser Webseite ausgiebig zu beschäftigen, kann das die Nerven zermürbende Warten auf Nachricht von der Botschaft oder vom Arbeitgeber erleichtern. Entsprechende Links zu den Settlement Organizations in allen Provinzen findet man ebenfalls über die Webseite von CIC.

Container oder kein Container?

Übersee-Umzug, Überseeumzug oder internationaler Umzug sind die Suchworte für einen Container-Transport. Den Namen der eigenen Stadt in Deutschland hinzugefügt erhält man gezielte Informationen. Aber ob es ein Container sein muss, hat jeder selbst auszurechnen. Wie berichtet wurde kostet es auch schon mal über 10.000 Euro - runde 14.000 CAD, um einen Container von Deutschland über Vancouver nach irgendwohin auf Vancouver Island zu senden. Ein Transport nach Alberta oder Ontario ist preisgünstiger (5.000 bis 6.000 Euro = 7.000 bis 8.600 CAD) aber ebenfalls bei den heutigen Preissteigerungen nicht unbedingt günstiger, als die Sachen in Kanada neu zu kaufen. Das hat jeder für sich selbst auszurechnen.

Ersten Tage und Wochen

Über die Webseiten von CIC, der Settlement Organisationen (www.settlement.org) und die der Provinzen findet man sehr ausführliche Informationen, welche Formalitäten man in den ersten Tagen, Wochen und Monaten in welcher Reihenfolge zu erledigen hat. Von Arbeit über Krankenkasse zur Schulanmeldung der Kinder, bis hin zu Zollfragen für nachfolgende Güter ist alles in einem einfachen Englisch oder Französisch beschrieben und erklärt. Zu diesen Fragen ist ebenfalls ein weiteres Buch in Vorbereitung, da es ebenfalls hunderte von Seiten an Informationen erfordert, um die Fragen: Autoimport, Kredite, Moskitos, Waschmaschinen oder Mehrstaatigkeit / Zweistaatigkeit zu beantworten.

Die Webseite www.international-centre.ca aus Winnipeg ist ebenfalls ein gutes Beispiel für den angebotenen Service dieser non-profit Hilfs-Organisationen. Die folgenden Links sind unter „Service" zu finden :
Settlement & Support Services
Employment Services
Career Mentorship
Adult Education Services
Language Bank
Volunteer services
Nutrition Services
Outreach Services
Citizenship Classes

Beispielsweise steht unter Nutrition Services alles, was mit Ernährung zu tun hat: *„ At the International Centre, a nutritionist is on staff to answer common questions asked by immigrant and refugee parents, single adults and families.*

Frequently asked questions
How can I save money on groceries for my family?
What foods are healthy and safe to eat?
My child asked me to prepare a Canadian dish. How can I prepare it?
Where can I buy foods from my country?
Where can I go if I can't afford to buy food?

In addition, nutrition services are available to help immigrants and refugees make healthy food choices and build healthy eating habits. „

Übrigens bezieht sich der Begriff „Nutrition" in diesem Fall nicht auf Bodybuilding und Fitness oder klinische Ernährung, sondern auf die normale und gesunde Ernährung einer Familie oder eines Single. Man erkennt an den Informationen dieser Webseite, wie wichtig es den Kanadiern ist, dass ihre neuen Bürger gut beraten werden. In den Link-Listen sind weitere Informations-Quellen zu diesen Themen angeführt.

Achtung: In der Boom-Provinz Alberta gibt es Wohnraum nur noch zu sehr hohen Preisen. Kanadier aus anderen Provinzen, die dort zum arbeiten hinziehen, kaufen sich oft ein Wohnmobil oder leben in Zelten auf Campingplätzen! Das ist natürlich keine Lösung für eine Familie mit Kindern, aber über diese Situation berichten kanadische Zeitungen.

In Calgary ist beispielsweise die Miete für einen Single, der in eine Wohngemeinschaft zieht, zurzeit bereits bei 600 CAD angekommen. Für größere Wohnungen oder Häuser werden derzeit Preise von 1.200 bis 2.000 CAD gefordert. Die Suche nach preiswertem Wohnraum wird in dieser Region zu einer echten Herausforderung. Wer als Familienvater einen Stundenlohn von 20 CAD hat, 40 Stunden pro Woche arbeitet und dies 4 Wochen, der hat dann Brutto 3.200 CAD auf dem Lohnzettel stehen. Davon gehen 25 % als gesamte Abzüge in Alberta ab und es verbleiben 2.400 CAD. Das klingt ja gut. Zahlt er dann 1.500 CAD Miete für seine vierköpfige Familie, verbleiben ihm noch 900 CAD zum Leben. Das klingt dann nicht mehr gut. Es ist Boom Time in Alberta und das spiegelt sich auch in allen anderen Preisen wieder.

Cost of Living in Canada

„Komme ich mit meinem Gehalt über die Runden und kann ich auch noch was sparen?" ist immer wieder eine Frage in den Foren. Wer dann aber von Kanadiern Informationen anfordert wie diese: „Wie hoch sind die Kosten für ein kWh in Kanada, für den m³ Wasser oder ...", um seine Kalkulation der Lebenshaltungskosten zu machen, steckt in einer Falle. Es die die Falle der deutschen Kalkulation, die in Kanada so nicht funktioniert. Der Kanadier kalkuliert danach, was ihm Heizung und Strom pro Jahr kostet - abhängig von der Region. Im Norden Albertas oder Ontario kostet dies für ein normales Haus mehr als im Süden dieser Provinzen. Auch sind Lebensmittel und andere Güter alleine wegen der langen Transportwege im Norden teurer. Das berücksichtigend gibt es von Statistics Canada (Statcan - www.statcan.ca/) sehr genaue Studien, welche Lebenshaltungskosten ein Single, eine Familie mit Kinder oder Rentner haben. Die Kosten sind detailliert in den Studien beschrieben. Mit den Suchworten „Cost of Living in Canada" findet man über Google sehr viele Informationen zu diesem Thema. Alle dortigen zum Kauf angebotenen Bücher und Studien stützen sich auf die Zahlen von Statcan! Diese Zahlen findet man ebenfalls auf der Webseite von Statcan, aber nicht so vereinfacht aufbereitet, wie in den zu kaufenden Studien.

Die „The Survey of Household Spending" von Statcan findet man in dem Archiv von „The Daily" - der täglichen Information von Statcan.

„The Daily" Monday, December 12, 2005 - Survey of Household Spending
www.statcan.ca/Daily/English/051212/d051212a.htm

Einkommen in Kanada

Die Angaben von „Statcan" zum Durchschnitts-Einkommen setzen ebenfalls eine Durch-schnitts-Familie zur Berechnung voraus. Das ist also eine Familie mit 4 Personen, in der beide Erwachsene - die Eltern - in der Regel arbeiten. Wie an anderer Stelle gesagt wird, gehen die meisten Jugendlichen auch arbeiten, sobald es das Gesetz erlaubt.

Die von Statcan im Mai 2006 vorgelegten Zahlen für das Jahr 2004:
Das Durchschnitts-Einkommen betrug für einen Arbeiter in Kanada betrug 24.400 CAD in 2004.
Income of individuals - Median total income - Durchschnitts-Einkommen für eine Person

Die Zahlen in den Ballungsgebiete:

Oshawa (Autostadt)	33.400
Ottawa-Gatineau	33.200
Vancouver	23.100
Calgary	29.200
Edmonton	27.700
Saskatoon	25,200
Winnipeg	25.400
Toronto	25.500
Montréal	23.800
Québec	26.400
St John	23.200
Halifax	26.300
St. John's	23.200

Das Einkommen von Familien mit zwei Verdienern (couple families) in Kanada 64,800

Wood Buffalo - Fort McMurray	120.100
Yellowknife	116.400
Thompson	91.700
Oshawa	83.100
Ottawa-Gatineau	82.100
Vancouver	61.800
Calgary	77.800
Edmonton	75.000
Saskatoon	68.100
Winnipeg	66.500
Toronto	67.500
Montréal	62.700
Québec	67.100
Saint John	63.400
Halifax	69.000
St. John's	65.500

Das Zentrum des Ölbooms ist die Region Wood Buffalo mit der Stadt Fort McMurray in Nordalberta als Zentrum. Dort sind aber auch alle anderen Preise oft doppelt oder dreimal so hoch, wie in anderen Regionen. Erstaunlich ist, dass Vancouver relativ schlecht wegkommt. An Hand dieser Zahlen kann jeder ungefähr ablesen, was man in den Provinzen und Städten verdienen sollte, um als Einzelverdiener (die Frau / der Mann bleibt zu Hause bei den Kindern) oder zu zweit ein durchschnittliches Einkommen zu erzielen.

Weitere Durchschnittswerte des Arbeitmarktes

Wochenverdienst	746,00
Stundenlohn	18,42
Arbeitszeit	32 Stunden

Der Wert für die Arbeitszeit ist verblüffend, wenn man bedenkt, dass immer wieder unbezahlte Überstunden gefordert und geleistet werden. Wie berichtet wird, ist dies bei Büroarbeiten besonders häufig der Fall. Auf dem Bau werden bis zu 60 Stunden pro Woche verlangt und da der Winter länger ist - wo nicht gearbeitet wird - ergeben sich solche Durchschnittswerte. Denn nach der Statistik arbeitet ein Kanadier rund 300 Stunden im Jahr mehr als ein Deutscher.

Zur Inflation in Kanada kann man nur sagen, dort wo ein Boom ist, steigt sie am schnellsten. Das ist natürlich nur eine Statistik aus der Vergangenheit - die jeweiligen aktuellen Zahlen findet man auf den Webseiten von Statcan (www.statcan.ca). Die Zahlen sind aber mit Vorbehalt zu lesen, sagt selbst Statcan, da zu geringe Daten (they are based on small statistical samples) für eine präzise Aussage vorliegen. In Klammern sind die Zahlen des Vormonates angegeben. Die Angaben beziehen sich auf Mai 2006.

Inflation by city

St. John's, N.L., 2.8 (1.9)
Charlottetown-
Summerside, 3.3 (3.1)
Halifax, 3.1 (3.0)
Saint John, N.B. 2.9 (2.8)
Quebec, 2.7 (2.6)
Montreal, 2.5 (2.5)
Ottawa, 2.8 (2.4)
Toronto, 2.3 (2.3)
Thunder Bay, Ont., 2.6 (2.1)
Winnipeg, 2.4 (2.1)
Regina, 2.6 (1.9)
Saskatoon, 3.1 (2.1)
Edmonton, 3.9 (3.2)
Calgary, 4.9 (3.9)
Vancouver, 2.3 (1.8)
Victoria, 2.2 (1.8)

Inflation by province

Newfoundland 2.9 (2.0)
Prince Edward Island 3.3 (3.2)
Nova Scotia 3.2 (3.1)
New Brunswick 2.9 (2.7)
Quebec 2.6 (2.5)
Ontario 2.8 (2.3)
Manitoba 2.4 (2.1)
Saskatchewan 2.9 (2.0)
Alberta 4.5 (3.5)
British Columbia 2.3 (1.8)
Whitehorse, Yukon 2.5 (2.4)
Yellowknife, N.W.T. 1.8 (2.5)
Iqaluit, Nunavut 1.9 (2.4)

Was ist mit den Hauspreisen?

Sie sind seit dem Jahr 2000 um rund 50 % gestiegen! Und in Alberta steigen sie täglich!

Stories über billige Häuser, die in Kanada zu kaufen sind, können nur noch alteingesessene Einwanderer berichten. Selbst wer sich 2000 ein damals bereits teures Haus kaufte, hat sehr viel Glück gehabt. Ob der Boom platzt, wird derzeit überall spekuliert, aber damit sollte derzeit keiner rechnen. Einige Beispiele: Von The Canadian Real Estate Association (CREA) wurde folgende Schätzung der Durchschnittspreise in CAD veröffentlicht.

MLS® residential average price forecast	2006	2007
Canada	264,519	276,951
British Columbia	367,108	401,983
Alberta	249,915	283,653
Saskatchewan	130,622	137,414
Manitoba	146,570	156,830
Ontario	278,560	291,096
Quebec	192,335	199,644
New Brunswick	126,552	131,868
Nova Scotia	171,523	182,672
Prince Edward Island	123,100	127,285
Newfoundland	148,931	155,633

Die Hauspreise in den Ballungsgebieten 2006	
The Greater Vancouver area	518.176
Toronto	365.537
Calgary	358.214
Montreal	219.433
Halifax	210.255
Winnipeg	159.801

Der Durchschnittspreis für ein gutes Haus in den Ballungsgebieten überstieg 2006 zum ersten Mal die 300.000 CAD Hürde mit 303,836 CAD. Eine Steigerung um rund 13 % gegenüber dem Vorjahr. Das waren die Zahlen im Mai 2006, wie diese aber im Dezember 2006 oder Mai 2007 sein werden kann nur einfach mit „Sie stiegen weiter!", umschrieben werden.

Die Preise in Calgary stiegen in einem Jahr um 50 % und sie werden weiter steigen. Dass dieser Boom platzt, befürchten und hoffen gleichzeitig viele Kanadier.

Die Grenze zur Armut - Low Income Measures

Die nächste statistische Berechnung ist die Armutsgrenze in Kanada. Das ist die „Low Income Measures" (LICO) oder nach der neuen Definition von HRSD die „Market Basket Measure". Das sind also auch statistische Grenzzahlen, denn es müssen viele weit unter dieser Grenze überleben, besonders wenn sie nur Jobs mit Mindestlöhnen haben. Auch ist man in den Boom-Zentren mit dem so hoch sind. Diese Zahlen sind vergleichbar zu der Forderung von CIC an den Immigranten einen Mindestbetrag mit nach Kanada zu bringen. Dieser Mindestbetrag richtet sich nach den Zahlen von LICO, das heißt, für eine Person sind 10.168 CAD und für eine vierköpfige Familie 18.895 CAD, bezogen auf sechs Monate, die Armutsgrenze.

In Städten mit 30.000 bis 100.000 Bewohner beträgt die Armutsgrenze, berechnet nach der Market Basket Measure, in Québec 22.167 CAD und in Ontario 29.343 CAD. Das ist alles immer wieder relativ zu sehen. Beispielsweise kostet die Miete in Montréal pro Jahr 7.384 CAD und in Toronto 12.497 CAD. Das ist ein Unterscheid von 5.113 CAD. Der Verdienstvorsprung in Toronto reduziert sich dadurch von 7.176 CAD auf 2.271 CAD. Gibt es in Québec (oder in anderen Provinzen) weiter Vorteile, wie beispielsweise geringe Kindergartengebühren, dann kann es im Einzelfall vorkommen, dass sich der statistische Vorteil in der Realität als Nachteil herausstellt. Die Unterschiede zwischen Einkommen und Ausgaben können also ergeben, dass es sich in Provinzen besser leben lässt, in denen rein statistisch gesehen weniger verdient wird.

http://www.hrsdc.gc.ca/en/cs/sp/sdc/pkrf/publications/research/2002-000662/page01.shtml
Statcan www.statcan.ca

PLAN A - B - C und R

Plan A: Umzug nach Kanada

„Ich ziehe jetzt nach Kanada, kaufe mir dort sofort ein Haus, arbeite für einen Arbeitgeber oder für mich selbst und das am gleichen Platz und im gleichen Beruf bis ich in Rente gehe." So oder so ähnlich sieht Plan A der allermeisten Auswanderer und vieler Zeitarbeiter aus, die derzeit nach Kanada ziehen.

Das ist der Idealzustand. In der Hoffnung diesen durch den Umzug nach Kanada zu erreichen, vergessen die meisten weitere Pläne vorzubereiten. Wie im Buch immer wieder dargestellt ist dieser Idealzustand selten direkt zu erreichen.

Plan B: Arbeitsplatzwechsel

Auch immer wieder zitiert ist „hire and fire", eine Angelegenheit, die der Boss nach Willkür ausüben kann - besonders letzteres. Man kann aber genauso „erbarmungslos" wie der Boss kündigen, wenn man etwas Besseres gefunden hat. Den Wechsel der Arbeitsstelle ist das Mindeste, was man einplanen sollte. Dass dies oft mit einem Umzug in eine andere Region, Stadt oder Provinz verbunden sein kann, gehört ebenfalls zu Plan B.

Und ebenso gehört zu diesem Plan: Als Permanent Resident kein Haus zu kaufen bevor nicht ein Jahr vergangen ist und das man als Temporary Worker erst sein Permanent Residence Visa in der Hand hält, bevor man eine solche Investition tätigt. (Es ist mir klar, dass keiner dies für eine gute Idee hält. Just life.)

Plan C: Berufswechsel und Weiterbildung

Normal für deutsche Fachkräfte ist die Anfrage in den Foren: „Finde ich in meinem Beruf (welcher auch immer das ist) Arbeit in Kanada?" Die Frage kann in der Regel nicht wirklich mit Ja beantwortet werden. Würde die Anfrage lauten: „Finde ich als qualifizierter Facharbeiter Arbeit in Kanada?", dann kann man antworten: „Ja!"

Qualifizierte Arbeit ist auch in Kanada gefragt. Unabhängig von den Berichten über Pfuscharbeit Ungelernter in Kanada. Das ist ja auch in Deutschland von Handwerkern bekannt. Man kann das weder hier noch da verallgemeinern. Ein qualifizierter Facharbeiter - im Handwerk oder im Büro - ist flexibel genug, um auch in einem anderen Job seine Arbeit gut ausführen zu können.

Den Berufswechsel - übernehmen neuer und anderer „Duties / Aufgaben" - sollte man unbedingt einkalkulieren. Es ist zwar möglich, dass man tatsächlich in seinem erlernten Beruf arbeiten kann, ohne zu wechseln oder erneut zu lernen. Sich darauf zu verlassen ist aber keine Garantie, dass es auch so sein wird. Wer darauf beharrt nur in seinem Beruf zu arbeiten, dazu noch ohne Weiterbildung, gibt sich selbst von vornherein schlechte Karten für das Spiel: Erfolg in Kanada.

Ein gutes Beispiel dazu ist der Bericht „Vom Banker zum Pizzabäcker", der am Ende des Buches im Original abgedruckt ist. Die Weiterbildung war der Schlüssel zum Erfolg dieser Familie und die Analyse der Profite führte dazu, dass der gutsituierte Buchhalter einer Bank plante eine Pizzeria zu kaufen, um dort zu arbeiten, statt in der Bank.

Plan R: Retour - Rückkehr

Bereits im Plan A einkalkuliert ist Plan R - die Rückkehr nach Europa - bei vielen Temporary Skilled Workers. Sie wissen genau, dass sie wieder nach Deutschland oder in ihre Heimatländer zurückgehen werden, wenn ihr Vertrag in Kanada ausgelaufen ist.

Bei denen, die planen für immer in Kanada zu bleiben kann es, aus welchen Gründen auch immer, doch zu einer Rückkehr nach Europa kommen. Die Gründe fangen bei Heimweh und Familie an und Erfolg oder Misserfolg im neuen Land können ebenfalls beides Argumente für die Heimreise sein.

Optimisten werden diese Situation erstens nicht mit einkalkulieren und zweitens weniger Probleme haben sie im Ernstfall zu bewältigen. Vorsichtige Mitmenschen und Pessimisten sollten diese Situation allerdings mit einem Plan R berücksichtigen.

Hilfen bei einer Heimkehr gibt es von verschiedensten Stellen. Heute kann man diese über das Internet von Kanada aus leicht erreichen und sich von ihnen beraten lassen. Diese Beratung ist fast immer kostenlos. Besonders zu erwähnen sind die karitativen Organisationen, die auch bei einer Auswanderung mit Ratschlägen und Informationen helfen, wie beispielsweise folgende Organisationen:

Diakonie - www.diakonie.de/de/html/hilfe/61.html
Caritas - www.caritas.de
Raphaels Werk - www.raphaels-werk.de

„Die Arbeit wird auf Bundesebene durch das Referat Migration und Integration im Deutschen Caritasverband und auf regionaler Ebene durch die Referenten in den Diözesan-Caritasverbänden koordiniert und fachlich begleitet."

Das Zitat der Caritas steht stellvertretend für die anderen Verbände. Das heißt, man kann sich an die regionalen oder städtischen Zweigstellen der gewünschten Hilfsorganisation wenden, wenn man bei der Rückkehr auf Probleme stößt, die man selbst nicht so schnell lösen kann. Das Stichwort für eine Suche auf den Webseiten der Organisationen ist „Migration".

Natürlich bieten auch die Gemeinden und Städte über ihre Referate entsprechende Hilfen an. So schreibt das Referat für Jugend, Familie und Soziales der Stadt Nürnberg auf der Webseite www.soziales.nuernberg.de/migration/allgemein.html

„Die deutsche Geschichte kennt zahlreiche Migrationen. Beispielhaft sei hier die Migration von Deutschen nach Ost- und Südeuropa im ausgehenden Mittelalter genannt. Ebenso bedeutsam war die Auswanderung von mehreren Millionen Deutschen nach Nord- und Südamerika im 19. Jahrhundert. Auch im 20. Jahrhundert stellten sie ein gesellschaftlich bedeutendes Phänomen dar. Der Begriff Migration beinhaltet nicht nur Zuwanderung, sondern auch Abwanderung. Migration steht

für die räumliche Bewegung, die zur Veränderung des Lebensmittelpunktes von Individuen oder Gruppen führt. Die Betroffenen legen bei ihrer räumlichen Veränderung eine bedeutsame Entfernung zurück. Im Sinne dieser Definition sind auch Aussiedler und Spätaussiedler zur Gruppe der Migranten zu rechnen. Dies wird in der öffentlichen Diskussion oft vergessen.

Hier lebende, ausländische Mitbürger sind nicht mit Zuwanderern oder Migranten gleichzusetzen. Ebenso sind räumliche Bewegungen, die im Zusammenhang mit Freizeitbeschäftigungen, Reisen, Sport, Tourismus oder Berufspendelverkehr erfolgen, keine Migrationen."

Im Mittelalter war es natürlich bedeutend komplizierter, wieder in die Heimat zurück zu wandern. Aber auch damals war Plan R für den ein oder anderen eine Notwendigkeit oder wie für Christoph Columbus der Weg zum Weltruhm.

Ausweisung aus Kanada
Deportiert - Deportation - Ausweisung

Es klingt schrecklich, dieses Wort erinnert an Krieg und Vertreibung bis weit in die Vergangenheit zurück. Auch heute hat es seinen Schrecken nicht verloren. Es bedeutet Zwang, dem man sich zu beugen hat und darum seine neue oder alte Heimat verlassen muss.

Die Ausweisung / Deportation aus Kanada hat zwei Hauptgründe. Die eine ist, der Deportierte hat eine Straftat begangen, die eine Ausweisung nach Verbüßung der Strafe bewirkt. Da bereits das fahren eines Autos unter Alkoholeinfluss als „kriminelle Straftat" in Kanada beurteilt und verurteilt wird, wie auch beispielsweise die Verwicklung in eine Schlägerei dazu führen kann, als Straftat bewertet zu werden, hat jeder Permanent Resident und Temporary Worker sowie Student und Tourist unbedingt darauf zu achten, gesetzestreu zu bleiben. Dem Permanent Resident sollte klar sein, dass er auch nach Jahrzehnten in Kanada wegen solcher Kleinigkeiten ausgewiesen werden kann. Die vorherige Annahme der kanadischen Staatsbürgerschaft verhindert natürlich eine Ausweisung.

Der zweite Grund ist einfach der, dass der Betreffende keinen gültigen Status (Aufenthaltsgenehmigung) mehr in Kanada hat und darum aufgefordert wird das Land freiwillig zu verlassen. Es handelt sich also um eine Ausweisung, die aber einer Wiedereinreise nach Kanada nicht im Wege steht. Folgt er dieser Aufforderung nicht aus freien Stücken, dann befindet er sich illegal in Kanada und kann zwangsweise deportiert werden. (Siehe: Warnung)

Das kann einem Touristen widerfahren, der drei Tage nach Ablauf seines Touristenvisums in die Arme der Officers läuft - noch nicht mal wegen irgendeines Vergehens. Das kann aber auch Touristen passieren, die unerlaubt in Kanada arbeiten - selbst wenn es an ihrem eigenen Ferienhaus ist. Dieser Fall wird oft verharmlost, aber die Klagen der Leidtragenden tauchen immer wieder in den Foren auf. Das Problem ist hier aber besonders die Entscheidungsbefugnis des Officers vor Ort. Dieser kann es als Ausnahme genehmigen oder er kann es strikt ablehnen. Man ist nur dann auf der sicheren Seite des Gesetzes, wenn man dies vorher mit dem örtlichen Immigration Officer abklärt.

Den Ratschlag: „Mach doch einfach Schwarzarbeit, das machen alle hier." kann sich ein kanadischer Staatsbürger leisten. Er wird ja auch nicht wegen einer solchen Kleinigkeit deportiert, wenn er erwischt wird. Für Touristen und auch Temporary Worker kann das aber eine Deportation zur Folge haben. Von den jährlich über 10.000 Deportationen aus Kanada wurde ein solcher Fall der Schwarzarbeit berühmt.

Eine Frau, die als Life-in Caregiver in Ontario arbeitete, machte ihre Arbeit so gut, das ihr Boss, ein Rechtsanwalt, sie aufforderte doch auch für zwei befreundete Familien ab und zu diesen Job zu machen. Das wurde den Behörden bekannt (warum auch immer) und die Frau erhielt wegen Verletzung ihres Work Permits einen Ausweisungsbefehl. Es machte natürlich landesweit Schlagzeilen, dass jemand wegen zu guter Arbeit und zuviel Fleiß das Land verlassen musste. Die Behörden blieben aber bei ihrer Haltung und die Frau musste Kanada verlassen. Allerdings wurde ihr und ihrem Boss direkt gesagt, dass sie natürlich sofort von ihrem Heimatland aus einen Antrag auf Permanent Residence stellen könne. Das tat sie dann auch und dieser Antrag wurde ohne Probleme genehmigt. Ihre Rückkehr nach Kanada war den Zeitungen eine erneute Meldung wert.

Die Ausweisung passiert auch jedem, dessen Antrag auf Verlängerung eines Status abgelehnt wird. Und dies ist immer mit der Aufforderung verbunden, das Land freiwillig nach wenigen Tagen zu verlassen. Die Gründe der Ablehnung stehen in den kanadischen Gesetzen zur Einwanderung. Ein Problem kann unter anderen die Nichteinhaltung der Termine für den Antrag auf eine Verlängerung seines gültigen Status sein. Man sollte lieber zwei oder vier Wochen vor Ablauf der Fristen seinen Antrag stellen, als einen Tag nach Beendigung des Status.

Einer Deportation ähnlich ist die Verweigerung der Einreise nach Kanada auf Grund von „Inadmissibility". Das kann Touristen passieren, die Urlaub in ihrem Ferienhaus machen wollen oder auch Skilled Worker, die zu früh nach Kanada reisen. Beide Fälle sind relativ selten, können aber vorkommen. Der Skilled Worker hatte nicht abgewartet bis sein Work Permit von der Botschaft kam und war mit einem One-Way Ticket in Toronto gelandet. Sein Pech, er musste ins nächste Flugzeug nach Europa zurück. Der deutsche Tourist, so wurde es im Forum geschrieben, hat sich mit den Grenzern angelegt. Diese hatten ihn und sein Gepäck daraufhin so lange untersucht, bis sie etwas fanden (an den Haaren herbeigezogen). Das genügte ihnen aber, um ihn als Sicherheitsrisiko einzustufen. Er erhielt ein einjähriges Einreiseverbot und wurde postwendend retour geschickt.

In erster Linie gilt diese Inadmissibility aber für Straftäter, die in ihrer Heimat, in Kanada oder sonstwo auf der Welt angeklagt und verurteilt wurden.

Was bedeutet die Deportation für die Zukunft?

Sie bedeutet, dass man vorübergehend nicht nach Kanada einreisen kann. Sie bedeutet in der Regel nicht, dass man nie mehr nach Kanada darf und auch die Chance auf eine Einwanderung ist damit nicht grundsätzlich verbaut.

Man ist danach für eine kurze oder längere Zeit „Inadmissible". Das gilt besonders bei Straftaten aber auch hier ist bei einer Rehabilitation die Rückkehr nach Kanada möglich. Ist die Straftat in Kanada begangen worden, muss man beim National Parole Board of Canada einen Antrag auf einen „Pardon" stellen, bevor man wieder einreisen darf. Informationen sind auf der Webseite von CIC mit dem Stichwort „Inadmissibility" zu finden.

Bei Deportationen wegen der Verletzung einer Aufenthaltsgenehmigung / Status braucht man keinen Pardon zu beantragen. Entweder man erhält ein Einreiseverbot für 1 bis 2 Jahre oder die Deportation ist ohne eine solche Bedingung ausgesprochen worden. Beispielsweise, wenn der Work Permit nicht verlängert wurde, kann man sofort von Europa aus einen neuen beantragen. Erhält man diesen darf man sofort wieder als Worker einreisen. Man kann natürlich auch wieder als Tourist einreisen.

Overcoming Criminal Inadmissibility: www.cic.gc.ca/english/applications/guides/5312e3.html

Immigranten ohne richtige Informationen

Im Zeitalter wo jede Information nur einen Fingertipp entfernt sein sollte, ist es schon erstaunlich, dass sehr gut ausgebildete Immigranten, wie beispielsweise Akademiker oder Manager so wenig über ihre tatsächliche Berufschancen in Kanada informiert sind.

Diese Frage stellte sich mir ganz direkt, als von Doris Aubin ihr Bericht „ACHTUNG!!! PERSÖNLICHE MEINUNG UND ERFAHRUNGSBERICHT" in der Kanada Mailingliste gepostet wurde. Ihre Mitarbeit bei der non-profit Organisation „A better Chance" erlaubt es ihr Erfahrungen mitzuteilen, die sonst fast nie in Foren zur Sprache kommen. In den Foren dominieren üblicherweise die Optimisten und diese wehren sich vehement, wenn negatives über ihr geliebtes Kanada gepostet wird. Darum auch der Disclaimer von Doris. Ihren Bericht stelle ich an den Anfang, da sich meine Frage darauf bezieht. Ich drucke alle Antworten auf meine Frage in voller Länge ab, weil so die Problematik der Suche nach Information deutlicher sichtbar wird. Der von Doris angebotene Service ist nur für bereits in Kanada gelandete Immigranten erreichbar. Er ist dann aber auch kostenfrei.

Von Doris Aubin
ACHTUNG!!! PERSÖNLICHE MEINUNG UND ERFAHRUNGSBERICHT

Hallo Silke und alle die als Skilled Worker nach Canada auswandern wollen: Ich lese immer wieder in der Liste, welche Anstrengungen und finanziellen Aufwendungen Ihr unternehmt, um die PR zu erhalten. Canada ist wirklich ein wunderschönes Land - für Urlaube oder wenn man viel Geld hat und nicht gezwungen ist, für eine Firma zu arbeiten.... Skilled Worker, besonders die sehr gut ausgebildeten, haben es extrem schwer eine gleichwertige Position zu finden, wie sie sie vorher in ihrer alten Heimat hatten.

Ich will hier keinem ausreden, nach Canada zu kommen, aber jeder sollte ganz genau wissen, was sie oder ihn erwartet. „Gut vorbereitet sein hilft viele Enttäuschungen zu vermeiden!" Ich selbst habe nach Canada geheiratet, ohne mich vorher gross zu informieren und dann viele Monate vor dem Internet gebraucht, um alles über Canada zu erfahren. Seit zwei Jahren bin ich in einem Immigration Service (kostenlos für Einwanderer mit gültiger Immigration Nummer) und helfe mit Rat und Tat (meist Akademikern mit Master/PhD) sich ihr Leben in Canada einzurichten.

Ich habe über hunderte von Klienten aus allen Ländern (auch etliche Deutsche - einige aus dieser Liste sind bei uns auch registriert) und in allen Berufen. Viele davon arbeiten in Canada für ein Viertel Ihres früheren Lohnes und in Positionen die sie sich vorher niemals vorstellen konnten, z. b. eine Anwältin für $ 7.15/Stunde bei Tim Hortons, ein Project Manager trägt morgens um 4 Zeitungen aus, 7 Tage in der Woche, für $ 720 pro Monat, ein Ingenieur arbeitet für den gesetzlichen Mindestlohn von $ 7.15 und füllt Supermarkt Regale auf... die Liste ist endlos.

Wer also in Canada Millionär werden will: hier gibt es viele Tellerwäscherjobs! Nein das ist kein Zynismus, das ist tagtägliche Realität. Auch auf die Gefahr hin, dass ich jetzt von den canadischen „Patrioten" in der Liste zerrissen werde - so ein schönes Leben mit allen sozialen Absicherungen wie in Deutschland werdet Ihr hier in Canada lange nicht haben. Nur ein paar Beispiele:

- Ihr werdet in einigen canadischen Provinzen erst mal 3 Monate nicht krankenversichert sein (z.B. Ontario), Ihr müsst euch also selbst versichern. Und wenn Ihr dann endlich die staatliche Versicherung habt, könnt Ihr Wochen und Monate auf Arzt Termine und Untersuchungen warten.

Zahnarztbesuche, Augenarztbesuche und vieles andere mehr wird nicht bezahlt! (Ausser Ihr habt eine sehr gute Position und der Arbeitgeber zahlt euch einen kleinen Anteil)
- Altersversorgung: Auch dafür müsst Ihr selbst sorgen
- Witwen/Waisenrente: davon kann man nur verhungern
- Altersrente: kann man nicht leben und nicht sterben, muss unbedingt durch private Ansparungen vorgesorgt werden
- Studieren ist nicht kostenlos, ein Uni-Jahr kann zwischen 4.000 und 12.000 $ kosten, plus Lebenshaltungskosten. Viele Studenten beginnen ihr Berufsleben mit 50.000 (Mediziner mit 80-100.000 $) Schulden
- Hire&Fire Mentalität der Arbeitgeber, oft 6 Monate Probezeit,
Kündigungen erfolgen gerne nach 5 Monaten und 28 Tagen ..., nachdem der Arbeitnehmer für ein Hungergehalt als „Anfänger" gearbeitet hat oder der Firma einen tollen Kundenstamm aufgebaut hat usw. Diese Liste lässt sich sicher noch fortsetzen.

Nicht unwesentlich sind auch z.B. die in vielen Provinzen horrenden Autoversicherungskosten, wenn man nicht XXX Jahre unfallfreies Fahren in dieser Provinz vorweisen kann.

Die R E A L I T A E T für skilled worker sieht so aus:
Und ich sage nochmals, ich will damit kein negatives Bild von der Einwanderung als „skilled worker" nach Canada entwerfen, sondern nur aufzeigen, auf was man sich gefasst machen muss...

- English in Wort und Schrift sollte perfekt sein, logisch: Wie kann man sonst als leitender Angestellter Geschäftsverhandlungen führen, wenn man die Feinheiten der Sprache nicht beherrscht? Erste Interviews werden oft am Telefon gemacht, Arbeitgeber stellen natürlich lieber jemanden ein, der kompetent und sprachgewandt sich verkaufen und argumentieren kann.

- In der Hauptstadt Ottawa und in Montreal werden oft English u n d Französisch verlangt, ebenso von Firmen die mit dem Staat arbeiten.

- Anerkennung der Diplome: Kann man in vielen Fällen von D. aus schon machen, aber etliche Firmen, Behörden, Universitäten erkennen nur Anerkennungen von bestimmten Institutionen an - was man oft im Voraus nicht absehen kann. Diplome werden auch oft nicht 1:1 anerkannt. Manche Arbeitgeber erkennen grundsätzlich nur kanadische Diplome an.

- „Canadian Experience" Canadische Arbeitgeben kennen Ausbildungssysteme anderer Länder nicht, sie mögen befürchten dass sich Ausländer womöglich nicht in die Arbeitsgruppe einfügen können und gehen daher lieber auf Nummer sicher, verlangen also Canadian Experience. Also müssen die Newcomer in den sauren Apfel beissen und oft zum Nulltarif volontieren - allerdings schadet es oft auch nicht, da man mit den canadischen Kollegen Canadian English üben kann, lernt dass in Canada nicht alles so schnell geht, vor allem nicht bei der Arbeit - und dass Effizienz nicht unbedingt gefragt ist. Ausserdem kann man auch networken und vielleicht sogar Freunde oder Bekannte finden.

- Security Clearance, eine weitere Hürde bei vielen Jobs, z.B. Jobs bei Firmen, die mit dem Staat in irgendeiner Weise zu tun haben, für Erzieher, Buchhalter, Banken etc. Security Clearances gibt es in vielen Stufen, kosten Geld und werden teilweise bis zu 5, 10 Jahren zurückgehen. Also kann es mehrere Monate, oft ein Jahr dauern, bis man die Clearance hat - derweil ist der Job natürlich schon vergeben...

- Internships, (bezahlt und unbezahlt) die von vielen Colleges / Unis erwähnt werden, gehen zu 90% an Canadier, denn sie werden oft von grossen Firmen oder dem Staat angeboten, die Security Clearances wollen

- Stellen im öffentlichen Dienst, Organisationen: in fast allen Stellenanzeigen steht ganz deutlich: CANADIAN CITIZEN PREFERED !!! Also braucht man sich erst gar nicht zu bewerben.

- Canadische Resumes, Interviews: anders als in Europa, unbedingt einen oder mehrere der vielen kostenlosen Seminare in Canada besuchen, die Newcomers angeboten werden und wo man alles lernt, was für die Jobsuche wichtig ist.

- Berufe sind oft provinziell geregelt: Ein Lehrer aus Nova Scotia darf nicht automatisch auch in Alberta arbeiten.

- Berufe sind oft staatlich / durch Berufsorganisationen geregelt: Man muss gegen Gebühr Mitglied in diesen Organisationen werden und sich deren Regeln unterziehen.

- Viele deutsche Berufe gibt es in Canada gar nicht, Berufe werden zerstückelt, überspezialisiert und die Kompetenzen sind extrem eng gesetzt, wegen jeder Kleinigkeit muss der Supervisor gefragt werden - also nichts für Leute, die gewohnt sind eigenverantwortlich und selbstständig zu arbeiten.

Sogar Immigration Canada schreibt zum Thema Jobsuche auf ihrer Website: „Newcomers to Canada rarely enter the job market quickly and often must start with jobs below the skill level they worked at in their home country. Once they have Canadian job experience and their ability in English or French improves, so do their job prospects. "

Welchen Rat sollte ich künftigen Einwanderern geben?

Versucht als Business Immigrant nach Canada zu kommen.
Bedingungen findet man unter www.cic.gc.ca

Die glücklichsten Immigranten die ich in den letzten drei Jahren traf, waren allesamt selbstständig - und erfolgreich! Canada ist in meinen Augen eines der besten Länder der Welt um eine Firma zu haben. (wir geben auch dafür kostenlose Seminare und haben gerade letzte Woche zwei Leute erfolgreich in ein Programm für Selbstständige gebracht).

Versucht es über die Provincial Nomination (später könnt Ihr immer noch woanders hinziehen, wenn Ihr erst mal beruflich Fuss gefasst und „Canadian Experience" habt. Auf den Websites dieser Provinzen findet Ihr auch die dortigen Mangelberufe.

Sollte es sich finanziell nicht ausgehen, dann sammelt Informationen über alle Bereiche des Lebens in Canada - geizt nicht mit Internetstunden!

DISCLAIMER: Natürlich werden wieder einige in dieser Liste schreien „Nestbeschmutzer", „bei mir war alles anders", „zu negativ" „lass den Leuten Ihren Canadatraum", „in unserer Provinz ist alles viel besser, ist die Autoversicherung nicht so teuer" und was weiss ich noch...

Wie gesagt, ich habe mit Hunderten von sehr gebildeten und ausgebildeten Immigranten aus Europa und der ganzen Welt gearbeitet - es ist also nicht nur meine Meinung, sondern ein Erfahrungsbericht - der künftigen Deutsch-Canadiern helfen soll. Denn es ist wirklich ein tolles Land - auch wenn der Arbeitsmarkt extrem hart ist!!!

Ein schönes Wochenende schon mal - und lasst noch was übrig!

Doris Aubin
www.a-better-chance.org

MEINE FRAGEN

Hallo Doris,

Ich beziehe mich auf dein Posting: ACHTUNG!!!
PERSÖNLICHE MEINUNG UND ERFAHRUNGSBERICHT

Ich habe dazu Fragen, weil ich mich doch über einige Aussagen wundere. Ich bezweifle nicht, dass alles so ist, wie du es geschrieben hast! Was mich wundert ist, wieso haben all diese klugen Menschen, echte Profis in ihren Berufen, so wenig Informationen über die Realität in Kanada, wenn sie ihre Einwanderungsanträge stellen? Gibt es da auf Grund der Erfahrungen deiner Organisation, bei der du arbeitest, Hinweise, warum das so ist?

Wenn du schreibst: „ ... z.B. eine Anwältin für $ 7.15/Stunde bei Tim Hortons, ein Project Manager trägt morgens um 4 Zeitungen aus, 7 Tage in der Woche, für 720$ pro Monat, ein Ingenieur arbeitet für den gesetzlichen Mindestlohn von $7.15 und füllt Supermarkt Regale auf... die Liste ist endlos ... ", dann denke ich mir, die Anwältin musste doch genau Bescheid gewusst haben, dass sie in ihrem Beruf keine Anstellung oder Arbeit findet, ausser sie studiert in Kanada erneut. Das gilt auch für den Ingenieur, der musste doch die Infos seiner Berufsorganisation gekannt haben oder nicht? Übrigens haben wir auch in Deutschland Akademiker, die arbeitslos sind oder Taxi fahren. Das ist aber nicht das Thema meiner Fragen. Wieso ist es diesen Profis nicht möglich die Lage in Kanada richtig einzuschätzen? Was müssten andere tun, um nicht in diese Situationen zu kommen? Haben die Organisationen dazu Informationen oder Antworten?

Bonne chance

Maxim

Antwort von Forenmitglieder der Kanadamailingliste:

Hallo Maxim,

Die Frage ist echt berechtigt! Ich kann hier nur von mir reden. Ich habe vorher mit der Familie meiner Frau und mit einigen Headhuntern gesprochen. D.h. die Headhunter habe ich bei vorherigen Besuchen persönlich gesprochen. Jeder hat nach Durchsicht meines Lebenslaufes gesagt, dass ich keine Probleme haben werde. Ich spreche die 2 kanadischen Landessprachen und habe eine solide Ausbildung. Als ich dann hier war, haben mir die gleichen Headhunter gesagt, dass sie mich ohne kanadische Erfahrung nicht vermitteln können und ich sollte mir doch erst mal selbst etwas suchen. Bevor ich eingewandert bin, habe ich nie etwas über kanadische Erfahrung gehört oder gelesen. Heute denke ich, ich hätte wohl direkt zu Firmen gehen, oder mehr Fragen stellen sollen.

Aber wenn man immer nur für 2 Wochen zu Besuch hier ist, ist das schwierig. Dazu kommt noch, dass die Mentalität hier einfach anders ist. Die Kanadier sind so freundliche und höfliche Menschen, dass sie dir selten etwas negatives sagen. Alles ist ‚great' and ‚phantastic', auch wenn's das genaue Gegenteil ist. Jedenfalls hab ich das so kennen gelernt. Ich spreche hier von Kanadiern (also, seit Generationen hier).

Das ist nur meine Erfahrung. Ich habe trotzdem relativ schnell nach meiner Einwanderung einen Job gefunden und bin im Moment dabei, mich selbstständig zu machen.

Viele Grüsse,

Heinz aus Burlington

Hallo Maxim,

du schreibst: „ Was mich wundert ist, wieso haben all diese klugen Menschen, echte Profis in ihren Berufen, so wenig Informationen über die Realität in Canada, wenn sie ihre Einwanderungsanträge stellen? "

Ich denke, dass es überwiegend daran liegt, dass in den Medien & der Allgemeinheit das Bild verbreitet ist, dass Kanada ein ‚Einwanderungsland' ist und dass jeder, der eine gute Berufsausbildung und etwas Arbeitswillen mitbringt, es dort schaffen und etwas auf die Füsse stellen kann.

Über die Realitäten liest man kaum etwas, und wenn, dann will man es nicht unbedingt zur Kenntnis nehmen - was nicht sein darf, wird eben ignoriert (Bsp: Berufsanerkennung, Canadian Experience, Arbeits- und Sozial-Bedingungen, etc.). Ausserdem hat ja jeder seine Träume, Wünsche und Visionen, nicht wenige sogar eine romantisch verklärte rosarote Brille. Wenn man sich seinen Lebensmittelpunkt alleine nach wirtschaftlichen oder beruflichen Kriterien aussuchen würde, wäre Kanada wahrscheinlich in vielen Fällen nicht mehr an erster Stelle...

Auch sollte man berücksichtigen, dass die meisten Auswanderer nicht zur Probe auswandern können - sie haben wohl meist verschwommene Vorstellungen, was sie erwartet und stellen ihren Antrag in der Hoffnung, dass ‚alles besser' wird. Die wenigsten bringen genaue Vorstellungen über ihre Zukunft mit, am ehesten sind es schöne Urlaubserinnerungen, welche das Bild von der Zukunft prägen.

Ich muss mir da an die eigene Nase fassen - der Wunsch nach Kanada zu gehen ist rund 20 Jahre alt und ich wollte lange Zeit nicht wahr haben, dass Kanada mich und meinen Beruf nicht unbedingt braucht. Über dieses Forum ist mir vielmehr der Gedanke vertraut geworden, dass es ein Privileg ist, nach Kanada zu dürfen. Trotzdem möchte ich weiterhin dorthin und werde mir meinen Weg dazu suchen. Allerdings habe ich erkennen müssen, dass ich mit meinem Beruf (Informatiker) am besten zuhause in D aufgehoben bin - auch wenn dort alle auf hohem Niveau jammern.

Also muss man sich ‚neu erfinden' und das tun, was erfolgreiche Neuankömmlinge am ehesten auszeichnet: flexibel sein, über Konventionen und berufliche Schranken springen, Ansprüche zurückschrauben, arbeiten, sich an Gesellschaft und Kultur anpassen, Sprache erlernen (...man lebt nicht in einem Land, man lebt in einer Sprache...) und mit sich und seinem Leben (wie immer das dann auch ausschaut) zufrieden sein.

Nur meine Gedanken zum Thema ‚professionelle Naivität' ;-)

Viele Grüsse aus Shanghai, Jürgen

Ich glaube, dass Du mit Deinen Bemerkungen den Nagel auf den Kopf getroffen hast, Jürgen. Ich bin absolut überzeugt davon, dass der grösste Teil dieser Einwanderergruppe ziemlich genau weiss, wie es mit der Anerkennung ihres Berufes bzw. der Möglichkeit nach Ankunft eine Anstellung zu finden aussieht, dies allerdings oftmals ignoriert und versucht, auch um ihren Kindern die Türen für eine bessere Zukunft in Kanada zu öffnen, sich dennoch hier „auf irgendeine Art" erfolgreich zu etablieren.

Gruss aus Ottawa. Gudrun.

Hi Maxim,

mein Mann hat hier die Erfahrung gemacht, dass er mit Referenzen weiter kommt als ohne. Er ist Schweissermeister und Techniker, hat sich bei vielen beworben und es kamen keine Antworten. Nach ca. einem Jahr wurde er von einer Firma angefordert, die nach drei Wochen aber keine Arbeit mehr hatte und somit für ihn Schluss war. Er traf dann später den gleichen Typen von der Firma wieder und der hat ihn dann für den Halifax Shipyard empfohlen. Nach einen Schweissertest wurde er übernommen.

Nach fünf Monaten hat er dann selbst gekündigt, weil er mit der Arbeitsweise des kan. Systems nicht in die Reihe kam. Das sind unsere Berufserfahrungen, die wir auf NS gemacht haben.

Viele Grüsse, Christel und Fritz, NS

Antwort von Doris Aubin

Hallo Maxim,

Es gibt unendlich viele Gründe dafür, dass Einwanderer erst in Canada viele Realitäten erkennen können. Jürgen hat Dir ja schon einiges erklärt - danke nach Shanghai...

Um Deine Frage beantworten zu können, muss ich etwas weiter ausholen, denn das Problem liegt nicht nur bei den Informationen, die Immigranten vor ihrer Einreise nach Canada erhalten können, sondern bei der „Canadischen Wirklichkeit". Und wer sozusagen in Canada in der Sch.... sitzt, wird dies nicht gerne zugeben und in seinem Heimatland veröffentlichen, um andere vorzuwarnen. Viele Immigranten schämen sich für die Situation in die sie geraten sind. Und die Behörden warnen sie gewiss nicht davor, einzureisen.

Aber beginnen wir mit den Faktoren:
- Gründe für die Einwanderung
- Heimatländer
- Status der Einwanderer in Ihren Heimatländern
- Internetzugang
- Hautfarbe
- Rassismus in Canada
- Wahrheitsliebe in Canada
- Auskunftsfreudigkeit der canadischen Behörden/Associations
- Canadas Wirtschaft
- Canadian Experience
- Vetternwirtschaft

Ich denke dass die Gründe für eine Einwanderung, je nach Region aus der die Immigranten kommen, gänzlich anders gelagert sind: Westeuropäer nehme ich mal an, wandern eher wegen der phantastischen Natur, den geschäftlichen Möglichkeiten, dem Freizeitwert oder ganz profan bei mir selbst wegen der Heirat mit einem Canadier ein. Ein Einwanderer aus Argentinien, China oder dem Iran wird total andere Gründe haben: Freiheit, Selbstbestimmung, Zukunft für die Kinder oder wie ein Artikel gestern in Spiegel Online über die iranische Jugend beschrieb - Freiheit von den Mullahs.

Die allerwenigsten Einwanderer in Canada kommen aus Westeuropa, Du kennst sicher die Statistiken: Asien, Osteuropa/Russland, Middle East und neuerdings Mittel- und Südamerika sind die Heimatländer - also oft nicht die G8 Staaten... oder wie man sie abfällig nennt: Drittweltländer... Deutsche, Österreicher, Schweizer die hier einwandern, kommen selten als Skilled worker und erleben die unten weiter aufgeführten Probleme selten.

Nachdem Canada in den letzten Jahren die Anforderungen an Berufe hochgeschraubt hat - eine ziemlich schizophrene Entscheidung, denn hier braucht man Handwerker und keine Akademiker - haben die Mehrzahl der Einwanderer Bachelor, Master oder PhD Diploms und waren sehr angesehene Mitglieder Ihrer Gesellschaft in der früheren Heimat. Leider „vergisst" man von Staats wegen die Immigranten vorzuwarnen, was hier beruflich abläuft - Canadische Behördenvertreter haben auch oft von der Welt ausserhalb Canadas keine blasse Ahnung.

In vielen Ländern kann man einfach nicht so leicht und billig surfen wie in Nordamerika. Und Maxim Du darfst nicht vergessen, dass für viele Menschen auf der Welt das Internet nicht der Lebensmittelpunkt ist, in anderen Ländern ist es die Familie!!!

Heutige Einwanderer in Canada sind schon von weitem an Ihrer Hautfarbe/Aussehen zu erkennen.

Rassismus ist in Canada verboten... aber die Realität sieht leider anders aus. Man sagt es natürlich nicht öffentlich, gibt aber „Ausländern" einfach keinen Job, lädt sie nicht ein usw. Ich könnte Dir auch eine ganze Sammlung von rassistischen Websites in Canada geben, sie sind so geschickt subtil gestaltet, dass die Behörden nicht viel dagegen unternehmen können. Oder wie es J. in dieser Liste im April 2003 so schön formulierte: „Von einem Doktor aus Drittweltländern würde ich mich nicht behandeln lassen".

Der canadische Staat schreibt auch in seinen Stellenangeboten immer: „Canadian Citizen preferred". Man könnte meinen das sei Rassismus, hat aber einen anderen Hintergrund: Jeder der sich beim Staat oder bei einer Firma, die für irgendeine canadische Behörde arbeitet, oder im Sozialbereich/Schulen tätig ist, benötigt eine „Security Clearance".

Zeit dafür für den Erhalt der Clearance liegt zwischen 4 Monaten und 20 Monaten, Canadier werden oft zwischenzeitlich schon eingestellt aber bei den Neu-Canadiern wartet man erst die Antworten aus ihren Heimatländern ab und wenn jemand aus Russland o.ä. kommt, kann das dauern... Solange will der Staat aber nicht warten, um die Stelle zu besetzen und gibt sie daher lieber einem Eingeborenen (Canadier).

Das gleiche Problem bei Internships: Sämtliche Hochschulen, Colleges etc. schreiben in Ihren Werbebroschüren, dass die Studenten die „Möglichkeit" von Internships haben, oft auch bezahlt. Dass aber staatliche Stellen, die die Mehrheit der Internships anbietet, nur Canadier (siehe oben) nimmt, verschweigen sie geflissentlich... Geht ja schliesslich ums Geschäft. Und Immigranten, die trotz ihres Diploms und trotz jahrelanger Berufspraxis keine Stellen finden, sind ein gefundenes Fressen für canadische Schulen. Deren Hauptgeschäft ist es mittlerweile, Neuankömmlingen ein zweites Studium oder eine noch höherwertigere Ausbildung zu vermitteln. Und in Canada zu studieren ist sehr, sehr teuer!!!

Hier kommen wir zum Thema Ehrlichkeit: Mit der Wahrheit nimmt man es in Nordamerika (nicht nur Canada) wirklich nicht so genau, der Staat schon gar nicht, das liesst Du doch jeden Tag in den canadischen Zeitungen. Man informiert in keinem Lebensbereich in Canada so exakt wie es oft in Europa üblich ist. Das beginnt im Strassenverkehr, geht über den Ausbildungsbereich, die Firmen bis hin ins Private und schliesst natürlich staatliche Bereiche ein.

Vielleicht ist es auch Höflichkeit oder eine andere Kultur, aber man sagt sehr selten „nein". Alles wird so ein bisschen wischi-waschi umschrieben, positiv dargestellt etc. Ich will nur mal als kleines Beispiel die Engineer-Associations erwähnen. Natürlich laden die auf ihren Websites alle Neubürger ein Mitglied zu werden (kostet einige hundert $) und die Umschreibung (ebenfalls sehr teuer) auf die canadische Lizenz zu erhalten. Sie erwähnen sogar, dass man 1 Jahr Praktikum machen muss, helfen aber den Leuten dann nicht, eine Praktikumsstelle zu finden und bieten selbst auch keine an.

Wenn ein Engineer z.B. aus Indien sogar bei der Association in Toronto anruft, um sich zu verge-wissern und sie ihm dann erzählen, wieviel tausend Mitglieder sie haben, bei denen er ein Prakti-kum machen kann, warum sollte dieser dann zweifeln innerhalb von 1-2 Jahren als Engineer eine adäquate Stelle zu finden???

„Sie können"... ist ein Satz der in Canada gar nichts bedeutet, dem potentiellen Immigranten aber sehr viel Hoffnung macht. Mein Fazit: Jeder will an den Immigranten verdienen, keiner klärt sie aber wahrheitsgemäss auf.

Und genauso macht es die Einwanderungsbehörde: Canada wird in den schillerndsten Farben dar-gestellt (schliesslich benötigt man hier dringendst Einwanderer, weil der canadische Staat sonst irgendwann „ausstirbt" oder von dem südlichen Nachbarstaat geschluckt wird) Canada muss sich auf seinen Websites gut verkaufen, auch der Staat verdient an den Neubürgern ganz gut.

Was aber die Immigranten dann erwartet, wenn sie im Land sind wird verschwiegen, nur auf Seite 5187 (nur ein Beispiel, ich habe es als Link schon mal in der Liste angegeben) in der Website wird kurz erwähnt, dass man keine Garantie erhält auch in dem erlernten Beruf arbeiten zu können, dass man eine Anerkennung der Diplome benötigt und womöglich am Anfang in einem Survival Job arbeiten muss usw. Auf die erste Seite schreibt man das natürlich nicht und auch nicht in ausführli-cher Darstellung, so dass es keiner so richtig Ernst nimmt.

Canadas Wirtschaft: Die Arbeitslosenrate schwankt im Durchschnitt und je nach Provinz irgendwo zwischen 7 und fast 8 Prozent!!! Es gibt also sehr viele Arbeitslose in Canada. Und wie überall in Nordamerika werden die Leute schnell geheuert und gefeuert. Dann gibt es auch noch das Problem mit den Provinzen, die sich gegenseitig die Diplome nicht anerkennen. Man muss sich also sehr genau überlegen, ob es sich lohnt, z.B. eine Ontario Engineer Lizenz zu erwerben, wenn man viel-leicht in 3 Jahren nach Vancouver ziehen möchte.

Vom Canadian Experience erfahren die Einwanderer erst, wenn sie im Lande sind, auch das wird überall verschwiegen. Arbeitgeber wollen sichergehen, dass ihre Mitarbeiter mit den Verfahrens-weisen in canadischen Betrieben vertraut sind und sich in der Firma anpassen können, wobei das Niveau der Einwanderer oft sehr viel höher ist als ihrer canadischen Kollegen. (Meine Erfahrung und die meiner Klienten - bitte aber nicht jetzt mit einer Grundsatzdiskussion beginnen, wo auf der Welt härter gearbeitet wird...:-) Ich habe gerade über sieben Ecken herausgekriegt warum jemand nicht eingestellt wurde: sie arbeitete zu schnell und effizient und passte nicht in den Schlendrian! Ihre Kolleginnen haben sie deshalb abgelehnt - nachdem sie drei Monate umsonst schuftete.

Vetternwirtschaft: Ich erwähne immer wieder, dass hier 95% der Jobs nur über Beziehungen (Net-working) laufen!!! Kürzlich war ein Artikel in Globe & Mail, dass fast alles Personal im Parlament nahe Verwandte von alteingesessenen Mitarbeitern sind. Also, Vetternwirtschaft hoch drei!

Wenn jemand neu im Land ist, hat sie oder er es besonders schwer und muss erst mal einen Kreis von Berufskollegen, Freunden und Förderern aufbauen. In vielen Ländern gibt es das „volunteering" auch nicht, viele Einwanderer können es sich nicht vorstellen, umsonst zu arbeiten und sehen die Vorteile einer positiven Referenz nicht sofort ein.

Ich will aber nicht in alle Details gehen, das sollte genug Stoff für eine Neuauflage Deines Buches sein ;-)

Die Frage ist also nicht nur, warum haben sich die Leute nicht informiert, bevor sie nach Canada einwanderten, sondern welche Hürden können grösstenteils erst im Lande und vor Ort entdeckt werden.

Ich bin sicher genauso oft auf der CIC Website wie Du. Mich würde es sehr interessieren, wie viele „Warn-Artikel" Du zu diesem Thema gefunden hast. Bitte um genauen Link, herzlichen Dank!

Schöne Woche und Gruss aus Ottawa, Doris

P.S. Von Doris

Maxim,

Einen ganz wichtigen Punkt habe ich in meiner langen Email vergessen zu erwähnen: Die Zeitspanne zwischen Antragsstellung und Einwanderungsbescheid. Die längste Wartezeit hatte ein Klient von uns aus Usbekistan - er wartete 7 Jahre auf die Papiere! Was nützen einem oft die Infos, wenn sich die Verhältnisse ändern, oder wie es Heinz geschrieben hat, viele falsche Informationen gegeben werden?

Während der IT Boomzeit wurden Computer Experten händeringend gesucht. Viele IT Leute entschieden, sich in Canada als Immigrant zu bewerben, weil sie zum Beispiel Freunde hatten, die schon in Canada waren und hier gleich als Spezialist eine Stelle gefunden hatten und reichten ihre Papiere ein. Von einigen Fachleuten aus Indien beispielsweise erfuhr ich, dass sie zwischen 4 und 5 Jahre auf ihr PR Papier warten mussten und genau dann hier in Canada eintrafen, als der Markt zusammenbrach. Nachdem das Geld schnell alle ist, wenn man innerhalb einiger Tage/Wochen einen ganzen Hausrat anschaffen muss, bleibt auch kaum noch was übrig, um umzusiedeln oder sich selbstständig zu machen.

Plötzlich wollten die Arbeitgeber „Canadian Experience" (als ob Computer in anderen Teilen der Welt anders funktionieren) oder sie verlangen jetzt canadische Diplome.

Vor 4 oder 5 Jahren hätte ich genauso gefragt, aber mittlerweile habe ich z.B. auch gelernt, dass es in vielen Teilen der Welt auch sehr, sehr teuer ist, ins Internet zu gehen. Gerade heute erfuhr ich von einer ehemaligen Journalistin aus Cuba, dass dort US $ 5.- pro Stunde fürs surfen verlangt wurde, was einem Wochengehalt in Cuba entspricht...

Und ich habe gelernt, dass die Welt nicht nur aus Europäern und Nordamerikanern besteht. Habe gelernt über den Tellerrand zu gucken.

Nochmals Gruss aus Canada

Doris - www.a-better-chance.org

Mein Kommentar

„Deutsche, Österreicher, Schweizer die hier einwandern, kommen selten als Skilled worker und erleben die unten weiter aufgeführten Probleme selten." Dieser Satz von Doris Aubin kennzeichnet eine typisch falsche Einschätzung der oben aufgezählten Staatsbürger, die nach Kanada umsiedeln. Wie bereits gesagt sind 98 Prozent aller Immigranten aus diesen Ländern Skilled Workers. Das in einigen Foren der Eindruck entsteht es sind nur Akademiker, Investoren, Selbständige, Unternehmer oder Farmer die einwandern, ist ebenfalls typisch - entspricht aber nicht der Realität.

Ich zweifele ja nicht daran, dass die Aussagen von Doris Aubin korrekt sind. Ich habe aber an dem gesunden Menschenverstand des ein oder anderen Antragstellers zu zweifeln. Wir kennen in Deutschland die Problematik der Gastarbeiter, die seit Anfang 1960 ins Land kamen. Einige von diesen waren auch hoch gebildete Menschen und mussten bei uns erst die Strassen fegen oder andere minderwertige Arbeiten tun. Ihre Diplome wurden damals nicht und auch heute nicht problemlos anerkannt. Manch einer von ihnen wurde erfolgreich andere nicht. Warum sollte es also gebildeten Europäern besser ergehen, wenn sie in ein Land auswandert, dass ganz klar und ohne Umschweife sagt: Wir lassen dich ins Land, weil du eine „gute Arbeitskraft" bist?

Allerdings fallen auch Handwerkmeister, Facharbeiter, Selbständige und Unternehmer in diese Falle der Realitätsblindheit, wenn sie denken, dass sie in Kanada so weiter machen können wie zu Hause. Man ist in Kanada und nicht bei sich am „heimischen Herd" in der alten Heimat. Wer dies respektieren und akzeptieren kann wird Erfolg haben.

Doris hat diesen Text 2004 geschrieben und ich schreibe dieses Buch 2006 und frage nun: Hat sich an der Situation etwas geändert? Die Antwort ist: Nein. Die geringfügigen Verbesserungen fallen kaum ins Gewicht und sind nur ein Tropfen auf den heißen Stein.

Gerade heute habe ich sowohl in einem englischen wie auch in einem deutschen Forum Berichte von Frustrierten gelesen: *„... Wie viele vor uns und sicher auch nach uns waren wir und vor allem mein Mann der Ansicht, dass es fuer Ihn kein Problem waere einen Job zu bekommen. Nun ja, mein Mann hat hier in Deutschland als Betriebsleiter eines Schmuckbetriebes mit 120 Leuten gearbeitet und hatte gewisse Gehalts und Jobvorstellungen. Als guter Angestellter mit Ausbildung zum Werkzeugmachermeister mit Refa-Ausbildung, damals hier was Gutes, dachte er ohne Probleme einen guten Job zu bekommen.*

Leider haben wir, was wir heute wissen, die Nase etwas zu sehr in den Wind gehalten, denn keinen interessierte die tolle Ausbildung oder die langjährige Berufserfahrung. Leider wollten wir unbedingt in Vancouver leben, da wir dort noch Verwandtschaft haben, aber nicht genug bedacht haben, dass es dort wenig Moeglichkeiten gab in der Produktion zu arbeiten. Fakt war, mein Mann hat sich sehr bemueht!! Aber er wollte nicht allzu weit von seinen Vorstellungen abweichen und wer diesen Schritt nach Canada macht muss dies tun!!!! Das wissen wir heute. Nun zusammengefasst lief es so, dass wir nach 10 Monaten wieder nach Deutschland zurueck sind...."

Die Familie wird es in zwei Jahren nochmals versuchen, dann aber besser vorbereitet. Dass Mann und Frau dann 51 sind hindert die beiden nicht, dies zu planen.

Dass Internet sehr teuer sein kann, das haben wir in Deutschland erlebt, als die Telekom als Monopolist abkassierte. Das ist aber heute in den meisten europäischen Ländern nicht mehr der Fall. Doris, wie auch ich, sagt sehr deutlich, dass nur durch eine intensive Nutzung des Internets für die Recherchen ein Bild entsteht, welches aus all den Puzzles ein gesamtes Bild von Kanada werden lässt.

Alle Aussagen von Doris kann ich nicht so einfach stehen lassen. Dass man besser als Business-Immigrant seinen Antrag stellt ist so nicht richtig. Für diese Gruppe existieren sehr viele Auflagen und wer diese in Kanada nicht erfüllt, der kann sogar wieder ausgewiesen werden. Für jeden besteht aber die Möglichkeit als Skilled Worker einzuwandern und bereits am ersten Tag sein eigenes Unternehmen zu gründen oder eins zu kaufen oder sich selbständig zu machen. Dies ist im Einwanderungsgesetz festgelegt.

Gegen die negativen Erfahrungen, die von Doris Aubin beschrieben und die ebenfalls auf der Webseite von www.canadaimmigrants.com/forum.asp mitgeteilt werden, steht der Bericht des Buchhalters einer Bank, der Pizzabäcker werden will! Seine Bereitschaft sich der neuen Heimat anzupassen, ihre Regeln und Eigenarten zu akzeptieren, führten diese Familie aus Asien zur erfolgreichen Integration!

In den drei folgenden Berichten sind die positiven Erfahrungen von Immigranten aus Asien geschildert. In zweien mehr als Lebenslauf oder Résumé und ausführlich in dem Bericht des Bankers, der plant eine Pizzeria zu kaufen um Pizzabäcker zu werden. Ich habe in den letzten Jahren keinen besseren Erfahrungsbericht gefunden, als von dem Banker. Was als Schlüssel zum Erfolg sichtbar wird, dass ist die Bereitschaft in die Weiterbildung zu investieren und flexibel auf die Situation des Arbeitsmarktes zu reagieren. Und natürlich ist dafür die Kenntnis der Sprache ein entscheidender Faktor - darum lasse ich diese Berichte auch in der Sprache, in der sie geschrieben wurde.

Vom Banker zum Pizzabäcker

Newsgroups: misc.immigration.canada Von: Immigrant X (immigrantx@hotmail.com)
Betrifft: Job Hunting In Canada - Datum: 2002-05-01 21:53:32 PST

I've been following this group for the past couple of years, even before I started my immigration proceedings and now I've settled in Calgary for three years. Somehow, I wanted to write down what happened during this period, and perhaps prospective immigrants might find it interesting and helpful. The followings were posted to this group a year ago but I made some changes to it and included the events happened during the third year.

THE APPLICATION:

It took me about three months to gather all the information and papers before I submitted my application shortly before Christmas 1997. I got the receipt confirmation in January 1998 and interview waiver in March 1998. The visas took another 6 months to come and we landed in Calgary on April 9, 1999.

THE LANDING:

I promptly bought a car, a 1994 Sunbird for $6000 that turned out to be a lemon and rented a two bedroom apartment in Varsity (near U of C) for $725 a month plus utilities. We got most of our furniture and necessities from IKEA, Wal-Mart, Zellers, and our electronics from Future Shop. That totalled to about $5,000.

JOB HUNTING:

Then come the proverbial job hunt. Like many new immigrants, my wife found a job as a waitress making $6/hr plus tips which translated into $10-$15/hr. What she didn't like was the split shift. She can only work from 11-2 and then 5-8 and that meant I have to drive her from home to work four times everyday.

Meanwhile, my own job hunting hasn't gone quite as planned. I was an accountant by trade and I registered with CGA and was recognized at level 4. That credential should qualify me for a lot of jobs but as you all know, the infamous Canadian experience or lack thereof, barred me from many opportunities. It didn't take long for my lemon Sunbird to act up, the air conditioner died, car won't start, you name it. We liked the New Volkswagen Beetle very much and said if I ever got a job, we were going to buy a new Beetle.

I mailed out 10-15 letters a week that generated about 2-3 interviews. My first interview came around the end of May with Mr. B. Mr. B seemed to like me genuinely, despite my lack of Canadian experience. He sent me to been interviewed by the HR manager the day after he saw me.
In June, I signed up with Account Temp who specialized in short term staffing. I took their test and scored well on it. They placed me with a downtown company for a week making $19/hr. That company gave me good reviews and Account Temp wanted to place me for longer term assignments

but for some reasons that felt through.

One thing about Calgary's job market is that if you don't have any oil and gas experience, you are basically blocked from even trying 40% of the jobs and this is going to be very frustrating for starters.

I kept sending out letters and going to interviews. I thought I had a good chance of landing a job that paid $38,000 but that didn't work out as well. I went to second interviews a couple of times which were good signs but never landed any job.

It was now the second half of June and the city was decorated with Stampede displays and excitements filled the air as the city was preparing for the joyful two weeks in July.

How I wished I could land a job before Stampede? I didn't want to be still left out on the streets with no friends and a withering bank account when everyone was having fun and enjoying the sun.

As days and weeks passed by that wish gradually became a distant dream and the summer days felt colder and colder. More and more, I learned about the pain and agony of being a newcomer in a strange city. I started looking for jobs back in May and for nearly two months I worked merely a week. I spent the rest of the time driving my wife back and forth to work four times a day, going to interviews and most of all, waiting for the phone to ring.

MY FIRST JOB:

And the phone did ring one Thursday afternoon in June. It was Mr. B and he told me he had given my job to another guy (as expected) but there was another opening and he wondered if I would be interested. Well, what do you think? I'll mop the floor, clean the toilet if you would just give me a job, I said to him. (Not in those words exactly but something like that). He then set up an appointment for me with the company's vice president the next day.

I went to see the vice president and one hour later, I left knowing that I had just landed my first job in Canada. My wife and I went to Red Lobster to celebrate that night. The salary was merely $32,500 a year, about 70% of what I made before but at least it kept me off the streets, in the literary sense at least. At the same time, I rewarded myself by dumping the Sunbird and got an Accura.

When I reported on the following Friday, I wondered why so few people showed up to work that day. Mr. B said it was because Stampede started that day. It was an 8-4 job with a half hour lunch and two 15-minute breaks between. The job itself was easy and usually took me only half a day to finish a day's work. I was bored after two weeks.

MY SECOND JOB:

Then there was this company, company C that I sent my last batch of resumes to and they wanted to interview me. I went and they liked me and arranged me to go to their Vancouver head office for another interview. They showed me the office, had lunch with some folks, talked about the job and company and drove me back to the airport afterwards. Then they called me soon as I got one foot in the door and offered me the job, this time for $38,000 a year.

MY THIRD JOB AND FOURTH JOB:

Joining company C and leaving Mr. B proved to be a mistake I soon regretted. I started looking for a job, again, but my luck hadn't been good and I found nothing before Christmas 1999.

For the first year in Calgary, we were grateful that we were making little over $40K a year.

I found my third job right after Christmas which I wouldn't go into the details of it because I lasted only a month on that job. The reason being was that I've found my ideal job with a bank a little later, this time for a better $42,000 a year.

I started my bank job in the beginning of April 2000, just a year after I landed in Calgary. I couldn't believe in the span of 12 months, I have gone through the pain of unemployment, some 20 interviews and four jobs.

MY CONDO:

Right around I got my third job, we've decided to get a house. We had about $40,000 to put as down payment and we tried to stay below the CMHC 25% threshold so we decided to get a condo which was cheaper instead. Housing in Calgary is not cheap comparing with national standard. We bought a pre-selling one in a pretty nice area for about $140,000. For the same price, you can get a fully loaded house in Regina or Winnipeg with all the bells and whistles attached.

By then, I was making $3500 or $2200 after tax a month. My wife could bring in another $800, mostly tax free from waiting tables so our monthly disposable income was about $3,000. We spent about $1,000 on rent, utilities, phone, cables and had about $1,800 for food, entertainment, saving, car insurance and maintenance which was very expensive in Canada. The condo will take about 10 months to build but we were both excited nonetheless.

GOING BACK TO SCHOOL:

My wife knew that she cannot wait tables forever and decided to go back to school. She enrolled in the University of Calgary in May 2000, working towards a computer science degree. She couldn't work as many hours now but we knew this was all necessary for a better future. I, too, was going back to school taking the CGA national exams and my employee, the bank, was very generous to pay for the expensive tuition.

The builder of my condo broke ground in May 2000, as promised. We often drove by just to see how the condo turned out. It was quite an experience to see how they excavated the barren land, framed the building and eventually the building took shape.

MY OTHER JOB:

Money and financial security are major concerns for immigrants in a new country. My wife now could only work few nights waiting tables and brought in only $500. I decided to get a second job at night so that we could have more money at our disposal after we moved into the condo.

I started delivering pizza a few nights a week; working three, four hours a night. I was paid $6 an hour plus tips and made about 50 to 60 dollars a night mostly tax-free. That brought in another $600-$800 a month which I used to pay bills and my wife's expensive university tuition and books.It is not easy having two jobs at the same time. On weekdays, I will finish my bank job at four, drive over to the pizza place and work until eight or nine. I work through weekends and I also have one night of CGA lecture every week and one exam to write every month.

CHRISTMAS 2000:

We got ourselves a real pine Christmas tree that was something I had wanted all along. At the same time, I started the process to sponsor my folks over. My condo builder called us to come and pick our final finishing for our condo and we were getting more excited about moving into our first home. We finally moved into our new home on a rather cold February day in 2001.

THEREAFTER:

In March 2002, my wife received an internship computer job offer for $3,000 a month for the next 12 months. The catch was that she has to travel up north to some oilfields up north and stay there. We though about it a bit and decided it was extremely valuable to gain some real Canadian work experience before graduation and the paid was quite good for a student, so we decided to make the sacrifice and accept the offer. Meanwhile, I was promoted to the position of financial analyst in the bank and made $50K a year. **I still kept the pizza job on which I made over $10K after gas, all cash in 2001.**

I just drove my wife to the airport this morning as she started her job with the oil company. Hopefully, she could come back home once every month so I wouldn't miss her too much. We were quite sad in the airport this morning and I tried to cheer her up by saying that in the three years we've been in Canada, I have become a Canadian Certified General Accountant, she is now a working computer science student, we bought our own property, we are not in debt and we are making almost $100K a year combined. We are doing quite well and if we keep working hard like we always do, our future in Canada is certainly very bright. And that we'll get by these 12 months pretty fast.

As I'm filling our citizenship application forms, I keep thinking back on the events happened during the past 3 years with lots of emotions and sentiments. No, I still haven't bought the New Beetle yet and I'm still driving my 12 years old Accura that's starting to rust. I can probably afford a New Beetle now but I would rather save the money for the future.

I want to save enough within the next 5-10 years to own a pizza store like the one I'm delivering for now. After that I will start thinking about life's other luxuries like trips and new car.
I read a lot of people wrote about how hard it was for immigrants to find jobs. No doubt it is hard as I have personally experienced but I don't think it is impossible. The most important thing is do not expect to get to where you want in one step. Nobody can make $80K a year right off the bat.

To get to $80K, you must start with $35K, move on to $45 later and so on. The hardest part is not making $80K but the first $35K! Once you got through the very first hurdle, the rest will follow like dominos.

Einige der Antworten auf diesen Artikel:

Immigrant X:
You have no idea how much this has lifted my spirits today! I'll print it
and make it a point to read it everyday. Thank you for posting.
Greg

Hi Immigrant X
I hope your emails helps others in the process of immigrating. I would agree with you wholeheartedly that perseverance is required to make your new life in Canada work. You can't expect just to get off the plane and walk into a great lifestyle. It comes with hard work. IO do think, myself included, that people coming here don't realise the sacrifices which have to be made initially
Hamishe

ROAD TO SUCCESS

Die folgenden beiden kurzen Résumés wurden als Beispiel für den Karriereweg von Immigranten in der Zeitung The Star, Toronto gedruckt. Die Zeitung berichtet sehr viel über Immigranten. Es macht Sinn die dortigen Artikel regelmässig zu lesen. Übrigens startete Ernest Hemingway seine Karriere bei dieser Zeitung.

TheStar.com - Tools for the journey - May 25, 2006. 01:46 AM

LAURIE YIN
Age: 41
Education: B.Sc. from China's Qing Dao Technological University
Experience in homeland: 13 years as mechanical engineer in steel industry
Arrived: October 2001

Currently: Manufacturing support engineering specialist with Peterborough company, hired August 2005

LAURIE'S ROAD TO SUCCESS

Laurie Yin spent a lot of time in low-level jobs, but persistence paid off.
1999 - Decided to move. When the steel industry hit a slump, Yin's employer in China downsized. She decided to seek opportunities in Canada.
2000 - Applied to immigrate. She searched the Internet for details on Canadian geography and job markets and chose Toronto, then networked with people already in Canada via email and began an English class.

2001 - October Arrived in Canada

December Kitchen job Worked at Swiss Chalet for $5.95/ hour while sending out résumés.

2002 - January Cashier job Worked at Tim Horton's, at $7/hour.

April Third job - Moved to a new home, quit Tim's but left new job in used-clothing store after one day because it was „too smelly." Back to Tim's.

August - Picking up skills - Registered for five-month co-op program. While waiting, spent two months learning about resumé writing, job interview skills and workplace English at community immigrant centre.

October - Contract job - While seeking a co-op placement, Yin was hired by a Mississauga steel company on a three-month contract as a mechanical engineering technician. „I thought I was the luckiest student in the class," she says. She was making the equivalent of $42,000 a year. But the company downsized and her contract ended.

2003 - January - Job workshops - While receiving employment insurance payments, was asked to study job skills again.

October - Machine operator job Continued seeking a better job while working afternoons at a Mississauga steel mill, at $12/hour. Applied to Career Bridge and joined waiting list for an internship position. „It's a blue-collar job and all the guys used to laugh at me, saying that I should've been sitting in the office because all these are heavy machines. It's physically demanding."

2004 - April - Printing job Earned $12/hour in government subsidized job in print shop.

August - Lost job Subsidy ran out. Began going to workshops offered by Chinese Professionals Association of Canada.

October - Found mentor Signed up and was assigned a mentor in her field by the Chinese group.

2005 - January - Project designer/analyst Hired by an electrical company through an Internet employment site March. Turned down internship. Large electric appliance-maker offered a Career Bridge internship. „People were mad at me for turning down the offer because I had waited for 18 months for this opportunity," recalls Yin. „I was in the middle of a project at my new company and it was irresponsible for me to leave. It's just unethical. Plus, it's only an internship position and I already had a real Canadian job in my hand."

August - Wrote letter to company. She explained why she turned the internship down. Impressed with her ethics, they offered her a full-time job. Started job in Peterborough

2006 - Working in her field.

Ultimate goal: Hopes to get her P. Eng. credential and be licensed in two years.

TheStar.com - In charge of his destiny - May 25, 2006. 01:46 AM

JAMIL AHMAD

Age: 36

Education: B.Sc. from Bahauddin Zakariya University, Pakistan

Experience in homeland: 5 years in pharmacy

Arrived: May 2000

Currently: Pharmacist at his own Shoppers Drug Mart franchise operation

JAMIL'S ROAD TO SUCCESS

Jamil chose Canada because it „was one of the few countries where you could come as a professional independent immigrant." He checked on when professional exams would be written and timed his arrival accordingly. Although he ran into an unexpected hurdle when he couldn't take an English exam before a certain deadline, he persevered with a Career Bridge program and is succeeding as an independent pharmacist.

1996 - Decided to move to Canada. „Being part of the Third World, I read in books about all these new technologies in the Western world. Where I worked, we didn't have any of these innovations and facilities. I wanted to come and see it all myself." Immigration consultant advised him to get more work experience first.

1998 - Applied to immigrate. Found people who had been to Canada to get their views. Some complained, others said it was worth the sacrifices. Gathered information from the Internet on licensing and learned the process takes a long time, so it's best to apply from home. Got a licence kit from Ontario College of Pharmacists and began reading books to prepare for the exams. Timed his move according to when pharmacy exams would be written.

2000 - May - Arrived in Canada. Found a night job as apartment security guard, $8.50 per hour.

July - Wrote first pharmacy exam. Passed with high marks because he started studying a year before his arrival in Canada.

October - Took second exam (clinical/practical). Passed exam. Needed to take an English exam before the end of the year to get a one-year student job placement, but exam schedules didn't allow for this. So he waited a few months to take part in new compulsory program for foreign-trained pharmacists called Canadian Pharmacy Skills.

2001 - January - Pharmacy assistant job He learned Shoppers Drug Mart was hiring. When asked about his Canadian experience, he told the recruiter: „Just give me a week to prove myself; I won't hold you back. If I don't do the job well, I'll step out of it and go." He was hired on the spot at $7.45 an hour and $9.30 after probation. Quit security guard job.

April - Began CPS program

2002 - July - Got licence - With the one-year program completed, he worked at two separate pharmacies, salary of $70,000 to $80,000.

2005 - June - Started his own franchise.

Now runs the Shoppers at Centre Point Mall. „Everybody wants to grow. Owning your franchise has more potential for growth. You get to learn to run a business, manage your own life, your own schedule," Ahmad explains. „It's exciting. You start your own career, your own business. For me, it's a dream come true."

2006 - Ultimate goal - Ahmad would like to stay with the same franchise chain but move to a higher-volume location. He is taking his GMAT and hopes to get into an MBA program.

Teil fünf: Sonstiges

Die Sprachen in Kanada.

Beim öffnen der Website der kanadischen Botschaft sieht man direkt, dass nicht alle Informationen in Deutsch zu erhalten sind. Nur in den beiden offiziellen Landessprachen Englisch und Französisch gibt es das gesamte Angebot der Botschaft, wird mitgeteilt. Ebenfalls steht dort: „Die kanadische Regierung kann jedoch nur Dienstleistungen in englischer oder französischer Sprache garantieren."

Für jemanden, der die Sprachen nicht gut kann gibt es nun eine Reihe Fragen. Wer sie gut kann, hat als meistens nur einige Fragen zur Punktbewertung und die notwendigen Tests für seinen Antrag.

Wie gut sollte man als Immigrant der Skilled Worker Class die Sprachen beherrschen?
Kann man die Sprache nicht erst in Kanada lernen?
Muss man seine Sprachkenntnisse beweisen?
Welche Tests werden anerkannt?
Muss man als Immigrant einen Test machen?
Hat man mit einem Arbeitsvertrag auch einen Test zu machen?
Spricht man in Québec nur Französisch?
Gibt es auch Fälle, wo die Sprachkenntnisse keine Rolle spielt?
Sprache als Barriere und Ursache von Rassismus.
Kein erfolgreicher Berufsstart ohne Sprachkenntnisse.
Werden Worte auch erklärt?
Ist das Englisch von Sea to Sea gleich?
Helfen Übersetzungsprogramme beim Lesen und Schreiben?

Wie gut sollte man als Immigrant der Skilled Worker Class die Sprachen beherrschen?

Für die Sprachkenntnisse gibt es von 0 bis 24 Punkte bei der Bewertung eines Arbeitnehmers. Das sind bei 24 Punkten bereits 35,8 Prozent der benötigten 67 Punkte, die mindestens erreicht werden müssen, um die Erlaubnis zur Einwanderung zu erhalten. Je besser jemand diese Sprachen kann, je höher sind also seine Chancen, bald als Immigrant in Kanada zu leben. Bei Eheleuten oder Lebensgemeinschaften sollte darum die/derjenige Hauptantragsteller sein, der bei der Bewertung die meisten Punkte für Sprachkenntnisse erzielt. Es sei denn, der andere Partner erhält wegen eines Arbeitsvertrages insgesamt mehr Punkte.

Kann man die Sprache nicht erst in Kanada lernen?

Natürlich kann man diese Sprachen auch in Kanada lernen. Die Regierung Kanadas und die der Provinzen haben umfangreiche Programme, um den Immigranten beim Erlernen der Sprache zu unterstützen. Diese Sprachkurse sind aber nur auf Anfänger ausgerichtet und nicht auf Immigranten mit guten bis sehr guten Sprachkenntnissen. Das gilt in der Provinz Québec selbstverständlich für das Erlernen von Französisch und nicht von Englisch. In den anderen Provinzen ist es so, dass Englisch aber nicht unbedingt Französisch angeboten wird. Ausnahmen gibt es dort, wo noch Französisch als Hauptsprache gesprochen wird. Das ist in einigen Gebieten im Westen Kanadas der Fall, die von Franzosen zuerst besiedelt wurden, ebenso in New Brunswick.

Allerdings nützt das Erlernen der Sprache in Kanada Antragstellern der Skilled Worker Class nichts, wenn er oder sie nicht auf Grund anderer positiver Kriterien die Hürde von 67 Punkten bewältigt.

Muss man seine Sprachkenntnisse beweisen?

Die Kenntnis der Sprachen muss für die Immigration in der Regel durch Sprachtests bewiesen werden. Dabei ist zu beachten, dass die Officers nur auf Grund dieser Tests die mittleren oder höchsten Punktzahlen mit 100 prozentiger Sicherheit vergeben! Alle anderen Beweise sind keine Garantie für das Erreichen der gewünschten oder erhofften Punktzahl.

Das heißt, wer täglich in Englisch oder alternativ Französisch kommuniziert oder beispielsweise in den USA seinen Master machte, kann niemals sicher sein, ohne Tests die höchste Punktzahl tatsächlich zu erhalten. Von Consultants wird daher dringend empfohlen, diese Tests zu machen.

Es wurde inzwischen berichtet, dass man bei entsprechend qualifizierten Beweisen (Master in USA, Kanada gemacht, etc.) ebenfalls die höchste Punktzahl erreicht. Wer also auf die 8 Punkte - die Differenz zwischen moderat und high - verzichten kann und immer noch über 67 Punkte liegt, der kann diesen Weg gehen. Wer diese 8 Punkte aber unbedingt braucht sollte die Tests machen, um auf der sicheren Seite zu sein.

Selbst geborene Engländer müssen diese Tests machen, wenn sich nicht auf der Basis ihrer Ausbildung und ihres Berufes - Butler der Königin zum Beispiel - ihre Sprachkenntnis zu 100 Prozent bewerten lässt.

Welche Tests werden anerkannt?

Die derzeit anerkannten Tests sind:
International English Language Testing System (IELTS) www.ielts.org
Die Universität von Cambridge und das British Council sind für diesen Test zuständig. Den Test kann man in Deutschland oder in anderen Ländern absolvieren. Spezielle Vorbereitungskurse für diesen Test werden von Instituten, Unternehmen, aber auch Volkshochschulen angeboten. Der Test bezieht sich auf allgemeine Kenntnisse (Test-General) von British English.

Test d'Evaluation de Français http://www.fda.ccip.fr/
French Language Testing Organizations (TEF). Die La Chambre de Commerce et d'Industrie ist für diesen Test verantwortlich. Diesen Test kann man in vielen Ländern machen.

CELPIP: Canadian English Language Proficiency Index Program www.ares.ubc.ca/CELPIP/
Das Applied Research and Evaluation Services of the University of British Columbia hat diesen Test entwickelt.

Der Test „TOEFEL" wird von CIC für die Immigration nicht anerkannt.

Hat man mit einem Arbeitsvertrag auch einen Test zu machen?

Wer mit einem Arbeitsvertrag für begrenzte Zeit nach Kanada geht, hat nur gegenüber seinem Arbeitgeber zu beweisen, dass er genug Sprachkenntnisse für den Job hat. Von CIC wird kein Test für den Work Permit verlangt.

Spricht man in Québec nur Französisch?

Die Provinz Québec ist für viele ein weißer Fleck auf der Landkarte, wenn sie nicht gerade frankophon orientiert sind. Man hat mal was davon gehört, dass da in Québec … - was auch immer jemand gehört hat: In der Provinz Québec wird natürlich auch Englisch gesprochen.

Das gilt besonders für die Metropole Montréal und eingeschränkter für Québec City. Je weiter man von Montréal aus nach Westen kommt, umso mehr spricht man dort Englisch. Je weiter man nach Osten reist, umso seltener wird man Englisch hören und nicht jeder kann es heute noch gut sprechen. Aber natürlich ist in der Provinz die wichtigste Sprache Französisch. Im Business und an Universitäten spricht aber praktisch jeder mindestens zwei Sprachen. Freilich ist es in Québec wie in Deutschland, wo junge Leute in der Schule Englisch lernen, es aber in der Praxis deshalb nicht können müssen.

Ob ein frankophoner Québecer aber bereit ist Englisch zu sprechen, ist eine andere Sache. Hier ist entscheidend, wie man ihn zuerst anspricht. Wer dies freundlich macht, wird freundliche Antworten erhalten, wer auf sie in der Arroganz alter Kolonialherren zugeht, wird eine Abfuhr erleben.

Gibt es auch Fälle, wo die Sprachkenntnisse keine Rolle spielt?

Die Qualität der Sprache spielt für gesponserte Partner, den Kindern oder Eltern, die im Rentenalter nach Kanada kommen, keine Rolle. Wer sich also mit einem Kanadier oder einer Kanadierin verheiratet, muss kein Wort einer der beiden Landessprachen sprechen, um einwandern zu können. Das gilt auch für Investoren und Unternehmer, die sich in Kanada niederlassen wollen. Erfolgreiche Unternehmer, wie beispielsweise aus Asien, nutzen die Dienste persönlicher Dolmetscher.

Sprache als Barriere und Ursache von Rassismus

Kanada ist eine multikulturelle Gesellschaft und die Regierungen unterstützen dies extrem stark. Praktisch gibt es aber ebenso einen Rassismus, wie selbstverständlich überall in der Welt. Dieser macht sich in Kanada dadurch bemerkbar, dass er über die schlechten bis sehr guten Kenntnisse der englischen Sprache zu definieren ist. Je schlechter ein Immigrant diese Sprache beherrscht, je eher steht er rassistischen Problemen gegenüber. Diese sind anders als in Deutschland und ist in keinster Weise mit dem Rassismus der deutschen Neo-Nazi Szene zu vergleichen. In Kanada können auch Deutsche bei mangelnder Sprachkenntnis diese Diskriminierung erleben, wie mir jemand in einer E-Mail über seine persönlichen Erlebnisse in Alberta schrieb.

Am meisten betroffen sind davon Immigranten, denen man ansehen kann, dass sie keine „White-Man" Abstammung haben. (In Kanada werden Europäer auch als „Caucasian immigrants" bezeichnet.) Sie werden als „Visible Minorities" charakterisiert und in ihren Internetforen wird dieses Problem des Rassismus über die Sprache sehr deutlich beschrieben. Dieses Problem tritt hauptsächlich bei der Suche nach Arbeit auf. Wer sich also möglichst schnell in der neuen Heimat erfolgreich integrieren will, sollte alles tun, um mit bestmöglichen Sprachkenntnissen in Kanada zu landen. Aber man sollte Oxford- oder Cambridge-Englisch nur sehr dezent einsetzen! Auch das kann zu einer Diskriminierung führen. Der heutige Kanadier ist ein stolzer Kanadier und er lässt sich nicht mehr oder nur sehr ungern von anderen belehren, wie er zu sprechen hat - er spricht „Canada-English". Das führt beispielsweise dazu, dass Kinder aus England in der Schule erst einmal wegen ihres britischen Akzents verspottet werden, wie mir eine Kollegin, die aus der englischen Oberschicht stammte, über ihre eigenen Erfahrungen als Kind in Saskatchewan erzählte. Auch in den Foren wurde dies bereits von Deutschen angesprochen, deren Kinder in England aufwuchsen.

Selbst wer bereits gut eine der beiden Landessprachen sprechen und schreiben kann, sollte jede Chance wahrnehmen, Kurse in „Canada-English" zu besuchen. Besonders empfehlenswert ist dies in Québec für Französisch. Das Französisch in der Provinz ist durch die historische Entwicklung sehr eigen und von jemandem, der internationales Französisch oder Pariserisch spricht, nicht immer so ohne weiteres in der ersten Zeit zu verstehen. Die Kanadier haben aber auch in Englisch ihren eigenen Stil entwickelt. Dies wird besonders in Berufen deutlich, wie beispielsweise bei Krankenschwestern. Die Anerkennung einiger in Europa erlernter Berufe hängt in Kanada von Nachprüfungen ab. Die dabei auftretenden Sprachprobleme können die Prüfung zu einer Katastrophe werden lassen - trotz jahrzehntelanger erfolgreicher Berufsausübung in Europa oder rund um die Welt. Wer sich einer solchen Prüfung stellen muss, hat diesen „baffling jargon" der Kanadier im Land zu lernen, wie es eine Krankenschwester sagte.

Kein erfolgreicher Berufsstart ohne Sprachkenntnisse

In der Vergangenheit war es möglich, ohne oder mit sehr geringen Sprachkenntnissen in Englisch, in Kanada eine erfolgreiche Karriere zu starten. Das geschah in der Regel im Ghetto der eigenen Sprache. Das galt damals auch für Deutsche. Heute gibt es aber nur noch sehr vereinzelte Gebiete, in denen viele Einwanderer von Deutschen abstammen, aber in diesen wird natürlich Englisch als Business-Sprache verwendet. Wer als Deutscher heute noch denkt, dass er ohne Kenntnisse der englischen Sprache nach Kanada einwandern kann, der wird viele Probleme bekommen. Es ist absolut arrogant, anzunehmen, dass die Kanadier mit einem Sprachunkundigen auf Dauer gute Geschäfte machen werden. Sie werden aber mit Sicherheit versuchen ihn abzuzocken, was sehr gerne und oft mit beträchtlichem Erfolg auch von einigen Deutschkanadiern praktiziert wird.

Werden Worte auch erklärt?

Die Kanadier sind sehr einfallsreich, wenn sie neue Wortschöpfungen in Englisch oder Französisch erfinden. Jedes Übersetzungsprogramm hinkt da hoffnungslos hinterher, ganz zu schweigen von gedruckten Wörterbüchern. Zum Glück erklären die Immigrationsbehörden die wichtigsten Worte ausführlich auf ihren Webseiten in den speziellen „Glossars" zu den verschiedenen Themen. Diese Erklärung der Worte ist vergleichbar zu den Erläuterungen der Worte, wie sie beispielsweise im „The Oxford Dictionary Of Current English" üblich sind. Diese Glossars sollte man auch von Banken, Brokern, Versicherungen und allen Geschäftspartnern oder Behörden anfordern. Sie stehen bereits sehr oft für die Kunden als Service im Internet bereit.

Ist das Englisch von Sea to Sea gleich?

Nein, das ist nicht der Fall. Am Beispiel der Einwanderungsberater lässt sich das sehr gut demonstrieren. Das Ministerium und die Canadian Society of Immigration Consultants (CSIC) bezeichnet den Einwanderungsberater neuerdings als „Consultant", oder noch genauer als Immigration Consultant. Allerdings sind noch weitere alte Bezeichnungen auf den Webseiten von CIC im Gebrauch. In Manitoba ist es der Immigration Representative, in Alberta heißt er Agent, in Québec ist es der Immigration Intermediary und in B.C. nennen sie sich Immigration Practitioners oder auch Immigration Counsels.

Auch ein Immigrant wird unterschiedlich von den Ministerien bezeichnet. Das CIC bezeichnet ihn als Permanent Resident und die Arbeitnehmer, die vorübergehend in Kanada arbeiten, als Temporary Worker oder Foreign Workers / Executives and Professionals. Die Canada Border Services Agency (CBSA) benutzt hingegen das Wort „Settler". Darunter sind dann nicht nur die Immigranten, sondern auch Temporary Worker und Studenten, die mehrere Jahre in Kanada bleiben klassifiziert.

Können Übersetzungsprogramme helfen?

Jeder, der die Landessprachen nicht perfekt beherrscht, sollte prüfen, die Hilfe neuester Übersetzungsprogramme zu nutzen. Für eine erste Grobübersetzung ins Deutsche sind sie immer zu gebrauchen und sie unterstützen - wenn auch nicht perfekt - den eigenen Lernprozess, wenn man diesen selbständig machen muss. Selbst Übersetzer benutzen gedruckte Nachschlagewerke und die Hilfe des Internets, um die aktuellsten Worte und Bedeutungen zu finden. Man sollte aber bitte nicht „Babelfish" benutzen. (Siehe: Übersetzungsprogramme für Englisch)

Übersetzungsprogramme für Englisch

„Die englischen Sprachkenntnisse von 12.027 Studenten untersuchte das Deutsche Studentenwerk (16.Sozialerhebung, 2000, Frage 17). Ergebnis: 29 Prozent lesen und verstehen Englisch sehr gut, aber nur 11,8 Prozent bestätigen diese Fähigkeit im Bereich der jeweiligen Terminologie." stand in der FAZ vom 18. März 2005.

Beobachtet man die für Kanada wichtigen Foren, in denen Auswandern und Arbeiten die Hauptthemen sind, dann bemerkt man, wie schwer es den Teilnehmern oft fällt das Canada-English zu verstehen. Das beginnt mit der Frage wie dieser oder jener Beruf denn genau bezeichnet wird und endet bei der Klage, dass man wegen einer eigenen falschen Interpretation beim Permanent Residence Antrag abgelehnt wurde.

Natürlich haben die, deren Englisch sehr gut ist, dieses Problem nicht und wenn doch, dann wegen einer kanadischen Terminologie, die vom Britischen abweicht.

Aber auch für diese Gruppe ist nicht alles so einfach, wie ein Posting verdeutlicht: „Es ist wirklich schwierig sich auf der offiziellen Website der Einwanderungsbehoerde zurecht zu finden. Ich bin schier am verzweifeln weil ich nicht mehr weiss, was ich noch tun soll. Es faengt bei den einfachsten Dingen an, wie z.B. mein Beruf im Englischen genau beschrieben wird. ... Also an meinen Englischkenntnissen liegt es nicht, ich sprech die Sprache fliessend und ohne Probleme, ... Ich verstehe die Website aber es ist alles so komplex, da wirste von einer Seite auf die andere gelinkt und dann wieder auf eine andere. Es ist einfach keine klare Linie drin und das ist das was mich so irritiert."

Dass für die meisten, die in der englisch Sprache noch nicht sattelfest sind, eines der derzeitigen Übersetzungsprogramme als Hilfsmittel für die Übersetzungen und für den eigenen Lernprozess sinnvoll sein kann, werden die sehr guten Sprachbeherrscher nur müde belächeln. Dass solche Computerprogramme aber effizient sind, wird von den Globalplayern der Industrie und des Handels längst akzeptiert. Sie setzen solche Programme bewusst für ihre Mitarbeiter ein, um die Kommunikation in Englisch rund um den Globus zu verbessern.

Diese Programme sind zwar immer noch nicht in allen Fällen 100-prozentig perfekt, aber ihre Trefferquote ist heute bereits erstaunlich hoch und die Übersetzungen machen fast immer Sinn. Die dann noch enthaltenen wenigen Ungereimtheiten kann jeder, der auch Deutsch kann, korrigieren und lernt dabei gleichzeitig weiter Englisch.

Für den Test des Programms „Personal Translator 2006 (PT2006)" von dem Unternehmen linguatec, München (www.linguatec.de) wurden Texte von Citizenship and Immigration Canada (CIC) für den Work Permit der Skilled Worker Class und zur Immigration benutzt. Beschrieben wird hier die Übersetzung von Englisch nach Deutsch. Das Programm gibt es auch für Französisch - Deutsch - Französisch. Die Ergebnisse waren auch dort sehr ansprechend, aus Platzgründen werden nur die von Englisch nach Deutsch vorgestellt.

Das Programm basiert auf einer neuartigen Technik der Programmierung. Der Personal Translator 2006 ist das erste Übersetzungssystem mit Hybridtechnologie die auch mit dem Begriff „neuronaler

Transfer" bezeichnet wird. Vereinfacht ausgedrückt, das Programm erkennt mehrdeutige Worte auf Grund des Zusammenhangs im Satz oder im gesamten Text. Mehr zu der Technik kann man auf der Website www.linguatec.de erfahren. Hier ein Beispiel:

Original Text: *Eine neue Dichtung am Wasserhahn sollte daher schnell Abhilfe schaffen, falls es tropft. Tropft es jedoch einmal mitten in der Nacht, so dass Sie um Ihren Schlaf gebracht werden, binden Sie einen Bindfaden an den Hahn, der bis zum Abfluss reicht. Das Wasser kann dann ganz leise an dem Faden ins Becken fließen.*

Der neue PT2006: *A new seal at the water tap should therefore take remedial action fast if it drips. If it drips, however, once in the middle of the night so that you are deprived of your sleep, you tie a string to the tap which reaches the drain. The water then can flow quite quietly at the thread to the basin.*

Das alte PT2004: *A new **literature** at the water tap should therefore take remedial action fast if it drips. If it drips, however, once in the middle of the night so that you are deprived of your sleep, you tie a string to the **rooster** which reaches the drain. The water then can flow quite quietly at the thread to the **pelvis**.*

Rooster - der Hahn auf dem Hühnerhof
Pelvis - Teil des Körpers
Literature - alles vom Gedicht bis zum Schmöker

Fairerweise muss man aber sagen, dass es nicht immer so perfekt funktioniert, wie in diesem Beispiel. Mit dem Wort Wirtschaft hat das Programm beispielsweise Probleme. Auch wenn im Wörterbuch die verschiedenen Bedeutungen aufgezeichnet sind: Pub, Business World und Economy, weigert es sich standhaft Wirtschaft in Pub zu übersetzen, auch wenn der Zusammenhang klar ist.

Eine andere Fehlerquelle ist der Mensch. Wenn im kanadischen Text „work force" steht, was als „Arbeitsgewalt" übersetzt wird, dann ist das falsch geschrieben. Richtig müsste es „work-force" heißen, was dann als „Belegschaft" übersetzt wird. Hier stößt das Programm auf Hürden, die auch derzeit ein neuronaler Transfer nicht auf Anhieb bewältigt. Denn auch diese Übersetzung trifft nicht genau den Sinn der Worte: to enter the Canadian work force. Gemeint ist ja „in die kanadische Arbeitswelt einzutreten" (entering the Canadian working world).

An diesem Beispiel lässt sich sehr gut aufzeigen, wie ein solches Programm beim Lernen der Sprache helfen kann. Wenn der Sinn für uns unlogisch ist, können wir mit Hilfe des Programms nach der richtigen Lösung suchen. Das Wörterbuch im Hintergrund ist dabei eine ausgezeichnete Hilfe. Hier ist der gesunde Menschenverstand des Nutzers gefragt und seine Bereitschaft sich mit der Sprache auseinander zu setzen, um sie eines Tages besser zu beherrschen. Der nächste Satz wurde von einem Ehepaar nicht ernst genommen - ihr Antrag auf Permanent Residence wurde darum abgelehnt. Die Frage ist auch ob sie ihn überhaupt genau gelesen haben.

Who should take the test? (Den Selbsttest zur Punktebewertung)
You should take this test to help you decide if you want to apply as a Skilled Worker. If you are married or in a common-law relationship, you should both take the test to see who scores the most

points. The person with the most selection points should apply as the principal applicant.

Die Übersetzung ohne Veränderung

Wer sollte den Test nehmen?
Sie sollten diesen Test brauchen, um Ihnen zu helfen, zu entscheiden, ob Sie sich als Facharbeiter bewerben wollen. Wenn Sie verheiratet sind oder in einer Gewohnheitsgesetzesbeziehung Sie sollten, brauchen beide den Test, um zu sehen, wer am meisten Punkte erzielt. Die Person mit den meisten Auswahlpunkten sollte sich als der Hauptbewerber bewerben.

Nun die Übersetzung mit einigen Änderungen und Streichungen (kursiv).

Wer sollte den Test nehmen (machen)?
Sie sollten diesen Test brauchen (nützen), um zu entscheiden, ob Sie sich als Facharbeiter bewerben wollen (können). Wenn Sie verheiratet sind oder in einer Gewohnheitsgesetzesbeziehung (Lebensgemeinschaft) (leben), (sollten) beide den Test (machen), um zu sehen, wer am meisten Punkte erzielt. Die Person mit den meisten Auswahlpunkten sollte sich als der Hauptbewerber bewerben.

Der letzte Satz ist entscheidend und braucht nicht korrigiert zu werden, um ihn zu verstehen. Nur das „der" ist auch als „die" zu lesen, denn „The person" ist in diesem Satz sowohl feminin wie maskulin. In der traditionellen Welt ist allerdings nicht immer bekannt, dass die Frau die meisten Punkte erzielt. Den Kanadiern im Immigrations-Ministerium ist dies aber wohlbekannt.

Ein weiterer Satz, der extrem wichtig ist:
Note: There is no guarantee that you will find work in your preferred occupation.
Hinweis: Es gibt keine Garantie, dass Sie (die) Arbeit in Ihrem bevorzugten Beruf finden.

Und die Übersetzung lässt keinen Zweifel was da gemeint ist - nur ein Wort braucht man zu streichen (die), um absolut klar zu sehen, was CIC da sagt. Insgesamt waren die Übersetzungen eindeutig und mit etwas Korrektur hier oder da die Texte gut zu verstehen.

Wer nur mäßig englisch oder französisch kann sollte unbedingt ein solches Programm nutzen, um selbst heraus zu finden was die Kanadier genau sagen. Die Anfragen und später die Klagen in den Foren zeigen deutlich, dass der Mangel an Sprachkenntniss das größte Hindernis ist, um nach Kanada zu kommen und dort Erfolg zu haben. Die vielen wilden Stories über Immobiliengeschäfte bestätigen dies ebenfalls.

Sprache lernen wie ein Kind

Kinder lernen so leicht eine Sprache, dass Ältere darauf nur neidisch sein können. Eines der Geheimnisse könnte ja sein, dass sie konzentriert Acht geben! Sie versuchen nicht gleichzeitig zu sprechen, wenn ihnen aus einem Kinderbuch vorgelesen wird. Denn sie lesen ja mit - auch wenn sie noch nicht wirklich lesen können.

„Was hat das für einen Informationswert, wenn ich mich heute als Immigrant auf die Übersiedlung nach Kanada vorbereite?" eine berechtigte Frage für den, der seinen Master in England oder USA machte. Aber im Gegensatz zu ihm finden heute beispielsweise Handwerker, Techniker, LKW-Fahrer und Friseure meistens leichter einen Job in Kanada als Akademiker. Laut Aussagen in den verschiedenen Foren und den Infos im Internet. Die Männer und Frauen mit diesen Berufen können aber in den meisten Fällen nur auf ein Schulenglisch zurückgreifen, das selbst bei Abiturienten knapp ausreicht, um zu Beginn alltägliche Situationen zu meistern. Daneben ist die Sprache auch oft eingerostet, da sie so selten oder nie nach der Schule genutzt wird. Berufliche Schranken sind durch die fehlende Sprachkenntnis also voraus zu sehen.

Viele Auswanderer nutzen die Zeit vor der Immigration, um Englisch in Kursen an der Volkshochschule, bei Berlitz oder wo auch immer zu lernen. Diese Kurse dauern üblicherweise eine Stunde oder auch zwei pro Tag in einer Woche und danach ist man wieder alleine zu Hause. Und dann? Wer spricht einem die Texte zu Hause vor? Wer wiederholt ein Wort oder einen Satz so oft, dass man ihn versteht und nachsprechen kann? So wie auch Kinder immer wieder Worte und Sätze wiederholt hören wollen. Was Eltern meistens nervt und zu den Befehlen verleitet: „Sei ruhig! Frage nicht so viel!"

Da gibt es für uns Erwachsene einen Partner der nicht so „faul" ist, wie die oben zitierten Eltern. Das ist der Computer - wer sonst - mit seinen Sprachprogrammen, die heute hervorragend Texte aller Art und aus allen beruflichen, alltäglichen oder auch politischen Bereichen vorlesen können. So wie die gute Märchentante - die liebe Oma - den Enkelkindern immer wieder die gleichen Märchen vorliest, so tut dies auch der Computer ohne Murren. Er tut es für Erwachsene und Kinder in derselben Weise.

Besonders effektiv ist ein solches Programm, wenn man über Distance Learning / Fernstudium sich auf lizenzierte Berufe in Kanada vorbereitet. Oft erwähnt ist das „baffling jargon" der Anglo-kanadier in den berufsspezifischen Ausdrücken und Redewendungen. Aber auch die Berichte aus den Zeitungen der zukünftigen Heimat lassen sich damit vorlesen, sowie auch die Briefe von Brief-freunden. Gerade das letztere dürfte für Kinder und Jugendliche ein Ansporn sein, mit Kanadiern eine Brieffreundschaft zu beginnen, um sich besser auf die Übersiedlung vorbereiten zu können.

Aber auch Erwachsene können gut von diesem Programm profitieren. Es ist ja kein Problem eine der Internet-Tageszeitungen, wie beispielsweise aus Manitoba im Internet zu lesen. Und wenn dort die folgende Schlagzeile steht: „ *Red-hot construction industry helps to push Manitoba's economic growth* ", kann man den dazu gehörigen Text kopieren und in das Program Voice Reader einsetzen. In diesem Fall besagt die Schlagzeile frei übersetzt: *Die Bauindustrie (in Manitoba) boomt und darum wächst die Wirtschaft in Manitoba. (Und das schafft Arbeitsplätze für Immigranten.)*

Solche Tageszeitungen sind beispielsweise:
Winkler, Manitoba: www.winklertimes.com
Brandon, Manitoba: www.wheatcityjournal.ca
www.winnipegfreepress.com
www.winnipegsun.com/News/home.html

Da diese Programme einen Text nur in der Originalsprache vorlesen, haben sie so gut wie keine Probleme mit den englischen Worten und deren Aussprache. Anders bei Übersetzungsprogrammen, wo man doch oft die Texte da und dort korrigieren muss. Derzeit schneidet als eines der besten Programme in den Tests das Programm „Voice Reader" von linguatec GmbH, München ab (www.linguatec.de). Ob in der Computerwoche, bei Stern Online oder im PC Magazin, die Tester sind überrascht von der Qualität der vorlesenden Stimmen und der Leichtigkeit mit der das Programm zu bedienen ist.

Interessant ist aber auch die deutsche Version. Sie kann dazu dienen, dass die Kinder in Kanada weiterhin gutes Deutsch hören und sich deutsche Bücher und Texte vorlesen lassen können. Das ist vor allem bei jüngeren Kindern wichtig, wenn diese weiterhin die Sprache behalten sollen. Eine zweite Variante ist der Nutzen für Kanadier, die Deutsch lernen wollen. Besonders in Regionen mit vielen deutschsprachigen Einwanderern, wie beispielsweise das Mennonite Country in Südmanitoba, hat dieses Programm für den Lernenden viele Vorteile. Einer der Vorteile ist, die Texte werden in Hochdeutsch gesprochen und man ist als englischsprachiger Kanadier in der Lernphase nicht nur mit den Dialekten der Immigranten konfrontiert.

Das Programm gibt es heute bereits in 11 Sprachen und es kommen weitere hinzu. Interessant für alle Kanadareisenden sind die Sprachen: Amerika-Englisch, Kanada-Englisch, Kanada-Französisch.

Voice Reader mit dem Übersetzungsprogramm Personal Translator 2006 Home kosten zusammen nur knapp über 100 Euro und man kann beide Programme auf www.linguatec.de testen.

Warnung

Da ich dieses Buch nicht im Auftrag von Businesses oder Regierungen schreibe, möchte ich zum Abschluss einige ergänzende Informationen über die andere Seite der Medaille weitergeben. Ich wiederhole mich, schreibe dies aber nochmals, um klar zu vermitteln: Es kann in Kanada auch bergab gehen - selbst wenn es in den ersten Wochen, Monaten und Jahren nicht danach aussieht.

Zum Verdienst eines College Prof. mit Doktortitel schrieb dieser Deutschkanadier mit Bezug zu einer Diskussion in einem Forum über die Mindestlöhne in Kanada:

Re: MINDESTLOEHNE IN KANADA
Also, ich muss schon sagen, diese Mindestloehne reichen niemals, um einen Lebensunterhalt zu verdienen bei diesen Preisen hier. Die sind gerade mal gut genug, damit Teenager etwas Zubrot verdienen koennen, um ihre Autos wenigstens tanken zu koennen. Wer arbeitet denn bei McDonalds? Nur junge Leute, genauso an den Kassen der Supermaerkte. Alles junge Leute, meistens High School Schueler. Soweit mal das.

Ich rechne mich eigentlich zum Mittelstand. Ich kann mir weder ein teures Auto noch einen teuren Urlaub leisten und bin College Prof. mit Doktortitel! Ohne meinen Zusatzverdienst, mit meinem Labor, koennte ich nicht einmal mein Haus halten. In den meisten Haushalten in Kanada (jedenfalls bei den unteren Schichten) arbeiten beide Eltern, um sich ihren einigermassen Lebensunterhalt verdienen zu koennen. Dazu meistens die etwas aelteren Kinder mit den bereits erwaehnten Jobs.
Dr. Tom - Tue, 30 May 2006 15:08:03 -0400

Zu der Begeisterung der Handwerker und Truck Driver, die mit einem begrenzten Work Permit von 1 Jahr nach Kanada gehen, meint ein Handwerker in einem anderen Forum:

hallo an alle,
nachdem wir jetzt wieder aus ca zurück sind haben wir uns die SAT1 beitraege im internet angesehen. sieht ja alles ganz gut aus, was uns aber gefehlt hat waren wichtige infos zu den arbeitsbedingungen und methoden. war alles ziemlich oberflaechlich.

z. b. ist es wichtig wenn man als handwerker sein eigenes handwerkzeug mitbringen und benutzen muss. des weiteren ist man fuer den eigenen und den transport der werkzeuge zur baustelle selbst verantwortlich. d. h. das du je nach job ein mehr oder weniger grosses fahrzeug brauchst.

bei meinen 8 jobangeboten war es so, das ich bei sieben mein eigenes werkzeug haette haben müssen. da der transport von de nach ca ziemlich teuer ist und der strom anders ist, haette ich mir fast alles neu kaufen muessen. waeren in meinem fall an die 4000 $ an werkzeugen und akkubetriebenen handmaschinen gewesen. habe aber einen arbeitgeber gefunden, der mir das werkzeug als „wellcome to my company" schenkt.
novum99

Dieses Problem, dass der Facharbeiter sein eigenes Werkzeug mit zur Arbeit zu bringen hat, gibt es praktisch in allen Berufzweigen von Handwerk und Industrie. Jeder hat dies sehr genau beim Abschluß seines Arbeitsvertrages zu erfragen, um nicht mit weiteren Kosten belastet zu werde.

Ebenfalls sind Berichte von begeisterten Dachdeckern, Schweißern und anderen zu lesen, die berichten, dass sie zwischen 20 $ CAD und 30 $ CAD als Stundenlohn erhalten werden. Nichts gegen diese Begeisterung, aber man sollte als Dachdecker daran denken, dass der Winter in Kanada von Mitte Oktober bis Ende April dauern kann - auch wenn es so in diesem Jahr nicht war. Das heißt aber, wer nicht arbeitet erhält auch kein Geld. Selbst wenn ein garantierter Arbeitsvertrag abgeschlossen wurde, kann dieser immer mit einer Kündigungsfrist von 14 Tagen vom Boss beendigt werden. Und dann steht der Herr Handwerker im Winter ohne Arbeit da und von was lebt er in dieser Zeit? Hat er dann bereits genug Stunden gearbeitet, um Arbeitslosengeld zu erhalten? Der Schweißer und andere haben erst einmal ihre Prüfungen in Englisch zu bestehen, und was ist wenn diese auch nach dem dritten Mal wegen fehlender Sprachkenntnisse nicht bestanden werden? Das betrifft natürlich nicht nur Handwerker, dies betrifft alle Skilled Worker, die als Temporary Worker nach Kanada kommen und ebenso auch Permanent Residents.

Es findet gerade jetzt eine Diskussion unter Kanadiern darüber statt, wieso bei der niedrigsten Arbeitslosigkeit seit über 30 Jahren, viele Familien immer noch nicht auf den Grünen Zweig kommen. Zwei Stimmen von Workers in dieser Diskussion:

Unemployment may be low but most jobs are being offered now are contracts, which offer no benefits, holidays or stability. I'm 30 and haven't had a full-time job in 8 years because companies don't offer full-time employment to IT people any more. Two tier, second-class employees are now commonplace in the work force.
Aaron Barrett, Vancouver

Also meistens werden nur Zeitverträge ohne Renten- und Urlaubsansprüche und natürlich ohne jede Sicherheit auf eine Verlängerung angeboten. Wir sprechen hier von Vancouver, der Traumstadt Kanadas und dieser junge Mann, ein Kanadier mit IT-Ausbildung erhält keinen Full-Time Job! OK, es gibt Deutsche, die haben in der Region einen Full-Time Job in der Branche - aber auch nicht jeder Deutsche hat dort einen Job.

Having just been laid off after giving 3.5 years of my life on a temporary contract position, I'm now finding myself out pounding the pavement again. I know there are jobs out there, but most of them are low paying and no benefits.
Laura Feeney, Courtice, Ont.

Beide Zitate sind aus der Zeitung The Star, Toronto - Voices: Are they good jobs? Jun. 9, 2006.

Auch in Ontario hat sie praktisch keine Chance mehr einen gut, das heißt, regulär bezahlten Job zu finden. Das andere gute Jobs mit allen Vorteilen einer Festanstellung finden oder haben ist natürlich positiv und berechtigt zum Optimismus.

Hier noch einige Stichworte aus den derzeitigen Diskussionen mit denen man in den entsprechenden Suchmaschinen der Zeitungen immer wieder aktuelle Artikel findet. Auch mit der Hilfe von Google findet man mit diesen Suchworten viele Informationen:

Canada Unemployment
Canada poverty line
Canada food bank
Canada child poverty
Canada - Poverty
Canada low income
hunger crisis in Toronto
Canada's homeless people
Did you know that almost a third of Canada's homeless populations are 16-24 year-olds? That's
about 65.000 young people without a place to call home.

Trotz dieser Warnung habe ich zu sagen: In Kanada kann man - aber nicht jeder - seine Chance für
ein besseres Leben finden, wenn man hart arbeitet und geistig plus körperlich gesund bleibt.

Marktsättigung auf dem Jobmarkt

Wenn jedes Jahr rund 20.000 Ingenieure nach Kanada einwandern, zusätzlich jedes Jahr 5.000 Studenten aus den kanadischen Universitäten auf den Arbeitsmarkt drängen, dann ist dieser Markt
einfach ab Zeitpunkt X übersättigt. Dass man es darum in Kanada sehr schwer hat einen Arbeitsplatz
in diesem Berufszweig zu finden ist normal. Warum aber immer noch Ingenieure und andere Fachkräfte aus dem Ausland gesucht und eingestellt werden - zu deren Glück - ist eine der Fragen zu der
es keine klare Antwort gibt.

Saison-Arbeit

Diese Marktsättigung gibt es auch bei anderen Berufen und sie ist dann unter dem Stichwort Saison-
Arbeit einzustufen. Wenn Kanadier im Januar in Scharen nach Deutschland und Europa kommen,
um Arbeitskräfte anzuwerben, dann hat das mit Saison-Arbeit zu tun! Ob auf dem Bausektor oder
in anderen Bereichen: der Frühling startet ab April oder Mai und dann muss 60 oder mehr Stunden
pro Woche geschuftet werden. Ab Oktober kann jederzeit der Winter einsetzen (je nach Region) und
dann ist Pause. Man hat also in sehr vielen Berufen in der Sommer-Saison sein Geld zu verdienen,
um damit über den Winter zu kommen. Dies ist in Kanada in vielen Berufen Tradition und Immigranten sowie Temporary Worker sollten dies einkalkulieren. Das Zitat von A.E. Johann im Vorwort
beschreibt dies besonders gut.

Arbeitslos trotz Arbeitsvertrag

Ich zitiere hier ein Posting von Juli 2006. Dieses Problem wird immer wieder berichtet und man
sollte sich darum frühzeitig und intensiv darum kümmern. Wenn man bei der eigenen Firma nicht
weiterkommt, dann sollte man sich lieber schnellstens eine neue suchen. In diesem Fall hätte der
Mann nach der Heirat Ende Mai sofort CIC informieren und in der Family Class das Programm
„Sponsorship" starten sollen. Die „Schnarchnasen" waren nicht die Officers bei CIC oder HRSD,
sondern er selbst war die „Schnarchnase"- typische Haltung ein Problem abzuwälzen. Hier sein
Posting im Original:

Hi an alle,

mal was zum nachdenken und zum merken an alle die mit WP da sind.

meine WP ist zum 1.July 2006 abgelaufen, ich habe meinen arbeitgeber schon ende April darauf hin gewiesen das wir eine neue LMO brauchen. Antwort: ja, ja das hat noch zeit!

So ich habe dann irgendwann im May meinen antrag auf verlaengerung ausgefuellt und an unsere secretaerin gegeben. aber eine LMO war bis da noch immer nicht bestellt. irgendwann ende mai hat die dumme tippse meinen antrag OHNE das LMO eingesendet und mir gesagt das alles eingesendet ist. nun war der 1. Juli und meine WP war nicht mehr gueltig. anruf beim CIC und ---> sie koennen immer solange arbeiten wenn die application eingereicht ist bis sie nachricht von uns bekommen. OK ich war beruhigt. Dann kam der freitag der 14. Juli, nach der arbeit heim, da wartete schon meine frau auf mich mit einem brief. IHRE WP WURDE ABGELEHNT WEIL DIE LMO GEFEHLT HAT! bitte verlassen sie das land in den naechsten tagen freiwillig!

BUMM SCHOCK wie jetzt??? das ich mittlerweile mit einer Canadierin verheiratet bin wissen die ja vom CIC noch nicht weil das 2 tage nach dem einsenden des antrags stattgefunden hatte. (haette aber auch nichts genuetzt)

Mein chef ist halb gestorben als ich ihm das berichtet habe. so dann war wochenende und die schnarchnasen vom CIC nicht zu erreichen. so was nun??? am sonntag fuhr ich einfach mal an die grenze zur USA und fragte ganz einfach einen immigration officer. Ja sie muessen das land verlassen!!!!! AAAAAber sie koennen eine runde um die flagge machen und dann wieder zu mir kommen. gesagt getan rein ins auto und ueber die grenze in die USA. US immigration fragte was ich wollte und ich sagte ich muss mal ne runde um eure flagge drehen. mit einem laecheln im gesicht sagte sie mir ja ja die canadier mit ihren dummen regeln, komm mit rein ich gebe dir die papiere die du brauchst. gesagt getan nach 15 min in den USA reiste ich wieder nach Canada ein.

rein ins immigration buero und ran an den schalter, „Hi i'm back.“ (hallo ich bin zurueck) OK nun kann ich dir ein besuchervisa ausstellen dann kannst du wenigstens bei deiner frau bleiben und wenn du das LMO hast kommst du wieder her und du bekommst sofort dein WP.

Gut, das einzige an der sache ist das ich nicht arbeiten darf.

1. keine arbeitslosen unterstuetzung ohne WP. (ein witz)

2. keine sozialversicherungsnummer (SIN) ohne WP.

3. employmentservice darf nicht helfen ohne SIN.

4. employment standards weis nicht wer helfen kann

5. immigration minister Monte Solberg teilte mir am telefon mit das ich alles gemacht haette was moeglich ist und ich jetzt warten muesste. (auf das LMO)

HRSDC teile mir mit, dass es momentan bis zu 10 wochen dauert um eine LMO zu bekommen. also ich sitze momentan zuhause und warte auf die LMO. NUR SO ALS INFO FUER ALLE DIE AUF WP HIER SIND (gilt nur fuer klasse O, A und B, alle anderen muessen sowieso fuer 4 monate aus Canada raus). Da sollte Canada sich mal gedanken machen wie viel facharbeiter bei solchen regelungen und absicherungen noch kommen werden!!!!

LG aus Suedost Alberta

Inzwischen hat er einen neuen Work Permit. Dafür hat sein Boss alle Hebel in Bewegung gesetzt, die LMO in 2 Tagen erhalten, und nach einer erneuten Runde um die Flagge arbeitet er wieder.

Last but not least

Zuerst war er begeistert und half allen, die auch nach Kanada wollten - der Truck Driver Papaya, wie er sich in den Foren nennt. Da war er aber noch nicht in Kanada und glaubte den Versprechungen des Bosses und seiner Frau, beide Deutschkanadier. Die ersten Wochen waren auch OK, aber dann setzte die kanadische Realität ein. Statt sich nun aus den Foren zurück zu ziehen, wie es die meisten in solch einer Situation tun, berichtete er weiter über seinen Alltag in Kanada. Sein Thread wurde der meistgelesene im Forum des Kanada-Portals von cdn.de. Es gab von niemand sonst solch realistische Schilderungen über selbst erlebte Probleme. Papaya schreibt auch heute in verschiedenen Foren. Hier ein Text von ihm, den er in meinem Blog postete, und der die wichtigsten Probleme kurz beschreibt. Wohlgemerkt, dass war bei seinem ersten Arbeitgeber, denn inzwischen hat er neue Arbeit bei einem besseren Unternehmen gefunden und nun geht es ihm in Kanada gut.

Der Text von Papaya:

Nun. Das hat ja nichts mit dem Land Kanada zu tun. Sondern mit den Bossen an sich. Mit allen moeglichen Tricks versuchen die einen zu binden oder auch los zu werden. Wundern sich dann aber, dass der Ruf des Unternehmens am Boden ist. Andere Firmen wundern sich aber, dass viele in Europa nicht nach Kanada wollen, weil diese Horrormaerchen von Kanada und den „tollen" Arbeitgebern im Umlauf sind. Mit vielen Besuchen bei Truck-Shows und erheblichen Kosten, wird versucht, fuer eines der groessten Unternehmen in dieser Branche den ein oder anderen Arbeiter zu finden.

Darum verstehen viele die Welt nicht mehr. Fachkraefte werden gesucht. Aber dann wird so mit ihnen umgesprungen. Wer den Namen meines Ex-Betriebes erwaehnt, der spricht absolut abwertend. Und die wichtigen Personen in der Ex-Firma kehrt es einen Dreck was man so hoert. Was mich am meisten aufregt sind die Dinge die man mal einfach verschweigt.

WP nur fuer ein Jahr. „Oh. Sorry. Wir duerfen das nur ein Jahr machen. Wir haben keine Licence!" PR Antrag stellt die Firma nach spaetestens 6 Monaten: „ Oh. Sorry. Wir muessen erst einmal die Licence dafuer beantragen, dass wir PR-Antraege stellen koennen!" Das sind Dinge, wo ich sagen muss: „Hey! Aber Hallo! Macht man das nicht im Vorfeld?"

Wie wuerde es einem Arbeiter in DE gefallen, wenn er auf seinen Arbeitsplatz kommt und dann gesagt bekommt: „Hallo. Schoen das du da bist. Dein Arbeitsmaterial kommt in 3 Monaten. Und so lange gibt es kein Geld. Geh mal solange Kaffee trinken." Eh, Hallo? Geht's euch noch gut?

Spricht man das kanadische Arbeitsamt darauf an, dann bekommt man ein echtes (denke ich jedenfalls) Sorry. Wo bleibt da die Ueberpruefung der Unternehmen die Licencen erhalten? So nach 30, 60, 90 Tagen? Antwort? „Oh. - Das ist eine gute Idee!" Mhmmm... Also. Abenteuer Kanada - die etwas andere Seite.

Holger Messner, Edmonton

Träume sollte man verwirklichen

So steht es immer wieder als Wahlspruch in den Signaturen von Mitgliedern der Foren-Gemeinschaften. All das Negative, dass ich in diesem Buch beschreibe, sollte niemanden abschrecken seine Träume zu realisieren. Diese Informationen dient dazu die Realitäten zu erkennen, die Fallen rechtzeitig zu sehen und darum auf der Basis guter Entscheidungen zum rechten Zeitpunkt richtig zu handeln.

Ich kann mir vorstellen, dass jemand geschockt ist, nachdem er das Buch gelesen hat. Soviel Bürokratie, soviel Englisch und das in Kanada, wo doch die Landschaft so schön ist. Nun gut, daran kann ich nichts ändern.

Das Buch soll helfen die Träume zu realisieren. Aber diese Träume haben auf dem Boden eines Landes Wirklichkeit zu werden, das zum Teil noch Pionierland ist, sich aber zum anderen Teil fest in der Hand von Bürgern befindet, die sich auf ihre Tradition berufen. Mit dieser Tradition hat sich jeder „Fremde", der dieses Land zur neuen Heimat erkoren hat, auseinander zu setzen. Und das ist nicht immer leicht.

Der Vorteil von Kanada ist, dass man dort tatsächlich eine Chance hat, sein Glück zu machen. Wie man Glück definiert ist eh abhängig von den eigenen Wünschen, Ideen und Bedürfnissen, also recht unterschiedlich.

Ein weiterer Vorteil ist, dass die meisten Menschen dort tatsächlich hilfsbereit sind, wie in den alten Tagen der Pioniere. Auch die Bürokraten sind zuerst einmal freundlich und hilfsbereit.

Ob das so bleibt, die Freundlichkeit und Hilfsbereitschaft, hängt von jedem selbst ab. Ob auch die Chance genutzt wird, dass entscheidet jeder selbst.

Link Liste

Deutsche Foren
http://kanadamailing.cdn.de/
www.thecanadian.de
www.pagetools.de/cgi-bin/forenserver/foren/F_1316/cutecast.pl
http://groups.yahoo.com/group/zweipaesse/ - Doppelte Staatsbürgerschaft
http://ca.groups.yahoo.com/group/DeutscheInCalgary/
http://german.meetup.com/16/

Englische Forum
http://britishexpats.com/forum/forumdisplay.php?s=&forumid=56
http://groups.google.com/group/misc.immigration.canada?hl=de&lr=&ie=UTF-8
http://www.easyexpat.com/montreal_en.htm
http://www.newwinnipeg.com/cgi-bin/yabb/YaBB.cgi - New Winnipeg Forums
http://www.talkon.ca/forum/index.php - Canadian Forum

Französisches Forum - Québec
http://www.immigrer.com/ - Informationsseite in Französisch mit Forum
http://groups.yahoo.com/group/immigrationquebec/ - Forum in englisch zu Quebec

Regierung und Organisationen in Kanada
Government of Canada - www.canada.gc.ca
Government of B.C. - www.gov.bc.ca
Government of Alberta - www.gov.ab.ca
Government of Saskatchewan - www.gov.sk.ca
Government of Manitoba - www.gov.mb.ca
Government of Ontario - www.gov.on.ca
Government of Quebec - www.gouv.qc.ca
Government of New Brunswick - www.gov.nb.ca
Government of Nova Scotia - www.gov.ns.ca
Government of P.E.I. - www.gov.pe.ca
Government of Newfoundland and Labrador - www.gov.nf.ca
Government of Yukon - www.gov.yk.ca
Government of Northwest Territories - www.gov.nt.ca
Government of Nunavut - www.gov.nu.ca
Citizenship and Immigration Canada - CIC - www.cic.gc.ca
Québec: http://www.immq.gouv.qc.ca/anglais/index.html
www.cic.gc.ca/cic-index/english/e.html - Erklärung der Worte, die CIC nutzt.
HRSD - www.hrsdc.gc.ca
NOC Liste - http://www23.hrdc-drhc.gc.ca/2001/e/generic/welcome.shtml
Service Canada - http://www.servicecanada.gc.ca
Health Canada - www.hc-sc.gc.ca
Canada Revenue Agency - www.cra-arc.gc.ca
Transport Canada - www.tc.gc.ca
Company, business, and industry information - http://strategis.ic.gc.ca/

Small Business Canada page - html//sbinfocanada.about.com
The Canadian Human Rights Commission - www.chrc-ccdp.ca/default-en.asp
Canada Border Services Agency - www.cbsa-asfc.gc.ca/menu-e.html

Botschaften - Konsulate der Kanadier
www.canada.de - http://www.dfait-maeci.gc.ca/canada-europa/germany/
http://www.dfait-maeci.gc.ca/canada-europa/austria
http://www.dfait-maeci.gc.ca/canada-europa/france

Deutsche Botschaft in Kanada und Organisationen
Deutschen Botschaft in Kanada - http://www.ottawa.diplo.de/de/Startseite.html
Konsulate - www.montreal.diplo.de - www.toronto.diplo.de
Deutsch Kanadische Gesellschaft e.V. - http://www.dkg-online.de/
Deutsch-Kanadische Industrie- und Handelskammer - www.germanchamber.ca/german
Goethe-Institute in Kanada - Montréal www.goethe.de/ins/ca/mon/deindex.htm
Ottawa - www.goethe.de/ins/ca/ott/deindex.htm - Toronto www.goethe.de/ins/ca/tor/deindex.htm
The Canadian German Lawyers Association - www.cgla.org/canada/canada.htm
Rente - www.deutsche-rentenversicherung.de

Internationale Beraterfirmen
KPMG - international business costs - 2006 - www.competitivealternatives.com
Ernst & Young - www.ey.com/global/content.nsf/Canada/Home
UBS-Studie „Preise und Löhne" 2006 - http://www.ubs.com/1/g/index.html

Settlement Organizations
www.settlement.org - www.a-better-chance.org - www.canada-for-you.com
Siehe dazu auch die Informationen und Links auf der Webseite von CIC.

Anerkennung ausländischer Berufsausbildung und Diplome
The Canadian Information Centre for International Credentials (CICIC) - www.cicdi.ca
Anerkennung von Abschlüssen zum Studium in Kanada - http://www.cicdi.ca
Anerkennung von Abschlüssen zur Berufsausübung in Kanada - www.cicdi.ca
CIC - Assessment of your credentials - www.cic.gc.ca/english/skilled/work-3.html

Jobs
www.jobfutures.ca - www.jobbank.gc.ca - www.jobsetc.ca - www.tradesecrets.org
http://www.jobbank.gc.ca/Search_en.asp
www.workinfonet.ca - www.workdestinations.org
Regionale Jobs - http://lmi-imt.hrdc-drhc.gc.ca/standard.asp?pcode=lmiv_main&lcode=e
www.Monster.ca - www.Workopolis.com - www.ca.manpower.com/cacom/index.html
The Construction Sector Council CSC - http://www.csc-ca.org
Christian Labour Association (Gewerkschaften) - www.clac.ca
Altantic provinces - www.careerbeacon.com/index.html
Trucker Magazin - http://highwaystarmagazine.com
Workers on Organic Farms -www.wwoof.ca/canada/homecanada.html
Farm Business Communications - www.agcanada.com

Green Industry jobs - www.hortjobs.com
The Horticultural Portal - www.hortport.com/
Für Praktikanten in Landwirtschaft, Gartenbau und Hauswirtschaft - http://iaea.de/index.html

Berufsausbildung in Kanada
Listing - www.edu.gov.on.ca/eng/general/list/college.html
Listing - www.edu.gov.on.ca/eng/training/tr_overview.html
The Canadian Centre for Environmental Education - http://www.ccee.ca/
Environmental Careers Organization - www.cchrei.ca/
Karriere - sehr gute Seite - www.bced.gov.bc.ca/careers/planning/
www.skillscanada.com - www.careersintrades.ca - www.csc-ca.org
Skilled trades - Red Seal certification - Gold Seal
Apprenticeship - www.apprenticetrades.ca
Institute of Technology: www.nait.ca - www.sait.ca

Informationen für Ärzte und Heilberufe
www.healthmatchbc.org - http://rpap.ab.ca/ - http://www.mdopportunity.org -
http://web3.gov.mb.ca/healthcareers - www.pairoregistry.com

Relocation / Umzug
Welcome to Canada - http://canadainternational.gc.ca
Mietrecht in Ontario mit Links zu den Provinzen - http://www.ontariotenants.ca
Canadian Relocation Systems - http://www.relocatecanada.com
Mietangebote - Suchworte: Canada rent / apartment rentals und Name der Stadt
www.rentcanada.com - www.homerent.ca - www.rentfaster.ca
Mietangebote in Calgary und Edmonton
http://www.sublet.com/State_Rentals/Canada_Rentals.asp
Suchworte: Canada
Informationen über Kredite in Kanada - http://www.tuscores.ca
Liste zum Hauskauf von See zu See - http://www.mls.ca/map.aspx
MLS®, Multiple Listing Service®.
Eine alternative Informationsquelle zu MLS - http://www.remax-oa.com
Insurance Bureau of Canada - www.ibc.ca

Schulen - Universitäten
Bildungsministerien in Kanada - www.cmec.ca/educmin.stm
Distance Learning - www.mtroyal.ab.ca/distance.shtml
www.learn4good.com/distance_learn/distance_learn_canada.htm
http://www.algonquincollege.com/
The Canadian Bureau for International Education   www.cbie.ca
Office of Learning Technologies - http://olt-bta.hrdc-drhc.gc.ca
Learning and Literacy Directorate - www.hrdc-drhc.gc.ca/hrib/learnlit/lld.shtml
CanLearn Interactive - www.canlearn.ca
Canadian learning resources - www.hrdc--rhc.gc.ca/common/learn.shtml
Advanced Education & Career Development - www.aecd.gov.ab.ca
Canada career consortium - www.careerccc.org

Association of Universities and Colleges of Canada - www.aucc.ca
Association of Canadian Community Colleges - www.accc.ca
Canada's schoolnet - www.schoolnet.ca - Rescol canadien - www.rescol.ca
www.studycanada.ca - www.cecnetwork.ca
Jurastudium in Kanada- www.cgla.org
Association of Canadian Medical Colleges- www.acmc.ca
Association des facultés de médecine du Canada - www.afmc.ca
Zentrum kanadischer Universitäten - www.cuc-berlin.org
Programmen zwischen Kanada und Deutschland. - www.hochschulkompass.de
The Career Education Sourcebook - www.careereducationsource.ca
Links und Infos zum Bildungssystem - www.livelearnandsucceed.gc.ca

Zeitungen
The Canadian Newspaper Association - http://www.cna-acj.ca
Englische Presse: www.macleans.ca - www.theglobeandmail.com - /www.thestar.com/
- www.canoe.ca/Canoe/SunMedia/ - www.canada.com
Französische Presse - www.cyberpresse.ca - www.ledevoir.com - planete.qc.ca/
Link-Liste - http://www.metagrid.de/Zeitungen/USA_&_Kanada/_Kanada/
The Sports Network - http://www.tsn.ca/
Canadian Business Online - www.canadianbusiness.com/index.asp
IDG Network - Computerworld - www.itworldcanada.com
Craigslist - Vancouver - Calgary - Montreal - Halifax - Quebec.craigslist.org/

Etcetera
Uni Augsburg - www.uni-augsburg.de/institute/kanada/ks-links.shtml
Studien - www2.phil.uni-sb.de/fr/romanistik/IK/nachwuchsforum/faq.php?lg=DE
Steuer Welteinkommen - http://www.cra-arc.gc.ca/menu/LBA-e.html
Automobile Association - Stichwort: DRIVING COSTS 2005 - www.caa.ca
Gebrauchswagen - www.canadatrader.com/search/advancedsearch.aspx
Führerschein in Manitoba mit Infos zum Air-Brake-Test - www.mpi.mb.ca
Alles über Autos - http://autonet.ca/autonetstories/home.cfm
FREE online insurance quotes - http://www.kanetix.ca
Alternative Webseite zur Immigration - http://witchweb.net/immigration/
Online Telefonbuch - http://findaperson.canada411.ca/
Business Search - http://www.yellowpages.ca/searchBusiness.do
Geldwechsel Rechner - http://www.oanda.com/
Umweltschutz in Kanada für Kinder - http://www.earthrangers.ca/home.php
EarthquakesCanada website - http://earthquakescanada.nrcan.gc.ca
The Canadian Encyclopedia - http://www.thecanadianencyclopedia.com/inde
Virtual Museum Kanada -Geschichte Kanadas und der Einwanderung
http://www.virtualmuseum.ca/Exhibitions/Migrations/english/index.html
Brauereien in aller Welt / Breweries in all over the world - www.bierseite.de
Weissbier - www.whitebeertravels.co.uk/montreal.html
Link-Liste - http://iaea.de/applicants_and_interests/link_can.html
Royal Canadian Geographical Society - http://canadiangeographic.ca/atlas

Language Dictionaries and Translators

www.word2word.com/dictionary.html - www.leo.de - www.linguatec.de
Übersetzungen mit Google - http://www.google.de/language_tools?hl=de
TEF Sprachtest - http://www.fda.ccip.fr/
IELTS Sprachtest - http://www.cdc.de

Lebenshaltungskosten

www.sobeys.ca - www.safeway.com - www.walmart.ca - www.canadiantire.ca - www.zellers.ca
www.rona.ca - www.ikea.ca - www.homedepot.ca - www.saveonfoods.ca - www.superstore.ca
www.futureshop.ca - www.superstore.ca/west

Negative Meinung zu Kanada

http://www.notcanada.com/ - http://www.canadaimmigrants.com/forum.asp

In Kanada übliche Abkürzungen

CAD	Kanadischer Dollar
CHC	Canadian High Commission
CIC	Citizenship and Immigration Canada
AOR	Acknowledgement of Receipt
PPR	Passport Request
RPRF	Right of Permanent Residence Fee
ROLF	Right of Permanent Landing Fee
PNP	Provincial Nominee Program
PR	Permanent Resident
CAIPS	Computer Assisted Immigration Processing System
HRSD	Human Resources and Social Development
SIN	Social insurance Number
AHCIP	Alberta Health Care Insurance Plan
BCMSP	British Columbia Medical Services Plan
OHIP	Ontario Health Insurance Plan
MCP	Medical Care Plan
CRA	Canadian Revenue Agency
MRQ	Ministère du Revenu du Québec
GST	Goods and Service Tax
HST	Harmonized Sales Tax
PST	Provincial Sales Tax
CCTB	Canada Child Tax Benefit
EI	Employer Insurance
CPP	Canada Pension Plan
CLHIA	Canadian Life and Health Insurance Association
GTA	Greater Toronto Area
CAA	Canadian Motor Association
GDLP	Graduated Driver Licensing Program
RCMP	Royal Canadian Mounted Police

Schlusswort

Ich überlasse A. E. Johann, denn ich als einen der besten Kenner des früheren Kanadas schätze, das Schlusswort zu diesem Buch. In seinem Buch „Grosse Weltreise", 1955, C. Bertelsmann Verlag schrieb Johann diese Zeilen:

„So bleibt das große Kanada, was es war:
... ein hartes Land, in das nur Leute gehen sollten, die ein hartes Leben nicht nur ertragen können, sondern es sogar wollen, weil es soviel intensiver gelebt werden kann und muß;
- ein Land, das dem Neuankommenden (man kann es nicht deutlich genug sagen) das Zehnfache an Leistung und Verzicht abverlangt, als die alte Heimat mit ihren vielen schützenden Institutionen jemals von ihm erwarten würde;
- ein Land, in dem nur der sich durchsetzt, der sich unmittelbar an jeder ihm gestellten praktischen Aufgabe bewährt und nicht fragt, ob er zehnmal umlernen, neulernen und sich die Hände schmutzig machen muß;
- ein Land, das jedem weichen Kerl die Tränen aus den Augen preßt und ihn selber in den warmen, engen Heimatstall zurücktreibt (wenn ihm noch soviel Courage verblieben ist, sich das Geld für die Heimreise zu verdienen);
- ein Land, das so machtvoll, weit und gewaltig, so reich an Zukunft ist, daß es den Starken und Willigen wie eine große, warme Mutter herrlich umfängt, um ihn niemals wieder loszulassen."

A. E. Johann

Danke

Wie sagt man Danke? Das frage ich mich im Augenblick. Die Amerikaner und Kanadier haben dafür feste Regeln eingeführt, wer vom Autor zuerst und wer zuletzt in der Liste aufgeführt wird.

Zuerst habe ich denen zu danken, die mir arbeiten beibrachten. Wie konnte ich mit 14 Jahren ahnen, dass mir meine Ausbildung als Lehrling in der deutschen Stahlindustrie in Kanada Aufträge und Jobs als Schmied und Kunstschlosser einbringen würden? Ebenso die Ausbildung als Journalist dazu führte, dass ich für eine Stunde Arbeit 2.200 CAD erhielt? Das allerdings erst nachdem ich „The Art of the Deal" in Kanada erlernt hatte.

Zu danken habe ich aber auch allen Mitgliedern der Foren, die Fragen stellten und Fragen beantworteten. Es ist die ständige Diskussion in den Foren, die mir erlaubt Erfahrungen weiterzugeben, die sonst im Nirvana des Internets spurlos verschwinden würden.

Dank gebührt besonders allen Migliedern der „Canadian Work Force", die mir halfen zu verstehen, wie in Kanada gearbeitet wird. Es machte Spass mit ihnen zu arbeiten und es brachte Profit.

Maxim Pouska, Sommer 2006

Kompetente Beratung fuer Ihre Einwanderungen nach Kanada

Sie sind auf der Suche nach zuverlässiger und kompetenter Fachberatung zur Verwirklichung Ihrer Kanada-Pläne ?

Mit unserem engagierten Team von Pioneer Immigration & Business Consulting Corp. steht Ihnen ein qualifizierter Partner mit langjähriger und erfolgreicher Erfahrung sowohl in der deutschen als auch in der kanadischen Wirtschaft zur Verfügung.

Unsere Beraterin, Frau Irene Abele-Pfnür, ist ein geprüftes und zertifiziertes Mitglied der „Canadian Society of Immigration Consultants (CSIC)" und Mitglied der „Canadian Association of Professional Immigration Consultants (CAPIC)". Ebenso sind wir langjähriges Mitglied der Kanadischen Industrie- und Handelskammer (Chamber of Commerce) und dem Deutsch-Kanadischen Wirtschaftsverband.

Umfassende Fachkenntnisse und eine breit gefächerte praktische Erfahrung sowohl im Bereich der Einwanderungen als auch im sozialen Bereich geben Frau Abele-Pfnür eine exzellente Basis fuer Ihre Beratungstätigkeit. Mit Engagement, Gewissenhaftigkeit, Einfühlungsvermögen, und der Fähigkeit Konfliktpotential im Antragsprozess früh zu erkennen und Maßnahmen dagegen einzuleiten gelingt es ihr, den Einwanderern und ihren Familien eine bestmögliche Antragstellung und harmonische Einwanderung zu gewährleisten. Daß gerade auch diese Fähigkeiten von den Einwanderern besonders geschätzt werden zeigen die vielen Dankes- und Referenzschreiben die Frau Abele-Pfnür von ihren Kunden erhält.

Die Arbeit nach den strengen Ethik-Richtlinien der Canadian Society of Immigration Consultants (CSIC) und der Canadian Association of Professional Immigration Consultants (CAPIC) ist für Frau Abele-Pfnür eine Selbstverständlichkeit. Sie arbeitet fuer Einwanderungen in alle englischsprachigen Provinzen von Kanada und hat jahrzehntelange Erfahrung in sämtlichen Facharbeiter-, Investoren- und Unternehmerkategorien. Durch ständige Weiterbildung im Bereich des Einwanderungsrechts besitzt Frau Abele-Pfnür ein Fachwissen das sich stets auf dem aktuellsten Stand der Gesetzgebung befindet.

Fuer Unterstützung und Beratung bei Ihrer Einwanderung oder Ihrem Arbeitsvisa-Antrag nehmen Sie bitte direkt Kontakt mit Frau Abele-Pfnür auf:

Pioneer Immigration & Business Consulting Corp.
14750 Middle Bench Rd.
Oyama, B.C. V4V 2C3 Canada

Tel: 001-250-548-3682   Fax: 001-250-548-3684
email: info@einwanderung-nach-kanada.de
Webseite: www.einwanderung-nach-kanada.de